現代教育行政学の理論的課題

実践科学としての教育行政学の創造

近藤正春 著
KONDO Masaharu

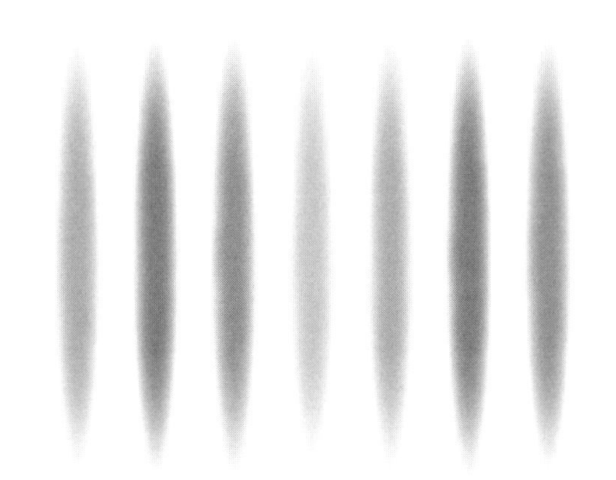

教育史料出版会

現代教育行政学の理論的課題

——実践科学としての教育行政学の創造——

近藤正春

教育史料出版会

序　教育行政学における学問の世代間継承のために

本書は、宗像教育行政学の止揚と、それを通しての実践科学としての教育行政学の創造を現代日本の教育行政学の理論的課題として提起している。

戦後日本の教育行政学は、宗像誠也の理論的営為を通して、科学としての水準を獲得しえたといえるであろう。宗像はその主著『教育行政学序説』(1954年)の序において、次のように述べている。

「私は教育行政研究の水準を、多少とも科学的に高める仕事をしたかった。ところがこの領域では、日本においては継承すべき遺産がほとんどない。……私の任務は、どんなに小さい一歩でも、教育行政研究を一歩だけ科学たる方向に進めることでなければならないと思っていたのである。」

宗像は、科学としての教育行政学の理論的基礎を構築することで、戦後教育行政学の第一世代としての「任務」を果たし、現代日本の教育行政学に大きな理論的影響力を持ち続けてきたといえるし、現在もなおそのような位置を占めているともいえる。

私は、宗像が教育行政学を科学の水準に押し上げた戦後教育行政学の第一世代とするならば、第二世代の泰斗のひとりである故鈴木英一教授の下で教育行政学徒としての歩みを始めた者として、いわば戦後教育行政学の第三世代に属するひとりであると自認している。

戦後75年余の歳月が経過している現在、学問の世界は、第三世代の多くが私を含めてすでに大学を退いており、第四世代、第五世代によってバトンが受け継がれ、彼らが学界をリードする段階を迎えている。

私は、本書において現代日本の教育行政学が対自化すべき理論的陥穽を問題として提出し、その理論的基底に「アンチ教育行政学」(「カウンター教育行政学」)としてカテゴライズされてきた宗像教育行政学があると見立てて、その地平からの教育行政学の理論的転換の必要性を時代の課題として提起している。

本書は、教育行政学の第一世代、第二世代と部分的にせよ同時代を経験しえた者として、学の到達点と課題を理論的に総括し、それを学問の世代間継承のためにも再審可能な形で整理するとともに、時代の課題とも応答性のある現代教育行政学の理論的課題を「実践科学としての教育行政学」の構想として示すことにより、第三世代としての責務の一端を果たそうとしたものである。

本書の理論的核心は、「第2章 教育における矛盾の階層と教育行政」である。

そこでは、教育行政が、教育と社会の関係性に内在する諸矛盾の解決を主導する社会的営為であることを定義している。そして、そのような教育行政の社会的実在としての実践的性格に則して、矛盾を内包した現実態としての教育行政をリアルにかつトータルに対象化し、教育行政が、教育にかかわる社会的矛盾を解決する方途を解明しうる「実践科学としての教育行政学」の理論的基礎である基本的カテゴリーを定式化している。

本書の試みが、現代教育行政学の理論的課題に照応し、時代の課題に適確に応答しえているかは関係各位の審判に委ねることとし、ひとまず、次世代の学問的営為へのエールを込めて本書を世に送に出すこととしたい。

2021年吉日

著　者

目　次

第Ⅱ部　実践科学としての教育行政学の展開 ——教育行政学研究の自分史

序　章
現代日本の教育行政学の理論的陥穽

現代日本の教育行政学には、当該論者が意識（自覚）しているかどうかはひとまず置くとして、いくつかの理論的陥穽があると考えている。

① 理論的陥穽その１　教育行政の範疇を一般行政とは区別された独立した営みとして理解しようとする教育行政の対象理解

一つ目は、対象としての教育行政の範疇を一般行政とは区別された独立した営みとして理解しようとする見解である。

黒崎勲の次のような言説に代表される。

「教育行政学の固有の対象はなにかという問いに対して、教育行政学とは教育委員会の活動が生み出してきた理論であるとするのが私の簡明な解答である。[(1)]」

「教育委員会の活動が生み出す理論として教育行政学を理解するということは、先進的な教育委員会の活動のなかに教育行政学に対する挑戦が含まれていると認識することでもある。[(2)]」

黒崎は、教育の内的事項・外的事項区分論を「アンチ教育行政学」（「カウンター教育行政学」）と自己規定した宗像誠也の教育行政学（以下、「宗像教育行政学」と定式化しておきたい）の理論的枠組みの核心的特質と把握し、その批判に、主著『公教育費の研究』を含めて一貫して取り組んできたが、「一般行政からの教育行政の独立」という制度原理に関しては次のように述べて、肯定的に理解している。

「実践を理論にとっての『環境』であるとすれば、一般行政からからの教育行政の独立という制度原理こそ教育行政学を発展させてきた環境である[(3)]。」

とりわけ1990年代以降、教育が市民社会のダイナミズムに巻き込まれ変化しつつある現実を鋭く洞察し、その力学の中で変動する教育を対象化し教育行政の課題を論じることを主導してきた黒崎をもってしても、教育行政を一般行政とは異なる範疇の営みとして理解しようとしていたことは特筆すべきことといえる。このような理解を前提に、黒崎は「質の高い公立学校制度の再構築こそ新しい教育行政学の主題でなくてはならない」とも述べている[(4)]。

教育行政学の対象を公立学校の管理機関としての教育委員会の活動に特定する黒崎の関心が公立学校に集約されていたのはある意味では必然といえるが、黒崎も拘泥しているそのような教育行政学の対象理解、教育行政の範疇理解を、現代日本の教育行政学の理論的陥穽のひとつとして指摘しておきたい。

② 理論的陥穽その２
制度設計の基礎としての二つの「共同体」認識の欠落

現代日本の教育行政学の理論的陥穽の二つ目は、一つ目の理論的陥穽の基因ともなっていると考えられる教育行政学の理論的被制約性である。

NPOセクターの国際的な比較分析を通して、E.ジェームス（Estelle James）が述べている次のような指摘が重要な問題提起といえるが、現代日本の教育行政学においてはそのような理論的枠組み自体が不在であったといえる。

「NPOは準公共財を提供するための地域共同体（geographical-based communities）とは異なるもうひとつの制度形態であり、共通の利害・関心により基礎づけられた共同体（interest-based communities）と結びついた組織として考えられる。特に、しばしば、教育や保健や社会福祉の主要な事業者として地方政府とNPOセクターとの間で一種の社会的な選択が生みだされることがある。地方政府は、それぞれ一連の準公共財についての多様な選択肢を提供するが、それらはすべてそれらの消費者の居住地の範囲内に限定されている。それに対して、NPO は地域を越えておのおのの財を個別に必要とする消費者に提供する[(5)]。」

ここに示されている教育等の準公共財を提供する主要なセクターである政府セクターと NPO セクターが、それぞれ異なる二つ共同体を基盤としているという認識は教育行政学の理論としては欠落していた重要な問題を明確に示したものといえる。教育行政の課題である教育政策形成の重要な柱として教育の制度設計があるといえるが、それを何に基礎を置いて行うかという場合、これまでのアプリオリな前提としては、E. ジェームスの提起した範疇でいうならば、「地域共同体」にのみ基礎を置いて構想してきたといえるように思われる。教育の制度設計の基礎に二つの共同体、とりわけ「共通の利害・関心により基礎づけられた共同体」を正当に位置づけて、その理論の創造をこれまで現代日本の教育行政学は行ってこなかったように思われる。

教育行政学の主要な関心が、これまで、即自的に、政府セクターに向けられ、「地域共同体」に基礎づけられた教育委員会と公立学校に向けられてきた背景には、教育行政学の理論的準拠枠として、このような理論的前提が暗黙裡にあったことを指摘しておきたい。

このような理論的陥穽は、現代日本における教育行政の制度設計の一つの争点ともなっている学校選択の問題をめぐる教育行政学の対応の中に端的に示されており、参考までに述べておきたい。

E. ジェームスはスウェーデンとオランダの NPO セクターの比較分析を行い、スウェーデンが世界の中で最も均質で平等な国の一つであり、それゆえに、準公共サービスを提供するしくみにおいて NPO セクターの比重は小さく、地域共同体に基礎を置いた地方政府の比重が圧倒的に大きいことを示している。それに対して、オランダでは宗教上の対立が激しく、政府の財源により各宗教に基礎を置く NPO 団体が教育・保健・社会福祉の大部分のサービスを提供してきていることを明らかにしている[(6)]。

このような比較分析からも明らかなように、学校選択が広く認められているとされるオランダの場合、各々のNPO団体が学校を設立し固有のサービスを提供するメカニズムが前提としてあって、学校選択の自由が保障されていることを見ておかなければならない。

教育行政学における学校選択をめぐる議論において、「抑制と均衡の原理による学校選択制度」というカテゴリーを提出し、学校選択の制度論的意義づけを有意味なかたちで展開してきた黒崎においても、その関心は「地域共同体」により基礎づけられた「公立学校」に置かれており、学校設置の自由を制度論的に位置づけることを避けていたように思われる[(7)]。

NPOに関する理論をふまえるならば、教育行政学が政府セクター内部の制度設計に関心を限定してきたことは、教育の制度設計の基礎を「地域共同体」のみに置き、NPOの活動の基盤であるもうひとつの共同体である「共通の利害・関心により基礎づけられた共同体」をまったく埒外に置いてきたことの理論的帰結であり、問い直されるべき理論的陥穽といえる。

③ 理論的陥穽その3
未完としての「アンチ教育行政学」(「カウンター教育行政学」)からの理論的転換

現代日本の教育行政学の理論的陥穽の三つめは、教育行政学のカテゴリー上の問題である。具体的には「アンチ教育行政学」(「カウンター教育行政学」)としての宗像教育行政学の理論的シェーマからの意識的な転換が今日なお未完であり、教育行政と教育政策を「カウンター」の対象として観念し、その批判を教育行政学の主題とする考えが教育行政学の通奏低音として理論的に通底していることである。

宗像教育行政学の理論的シェーマは、次のような基本的カテゴリーに基礎づけられている。

「教育政策とは権力に支持された教育理念であり、教育行政とは権力の機関が教育政策を実現しようとする活動である[(8)]」「教育運動とは、権力の支持する教育理念とは異なる教育理念を、民間の社会的な力が支持して、その実現を図ろうとする時に成立するもの、と考えるのである。[(9)]」

教育政策と教育行政が国家権力により一元的に占有され、それと教育運動が対抗するという宗像教育行政学の理論的シェーマは、1950年代以降の現代日本の教育行政の理論的抽象としては理論と現実との整合性を有していたといえるが、都市型社会への移行として特徴づけられる1970年代以降今日の段階においては、教育行政は外在的な批判、「カウンター」の対象から、内在的な批判、創造の対象へと変位してきたと見るべきといえる。

教育行政は、社会に内在的な様々な教育意思やその実現をめざす様々なアクターとの関係を調整することによって、統合的な社会的教育意思の形成とその正統化、その実現に関わる権力の機関による活動の総体として把握される必要があり、教育行政学の理論的シェーマの意識的な転換は不可避といえる。

教育行政学は教育行政を内在的な創造の対象とし、そのような教育行政の創造に関与し、参画し、担っている多様な主体による実践を基礎づけ、主導しうる理論的シェーマを確立しなければならない。

具体的には、宗像教育行政学の基本的カテゴリーである「教育政策」「教育行政」「教育運動」の理論的な再審、再構成を通して、「アンチ教育行政学」(「カウンター教育行政学」)から教育行政に関わる社会の様々なレベルの主体の創造的実践を対象化し、それを批判、検証しつつ、支え得る「実践科学としての教育行政学」への理論的転換である。

④ 実践科学としての教育行政学への理論的転換の必要性

現代日本の教育行政学の理論的陥穽を対自化し、教育行政学の理論を現代社会の教育行政の課題との応答性のある理論へと再構築する作業は、私自身としは『科学としての教育行政学』(1988)において、「実践科学としての教育行政学」の創造を企図して、そのための基礎的作業を行っている。

そこでの第一義的な課題は、現代日本の教育行政学に通底している宗像教育行政学の理論的シェーマからの教育行政学の理論的転換を基礎づける作業であった。

主に２つの作業を行っている。

１つ目は、教育行政学にかかわる諸理論の1980年代までの蓄積の理論的検証を通しての宗像教育行政学の理論的転換を基礎づける作業である。

２つ目は、教育行政学の対象である教育行政の営みを、社会における教育の全体的実践構造の中に定位し、その固有の実践的な役割と機能を現実科学的に検証し、定義する作業である。

現代日本の教育行政学の理論状況は、拙著『科学としての教育行政学』の上梓から、すでに35年ほどが経過しているが、これまでの行論で指摘してきたような理論的陥穽を未だ内包し、時代の課題との応答性のある理論の実践性を十分には獲得しえていない状況にあると考えられる。

本書は、以上のような認識をふまえて、次のような構成で現代日本の教育行政学の理論的課題につき、論述することとしたい。

第Ⅰ部　現代日本の教育行政学の理論的検証

第１章　宗像教育行政学にかかわる諸論の歴史的検証

第２章　教育における矛盾の階層と教育行政

第３章　社会の構造変容と教育行政学の理論的課題

第４章　実践科学としての教育行政学の構想

第Ⅱ部　実践科学としての教育行政学の展開 ―― 教育行政学研究の自分史

第１章　教育政策学会20年と教育政策研究の課題

第２章　教育政策の今日的課題と教育基本法

第３章　子ども子育て支援新制度と幼児期の教育・保育の課題

第４章　教育委員会制度改革の位置づけ
―― 子ども子育て支援新制度の施行と関連づけて

第５章　歴史的転換期における大学政策の検証

追　補　私の教育行政学研究とその実践

【注】

(1) 黒崎勲「教育行政制度原理の転換と教育行政学の課題」、日本教育行政学会年報 31『義務教育学校「存立」の行政原理を問う』、10 ページ、教育開発研究所、2005 年
(2) 同前、17 ページ
(3) 同前、10 ページ
(4) 同前、16 ページ
(5) Estelle James,ed."The Nonprofit Sector in International Perspective" 5 ページ, OXFORD UNIVERSITY PRESS, 1989 年
(6) 同前、9-10 ページ
(7) 黒崎勲『教育の政治経済学』、94-101 ページ、東京都立大学出版会、2000 年
(8) 宗像誠也『教育行政学序説』(増補版)、233 ページ、有斐閣、1969 年
(9) 同前、235 ページ

第Ⅰ部

現代日本の教育行政学の理論的検証

第1章
宗像教育行政学にかかわる諸論の歴史的検証

はじめに —— 時期区分

理論と実践の結合という観点をふまえて、教育行政学に関わる諸論の検討を行う際の時期区分を次のように考えたい。宗像教育行政学の展開を歴史的にあとづけながらの時期区分ということになる。

〈第Ⅰ期〉戦後教育改革と教育行政学（敗戦～1950年）

戦後教育改革を通して、「過激国家主義」（「超国家主義」）と特徴づけられた国家権力による中央集権的な教育支配の秩序が解体され、教育行政の地方分権化と民主化が公選制教育委員会という制度形態をとって実行に移された時期である。教育行政学はそのような中にあって、ようやく戦前の支配的思惟様式としての「現行法規の註釈とその正当化」の学としての段階から、教育行政の科学的研究へと発展すべき必要性とその条件を獲得しえたのである。

〈第Ⅱ期〉戦後教育改革に対する反改革と『教育行政学序説』（1950～1956年）

政令諮問委員会（1951年）によって包括的に示された反改革の路線が、産業教育振興法（1951年）の制定、教育委員会制度の改変（1956年）など教育法制度の再編成を含めて国家権力により実行に移され、教育をめぐる社会的矛盾が顕在化した時期である。宗像の『教育行政学序説』(1954年) は、現実の教育行政の展開のなかで、教育行政の民主的制度基盤自体がほりくずされていったこの時期の客観的現実を反映して、教育行政の現実科学的分析のための科学方法論を反省的に明らかにし、その後の教育行政学の展開に決定的な影響を与えたのである。

〈第Ⅲ期〉国による「高度経済成長」政策展開期における教育政策、教育運動の展開と「アンチ教育行政学」(「カウンター教育行政学」)(1956 ~ 1970 年)

国家政策としての「高度経済成長」政策の展開と不可分な、教育の国家支配のための諸政策 — 教師の勤務評定、学力テスト、教科書検定、人的能力開発政策などの具体化に対して、国民教育運動、地域教育運動が展開され、矛盾を自ら解決する主体としての国民の歴史的形成期である。

この時期に「教育運動」概念が宗像により「教育政策」に対抗する概念として提起されたことにより、教育行政学研究は、およそ３つの研究領域に専門分化しつつ、展開された。

第１の領域は、教育裁判運動などともかかわって権力の教育政策を合理化する教育法解釈の批判としての教育権論および教育法制（史）研究である。

第２の領域は、権力の教育政策批判とかかわる教育政策（史）研究である。

第３の領域は、教育政策（史）研究の系から相対的に固有の研究領域として独自の位置を確立してきた教育運動（史）研究である。

これらの研究のアンサンブルとしての教育行政学のこの時期の基本的性格は、「アンチ教育行政学」(「カウンター教育行政学」)」という宗像の自己規定に端的に示されているといえよう。

〈第Ⅳ期〉都市型社会の生成にともなう教育政策、教育運動の再編成と「憲法26 条から出発する教育行政学」(1970 ~ 1980 年)

国民の教育権論をベースにした杉本判決 (1970年7月7日、家永教科書裁判第二次訴訟第一審判決)、革新自治体の成立・前進とそのもとでの教育行政、国民の教育要求の発展を部分的に受け入れつつ国の教育政策の総合的な再編方向を示した中教審答申（1971年）等、それ以前の単純な対決の構造は、再編成され、教育行政は、単に対決の対象、批判の対象ではなく、その内実をどのように創造していくのかという要求と創造の対象への変化を内包することになった。宗像は、自らの「アンチ教育行政学」（「カウンター教育行政学」））」の展開として、「憲法26条から出発する教育行政学」という「一つの価値観的立場」を明確化しているが、状況の変化を鋭く反映するものであったといえる。

1970年代以降、宗像教育行政学の方法論的検討が、様々な立場や問題関心から展開されるのは、その意味で時代の必然であったといえるが、その課題の遂行は、1980年代以降とりわけ現在にひきつがれてきているといえよう。

1 戦後教育改革と教育行政学

（1）戦後教育改革の基本的性格

戦後教育改革を規定したアメリカ占領権力の教育政策は、日本国民の変革的実践と教育がむすびつく契機を否定し、その意味で「アメリカ支配のなめらかな進行を教育の分野からたすける潤滑油[(1)]」としての効果を教育に期待する側面をもつものであったが、他方においてそれと両立しうることを想定して提起された教育の制度改革、とりわけ教育の自律性原則にたつ教育行政制度改革は、アメリカの意図に反して、教育の民主化が、教師、国民の民主的主体形成にかかわるという条件を確立するものであった点で歴史的意義を有するものであった。

しかしこの点は、「超国家主義イデオロギー批判はあっても、日本帝国主義と天皇制教育への批判は、それが成立した社会経済的基盤への批判は欠落していた[(2)]」と指摘される限界と不可分にむすびついており、戦後教育改革の諸矛盾（とりわけ、財政的基盤の確立に対する一貫した消極的政策に端的に示されている）、その積極面と否定面とを規定していたといえよう。

戦後教育改革の過程に関する歴史研究が、教育基本法制定過程、学校教育法制定過程等を中心に、アメリカ占領軍当局の占領文書等の資料分析を通して進められてきているが、戦後教育改革がアメリカを中心とする連合諸国間の諸矛盾と、日本国内の政治的、社会的諸矛盾の複雑な連関のなかで、そのアンサンブル（矛盾の解決過程）としてイデオロギー的性格を色濃くもって成立してくることは、共通認識として重要であろう。

戦後教育改革が、理念的、形式的な民主化という側面を強くもちながらも、天皇制国家の姪桔から教育を解放したことは、理論と実践をむすびつけた教育の科学的研究の普遍的展開のうえで、歴史的な意義をもつものであった。「教育の再建」という現実の課題と教育研究の成果とが合理的な接点をもちえる可能性が存在していたのである。

（2）『教育の再建』

宗像の戦後教育行政学研究の出発点における具体的思惟を端的に示しているのは、『教育の再建』（1948年）における次の諸命題である。

「学校は社会改革の拠点でなければならない。それが日本の学校の使命であり運命であると私は信ずる[3]。」「日本にはまだ封建制度のかすが残っている。これを早く拭い去り、個人の自覚と人格の尊厳に基づく近代社会を作りあげなければまず話しにならない。しかし個人主義的近代を作ったとしてそこで安心しているわけには行かないのだ。……だから要するに封建主義 —— 個人主義 —— 社会主義の道程を早くうまく切り抜けなければならない。……この課題は政治的あるいは制度的改革の課題でもあり、教育的あるいは人間的改革の課題でもある。……何とかして国民の教育に対する識見を高めなければならない[4]。」「憲法は、理念に最も近いところの、いわば法律的要素の最も少いところの法律であるが……理念の制度化はこうしてどんどん進むが、理念の人間化ははたしてそれに追いついてゆけるだろうか[5]。」

国民の民主的主体形成とむすびつけて教育の再建を考えようとする基本的発想がここには示されているが、それは同時に、教育と社会（より具体的には、教育と社会変革、教育と政治）の関係認識における「教育による社会変革」的発想と不可分にむすびついていた。そこには教育の本質的矛盾（教育の社会的規定性と被規定性）の反映と、その一面的把握への傾斜が含まれているが、教育と社会の関係についてのこのような思惟は、当時の日本の歴史的段階にあっては、支配的な教育（学）的思惟でもあった。制定された教育基本法前文の規定が、法的にそのような思惟状況を端的に示しているといえよう。

「われらは、さきに、日本国憲法を確定し、民主的で文化的な国家を建設して、世界の平和と人類の福祉に貢献しようとする決意を示した。この理想の実現は、根本において教育の力にまつべきものである。」（1947年3月31日公布、施行の教育基本法前文、傍点引用者）

国民の民主的主体形成とむすびつけて教育を考えようとする基本的発想は、宗像の教育行政学的思惟というフィルターを通して、現下に進行している文部省（当時の名称）主導の戦後教育改革の批判として、まず結実する。

「誰れが教育改革の主体であるか。それは他ならぬ文部省であり、しかも文部省のみである、といったら言い過ぎであろうか。……明らかに文部省が教育全般の改革の指導力なのである。……教育の民主化ということが、結局は、人民の意志による教育の建て直しを意味するものとすれば、文部省による教育の改革は果して本当の教育の民主化というに値するであろうか。」[(6)]

宗像は、教育民主化の「主体」へのこのような着目を通して、主体形成にかかわって国民の意識変革の課題を重要な研究関心、中心テーマのひとつに据えていくことになるのであるが、その本格的な展開は、1950年代以降の教育をめぐる社会的矛盾の顕在化と、教育行政学の方法的反省をふまえた「教育行政の社会学（政治学）」的研究においてである。

（3）教育委員会制度論

文部大臣 —— 地方長官（府県知事）—— 市町村長 —— 校長というルートで国の教育事務を指揮監督する教育行政の中央集権的な権力的システムが戦前の教育行政の特徴であり、国の機関としての地方長官のもとに置かれた視学が、その視察、監督を通して、より直接的に、この権力的システムを担保していたのである。文部大臣は教育にかかわる権力の中枢として、他の行政部門から独立してはいたものの、内務省との密接な関係のもとにあり、地方行政のレベルは、内務行政のルートに教育行政は包摂され、全体として集権的秩序のもとに編成されていたといえる。

このような戦前的なシステムを改革し、教育行政のシステムを分権化、民主化することが、戦後教育改革の大きなひとつの課題であり、文部省改革と教育委員会制度の創設という形で、その改革が結実していった。

文部省は、権力的な命令・監督機関から非権力的な助言・サービス機関へとその性格を根本的に転換し、高等学校以下の学校教育、地方における学術・文化の行政等は国の事務から基本的に地方公共団体の事務へと分権化されたのである。そして、その分権化された教育事務を地域住民の公選によって選ばれた教育委員で構成される教育委員会（公選制教育委員会）が民主的・自主的に運営するという教育行政の新しいシステムが実現したのである。

教育行政の分権化、民主化、自主性の確立（教育行政の一般行政よりの独立）が教育委員会制度によって実現が図られた教育行政改革の基本理念である。宗像の教育委員会制度論は、このような教育行政改革を科学的な研究の対象として位置づけたものであり、アメリカの制度に範をとった教育委員会制度が、日本の歴史的条件に適用された場合の現実的機能に対して批判的吟味を加えたものである。

教育委員会制度理念のひとつである教育行政の一般行政からの独立原則に、宗像がこの時期に次のような疑問を提起していたことが注目される。

「アメリカにおけるような、教育に関する政治的休戦は可能か、また意味があるのか。全き政治的休戦を主張することはナンセンスだと私はみる[(7)]。」

宗像は、結論的に次のように述べて、国民の民主的主体形成との統一において制度論を展開するという方法的見地をここでも貫いている。

「いずれにせよこういうような勢力（教育を契機として集まり、理想性と合理性とによって浸透されている一つの社会的勢力／引用者）が、ボスに対抗して教育に関する識見と良心とを代表し、それが中核になって労働組合や婦人団体や青年組織に影響を及ぼし、その協力を克ち得るならば、教育委員選挙において適格性を備えた委員が選出される公算は大きくなり、また実はこういうことが前提となって初めて、教育委員会制度がその本来の目的である民主的教育行政組織たる機能を果すことが出来るようになるのである[8]。」

「結局大衆を動かす中心となる進歩的勢力が、強く結集されるか否かにかかって来るというのが……結論になるわけだ[9]。」

教育行政と一般行政との関係についての宗像のこの時期の疑問は、その後の教育行政をめぐる事態の推移のなかで、教育行政論として十分には深く検討されずに今日に至っているといえるが、現代日本の教育行政学の理論上の問題でもあるひとつの重要な検討課題を歴史的に提起したものとして確認しておきたい。

(4) 科学的客観的な研究調査の意義と重要性

宗像は、中央･地方を通ずる民主的教育行政の中核的な機能として、地方（末端）の自主性と中央（全体）の計画性を統一する役割を果たす方法としての科学的客観的な研究調査の重要な意義を強調し、そのための教育研究調査機構とその組織の確立を強く求めて、次のように述べている。

「教育の地方分権が行われれば、地方は自らの教育計画を立てねばならぬ。教育計画は科学的研究に基かねばならぬ。また現場の教育者は、少なくともこれまでよりはるかに広い自由裁量の余地を与えられる。この自由をいかに生かすか。それも根本は科学的研究に基かねばならぬのである[10]。」

ここに示されている科学的研究にもとづく教育計画の樹立という民主的教育行政観は、今日、政策形成の課題を教育行政の重要な課題として位置づけ検討していこうとする際に、新たに再獲得すべき重要な観点といえるであろう。

「現場の研究調査によって末端の実情が把握され、それに応ずる計画が立てられ、その情報が末端相互間に交換される一方、順次段階的に整理され濾過されつつ中央に集められ、中央はこれによって末端の実情に精通した上で全体の計画を立てるとともに、全体としての傾向と、また一般に役立つ現場の事例とを末端に還流させる。このような情報の縦横の交換交流が充分に行われることを前提としてはじめて、末端の自主性は全体の計画性の中に位置づけられ、中央の計画性は強制力を伴わずして末端の自主性を包摂し得るのである[(11)]。」

宗像が教育行政を含む教育研究の根本的態度として、「現実を対象にし、また現実に立脚して」ということを強調している点も、関連して重要である。「現実を対象に」ということに関しては、次のような指摘が示唆的である。

「現場の、第一線の、教育者や教育行政者の直面する問題自体に肉薄することだ。現実の問題自体、それの解決のための当事者の苦心や努力そのものを、できるだけ方法的に系統的に集積することだ[(12)]。」

「現実に立脚して」ということに関しては、具体的に次のような問題を提出している。

「日本の経済的条件を考えれば、それが豊富な資源を自由競争によって開発して行くというような、自由主義的経済を発展させる可能性を全く持っていないことは疑う余地がない。高度の計画と統制とは不可避であろう[(13)]。」「それ故に、今度の新教育は、かつての新教育と違って、現在の国情に即し、明日の日本を築くためのものであることを念頭において、地についたものにならねばならぬ[(14)]。」

一方で、国民の民主的主体形成の観点との統一において教育改革や教育行政、制度のあり方を論じ、他方において、教育（行政）研究をそのような教育改革や教育行政、制度が当面している実際的な問題（現実）から出発させることを提起した宗像の戦後教育改革期の学問的営為は、実践科学としての教育行政学の創造というここでの課題に即して考えた場合、すでにいくつか指摘したように、今日、その発展的継承が求められている重要な観点を多く含んでいるように思われる。

宗像がまさに卓見していたように、戦後教育改革の民主的基盤の確立が国民の民主的主体形成にあり、それを助長する条件として改革自体がまさに機能しようとしていた歴史的状況のなかで、アメリカ占領権力の占領政策が、そのような国民の民主的主体形成とその条件としての改革自体を見直す方向へと反転し、1950年代の反改革へと歴史は展開したのである。

日本国民の民主的自覚の成長に対して、アメリカ占領権力が政令201号体制(1948年)を施き、公然と弾圧政策をとるに至る時期がそのような歴史的展開の序曲であり、戦後教育改革の諸矛盾の顕在化でもあったといえよう。

2　教育の反改革と『教育行政学序説』

(1) 教育をめぐる社会的矛盾の顕在化

アメリカ占領権力を背景にした戦後教育改革は、宗像が批判したように文部省主導という形式のもとにすすめられたのであるが、このことは反改革にとってもきわめて好都合であった。国民の民主的な主体形成のまさに歴史的途上において、アメリカ占領権力の政策がそれを阻害し、抑制する方向へと転換したことにより、国家権力を民主的に規制する戦後改革の枠組はくずされていくことになった。

教育行政のシステムでいうならば、その本格的な改変は、1956年の「地方教育行政の組織及び運営に関する法律」(1956年6月3日、法律第162号、以下、地方教育行政法)の成立にともなう教育委員会制度の再編成によって現実化するが、それ以前においても、地方自治体の財政的貧困や、それをひとつの与件とする『産業教育振興法」(1951年6月11日、法律228号、以下産振法)などの新しい教育国庫補助金・負担金立法によって、国家権力の主導による教育の反改革の制度的条件は整えられていったのである。このような新しい条件は、「経済自立」の名のもとにすすめられた資本の復活の過程と不可分であり、国家権力の主導による教育の再編成が日本経済の復活のひとつの条件ともなったのである。このことは、教育をめぐる社会的矛盾を顕在化させることとなった。

1949年には、すでに5年後を目標とした「経済復興計画」が策定され、

1950年には、「国土総合開発法」の制定をみているのであるが、「経済復興計画」には、次の5つの目標が提起されていた。

①産業構成は鉱工業に重点をおく。

②工業は重化学工業化を推進する。

③労働生産性の向上と産業構成の変化に即応した雇用配分の適正化に重点をおく。

④経済自立の達成という見地から、資本蓄積、輸出振興に重点をおく。

⑤生産の近代化については資本蓄積力に限界があるので、国際競争力を強化することが必要で、そのために、機械、化学、繊維等の諸工業の近代化に重点をおく。

重化学工業化の推進とそれに応じた労働力や雇用配分の適正化、これが計画における中心的命題であるが、この観点からの地域総合開発計画が、すでに1952年に「富山県総合開発計画」（第1次計画）として策定されていることに注目しておきたい。そして、その総合開発の一環としての教育計画を「文化厚生計画」の1項に位置づけ、そこにおいて「産業教育振興」の名のもとになるべく普通課程をおさえることを提起していたのである。

このような総合開発計画の一環としての教育計画の策定という関係を法的に準備したのが、産振法であった。産振法は第3条で、国の任務を「地方公共団体が左の各号に掲げるような方法によって産業教育の振興を図ることを奨励しなければならない」と規定し、第1号に「産業教育の振興に関する総合計画を樹立すること」を掲げている。当時の文部省職業教育課長・杉江清は産振法の解説において、「この総合計画の概念こそ本法全体の構想を支える中心概念である」と述べて、次のように説明している。

「産業教育は、それが全体としてわが国の産業経済の復興とその発展にもっとも能率的に寄与するものでなくてはならない。そのために必要な学校数、学科数、その程度及び内容、これらに応ずる教員の質と量とが定められなくてはならない。そうして何れを先に充実すべきかの順位が定められなくてはならない。これが総合計画の基本概念である。そしてこのような総合計画は国全体の立場から樹立されるとともに、地方の特殊性を生かした地方の総合計画が樹立され、両者が結局において矛盾しないものでなければならない。……総合計画というも全てを総合した計画の樹立の困難な場合には、一地方又は一産業に限った教育計画の樹立から着手するのも一つの方法であろう。又既に国土総合開発の地方計画のできているところでは、それに応じた又はそれを可能ならしめるような産業教育計画を樹立しなければならない。国土総合開発計画が現在審議中のところ又はこれからとりあげようとしているところでは、最初から産業教育計画をその中におり込む努力がなされるべきであろう[(15)]。」

教育の国家的再編成を推進するための「中心概念」に「総合計画」概念を位置づけた産振法に特徴的にみられる1950年代の新たな条件は、宗像の教育行政研究に対して重大な方法的反省をせまるものであった。

宗像はすでにみたように、中央、地方を通ずる民主的教育行政の創造と、教育（行政）研究の科学化という二つの命題を結ぶ環に調査研究を位置づけ（この段階における理論と実践の統一の形式)、地方の自主性と中央の計画性を予定調和的に構想していたのであるが、そのような関係の民主的基盤が、国家権力の主導性において、資本の論理とも不可分な形で形骸化させられる過程の進行が、そのような事態の本質といえるからである。

『教育行政学序説』(1954年）は、このような1950年代初頭における教育をめぐる矛盾の顕在化、国家権力が特定の社会勢力と結びつき、その利益を代弁する形で、教育を主導的に再編成するという関係の進行を与件とした、宗像による教育行政研究の方法論的反省と検討の所産である。

(2)『教育行政学序説』と「教育行政の社会学（政治学)」

中央と地方、教育実践と教育行政等を予定調和的に結びつける機能的教育行政観に立って教育行政の科学的研究を可能にする条件が、戦後教育改革を通して実現されようとしていた時期に、歴史の反転が公然化されたのである。『教育行政学序説』に結実した宗像の教育行政研究に対する問題意識はそのような歴史的状況を反映しての二重の意味をもつものであった。

第一は、教育行政研究の没研究的な低水準という問題である。

「そもそも教育に関する研究全般が、敗戦まで科学的にははなはだ低水準にあったといわねばならないが、中でも教育行政に関する研究は、きわめて少数の例外を除いては、むしろはたして研究とよぶべきものかどうか疑われるような性質のものであった[16]。」

宗像はこのように教育行政学の学問的な到達水準を観念していたのである。

第二は、対象（現実の教育行政）の非科学性、非民主性を与件とする理論と実践の乖離の強制という問題である。

「教育行政を研究する者の憂膨がここにある。いかに道理のある発言も、そもそも道理なるものをうけつけず、むしろ道理をいっかな受けつけないことによって道理のほうにあきらめさせ、沈黙させてしまおうという最高政策をとっているようにすらみえる権力に対しては、ききめが一向にあらわれないのである[17]。」

このように指摘して、宗像自身、この点についての結論を次のように出している。

「すなわち一方では理論の武器を一層鋭利にすること、他方ではできるだけ有効な組織をつくって民主主義勢力の発言を強くすることにつとめること、そういうことをするほかないであろう[18]。」

このような二重の問題意識との学問的対決の中から生み出された『教育行政学序説』は、科学としての教育行政学の条件として、研究のための主要な概念装置を次のように確定している。

「私は、教育行政とは権力の機関が教育政策を現実化することだと考えている。そして、教育政策とは権力に支持された教育理念だと考えている。ここに教育理念というのは、教育の目的と手段と、内容と方法の総体を意味し、そこには当然なんらかのイデオロギーが貫いているわけである。……私は、教育政策に対していうときには、教育立法をも含めて、広義における教育行政という言葉を使用する。教育政策は、その大綱においては、教育立法の過程を経て成文の教育法規とされ、教育行政は教育法規に準拠して行なわれるのが普通である。だからして、広義における教育行政は教育立法と、狭義における教育行政に分かれるといえる。なお、教育法規を根幹とし、慣習も加わって、比較的固定化した教育組織は、教育制度といわれるのが普通だから、教育行政とは教育制度を働かせる、運営する、ことだともいえる[(19)]。」

教育行政の権力的モメントを強調した宗像の「教育行政」概念規定は、教育の反改革を新しい教育立法をも含めて主導した国家権力の現実的作用を反映した理論的抽象といえるが、そこには、次のように指摘される教育行政の二元論的把握が内在化されていた。

「この定義は、教育行政の現実、その存在形態を客観的・科学的に認識し、これを抽象化したものであるが、この裏には『国家権力を抜きにしては教育行政というものは成り立たない』という主張が強くあり、その立場に立ってこれまでの日本の教育行政の権力的・強制的要素を確認したうえで、教育行政を『教育の条件を整備すること』としてとらえるべきだという当為的認識が他方にある。教育行政を行政一般の方向に拡散させて理解するのではなく、教育の特殊性を明確に把握し、これを保障する方向で考える必要があるという提唱とともに、そのことを十分に確認しておくべきであろうと考える[(20)]。」

宗像が、教育行政学の方法概念を定立するにあたって、全体として権力的モメントを強調し、その結果として当為と現実との教育行政の二元論的把握を内在化させたひとつの理論的背景には、当時の法社会学論争の過程で提起された次のような法学的見地の影響があったと思われる。

「山之内の紹介したヴィシンスキーの法の定義がパシュカーニスの経済主義ともいえる欠陥である国家権力の軽視を修正している点では積極的意味をもっているが、法における権力的モメントを重視しすぎる危険性があるということである。さらにいえば、権力的モメントと規範的モメントを切りはなして二元的に考える傾向がある点である[(21)]。」

教育行政学の科学的方法論の確立を今日的に考える際、『教育行政学序説』に内在化されているこのような方法論上の問題については、正しく総括し、解決しなければならない課題としてあるといえるが、ここでは、そのような方法概念の定立と不可分な形で定式化された「教育行政の社会学（政治学）」について言及しておきたい。

宗像は、教育行政の理念（当為）と現実との矛盾を教育行政研究の無視しえぬ課題として、法社会学的方法（「法と事実との相即とか乖離とかの関係を分析しようとする立場が法社会学と呼ばれている」）に学びつつ、「教育行政の社会学（政治学）」を、教育行政研究の必要かつ重要な思惟様式として位置づけ、自らの研究を次のように方向づけていた。

「そもそも教育行政における民主主義とは何なのかが明確にされなければならず、またその実現のための障碍が突きとめられ、その突破の方法が研究されなければならない。そして私が現にいくらかは手を染めており、将来も当分は主としてそれに従事しようと思う研究もこの領域のそれである[(22)]。」

このような教育行政研究の方向についての定式化は、ひとり宗像個人のその後の教育行政学の研究動向を規定したにとどまらず、1950年代末における「教育運動」概念の定立を通して概念的にもより完成された教育行政学の方法として、とりわけ1960年代における教育行政学全般の研究動向にも大きな影響を与えたのである[(23)]。

3　国民教育運動の生成・発展と「アンチ教育行政学」(「カウンター教育行政学」)

（1）教育行政の再編成と国民教育運動の生成 ――「教育運動」概念の定立

地方教育行政法（1956年）の成立にともなう公選制教育委員会から任命制教育委員会への転換は、教育と社会の関係を非民主的方向に、合理化し再編するものであった。「教育と社会の関係を反映している教育の基礎的概念[(24)]」とされる教育費が、シャープ勧告にもとづいて平衡交付金制度の一環に全面的にくみこまれ、国家と地方自治体の全一的システムに包括されることになったことに対応した制度転換である。そして、そのことの非民主性は、次の点において厳しく問われねばならない。

①平衡交付金の算定基礎である基準財政需要額が実体とかけはなれて低く押えられていることによる、地方財政の全体としての貧困を、教育費にストレートにしわよせしうるように地方自治体の内部編制を合理化したという点である。

②そのような実体に相応しない基準財政需要額を与件として、包括的財政運用がなされている地方自治体にとって、国庫補助金（シャープ勧告では大幅な整理・削減が提案されたにもかかわらず、その勧告の形骸化過程で復活、強化された制度……すでに述べた産振法などはその端的なひとつの事例）はきわめて貴重な財源として機能する。その関係を利用して、国家の政策意図を教育国庫補助金にもりこんでそれを具体化した際に、それが無矛盾的に地方自治体にとりこまれ、政策意図が貫徹しうる（その意味で地方自治の実質的否定の）体制づくりという点である。

この時期の反国民的な諸政策の具体化が、形式的に地方自治を否定することなく、地方自治体の似非自主性において（多くの場合、1950年代初頭の富山県の先駆的事例のように、地方総合計画……その一環としての教育計画という形式をとって）すすめられていったのは、このような制度上のしくみが、任命制教育委員会制度に内在化されていたからである。教師の勤務評定、全国一斉学力テスト、人的能力開発政策とその具体化としての後期中等教育の多様化などの諸施策が地方自治体の政策として推進されていったのである。

これらの政策の具体的な貫徹にあたって最大の障害となったのは、教師の組織的な実践であり、運動であった。地方教育行政法体制のもとでいち早く、地方教育行政法第33条にもとつく学校管理規則の制定とそれにもとつく学校管理体制の強化、教師の勤務評定の強行実施という一連の政策が具体化されたのは、これら教師の実践・研究・運動の「自由」の否定を通して、教育の権力的な統制をすすめようとする政策意図にもとづくものであった。勤評闘争が国民教育運動として発展した必然性は、このような教育政策の展開と不可分である。

教師たちは、このなかで、「職場の民主化」、「職場」を基礎にした教師集団の団結の重要性……それが学校と教育行政の民主的関係の確立（国民教育創造の条件）において占める重要な位置を実践を通して学ぶと同時に、教師の実践が地域の父母との結びつきを媒介にして、父母の要求や願いによって客観化され、民主的に点検される過程を通して、教師の団結も強化され、運動も前進することを学んだのである。勤評闘争における「地域教育共闘」の発展は、教師たちのこのような反省的思考、意識変革の過程を不可分にともなって実現された国民教育運動のこの時期における重要な歴史的経験であり、ひとつの形式であった。

教育行政の非民主的な制度、組織の確立とそれを貫徹するための教師の教育の「自由」への権力的介入、それに対する教師を中心とする国民教育運動の生成・発展という基本的対抗関係の形成は、矛盾の権力的解決をめざした一連の刑事弾圧にもとづく「教育裁判」をも生起せしめ、「全般的恒常的な教育紛争状況[(25)]」（兼子仁）と称されるような歴史的状況を生み出していったのである。

1960年代を前にして、宗像が教育行政研究の不可欠の方法概念として「教育政策」、「教育行政」概念との相互連関をふまえて、「教育運動」概念を定立したのは、このような歴史的現実の反映であり、「教育行政の社会学（政治学）」的研究の方法論的深化、確立を意味するものであった。宗像の「教育運動」概念は次のとおりである。

「教育運動とは、権力の支持する教育理念とは異なる教育理念を、民間の、社会的な力が支持して、種々の手段でその実現をはかることである[(26)]。」

「教育政策」と「教育行政」を一体のものとして把握することを前提に、それと「教育運動」を対置するという理論的シェーマに依拠した『教育行政の社会学』的研究は、「アンチ教育行政学」（「カウンター教育行政学」）として、1960年代におよそ三つの研究領域に専門分化して展開されてきたといえる。

（2）教育権の国家からの解放、国家権力への対抗としての国民と教師の教育権論の展開

教育権論は、宗像自身、「私の精力は教育裁判のために多く割かれざるを得ないことになった[27]」と述べている教育裁判での法廷闘争と、そのための理論的研究として発展した。

宗像の教育権論の1960年代を通じての主要な探求は国民と教師の教育権論、とりわけ「教師の教育権利、教師の教育と教育研究の自由」の主張にあったが、この方向は、1960年代の教育権論全般の動向でもあったといえる。宗像は次のように述べている。

「国民と教師の教育権の問題を、なぜわれわれが考えなければならないか。それは現在の教育の荒廃に対処する必要に促されてのことである。……教育の荒廃がなぜ起ったのか。われわれは、その原因は少なからぬ教師の自主性の喪失にあると見る。自主性を失えば教師は退廃する。……そして教師が退廃すれば教育は必然的に荒廃する[28]。」

宗像は「教師の自主性の喪失」を1950年代以降の「政府の自主性剥奪のための諸政策の結果」（「義務教育諸学校における政治的中立確保に関する臨時措置法」（1954年6月19日、法律第157号）以降の教師の政治活動の権利の「剥奪」、教師の勤務評定、学習指導要領の法的拘束力の付与、全国一斉学力テストの実施、教科書採択に際しての教師の発言権の「封殺」、特別権力関係論、学校重層構造論などの管理職以外の教師の「無権利化」の学説などを宗像は例示している）とみて、さらに次のように述べている。

「教育の荒廃が国家権力の政策の結果である以上、われわれは当然、教育を国家権力のほしいままにさせてはおけないわけだ。人間の尊厳と民主主義とのための教育は、それにめざめた国民がみずから創造し推進しなければならない。そうすると国民の教育権というものを考えなければならなくなる。さらに直接には親と教師の教育権を考えなければならない。日本における教育権論議は、このようにして始まったのであり、だからそれは、もともと現

在の日本の国家権力の教育政策への対抗の性質を帯びているのである[29]。」

「教育法規の動的・条件発生的把握の態度[30]」を「教育法規研究の基本的態度」としている宗像が、1960年代において主要には、自由権のコロラリーとして教育権論を展開しているのは、1950年代以降の日本の教育の歴史的現実認識として、国民の民主的主体形成を阻害しているのが、国家権力による教育統制であるという認識が根底にあったからと考えられる。宗像の次のような認識にそのことは端的に示されているといえよう。

「法的には国家権力をして価値観の多様性を確認させ、保障させればよいのであり、その画一的統制を許してはならないのである。……そして私は大局的には、国家権力に価値観の多様性を承認させておけば、つまり市民法の原理を守らせれば、事実としては、近代市民法を乗りこえるものが発展すると信じて、あるいは見通しているのであり……それを歴史の方向だと思っているのである[31]。」

ここには、教育および教育政策の本質を国民の意識形成、価値観形成として把握する観点と、「教育の自由」の近代市民法的理解との結合がある。

1960年代の教育権論の総括については、1970年代をも展望した次のような見解が参考になる。

「従来は政治権力による教育政策、教育行政の恣為的展開に対して抵抗ないし対抗する理論の域にとどまっていたが、これからの七〇年代においては、いよいよ〝国民の教育権〟の理論は、それを国民の手によって現実に形成する理論にまで高められていかなければならなくなった[32]。」

（3）権力の教育政策の本質や実態、政策決定――実現過程のダイナミズムの歴史的、社会科学的分析としての教育政策研究の成立、展開

主要には歴史研究と、一連の教育政策が地方自治体の政策として推進されたこととかかわって地域研究という形式において、そこで明らかにしえた事実でもって、政策変更の世論の結集、運動発展の必要性、必然性、方向性に対する

問題提起を企図したものである。

地域研究としては、愛媛、香川『文部省学力調査問題』学術調査[33]などがその典型であり、人的能力開発政策が典型的に推進された富山県を対象に、国民教育研究所が行った調査（『人間能力開発教育と子ども・教師――富山県における教育の実態と問題点[34]』）、岐阜県「教育正常化」攻撃を、地方教育行政の非民主的中央集権化の典型的な実態を示すものとして調査分析を行った名古屋大学教育行政研究室の調査（『地方教育行政の諸問題――岐阜県における「教育正常化」施策の調査を中心として[35]』）などが、こうした系列に位置づけられる研究といえよう。

歴史研究を通して、宗像の「教育政策」概念の抽象性、非歴史性が問われることになったが、それは宗像の方法概念に内在的な理論的シェーマ（「アンチ教育行政学」としてのそれ）自体の変更をせまるものではなく、それを前提にして、教育政策の「実体的規定[36]」（岡本洋三）を社会科学的に追求したものといえる。

そのような方向での理論的成果を海老原治善の所論においてみておこう。海老原は、教育政策の本質を次のように規定している。

「近代資本主義社会を前提としての、教育政策とは、総資本＝ブルジョワジーの利益の実現の現実的代行機関である国家権力が、普遍人間的解放をめざし、全面的に発達した人間への教育を要求する労働者階級の要求に対決し、その労働者階級を中核とする国民諸階層自身の教化、およびそのつぎの世代を対象に、労働能力の基礎陶冶、体制維持イデオロギーおよび軍事能力の形成を意図的計画的にめざしてとる教育上の行政措置の体系である[37]。」

海老原は、教育政策決定 ―― 実現過程を、「教育政策決定における教育運動 ―― とりわけ教育労働運動は、帝国主義段階以後、独占資本、国家権力の要求の一方的実現に対決し、人間の本質実現をめざす教育政策を要求『綱領』として結実し、政策決定に対する比重を強め、政策決定の基本的エレメントとなってゆく[38]」と分析して、教育政策研究の課題を次のように提起している。

「教育政策研究は、支配権力の側の政策の必然の科学的解明にとどまるのでなく、革新の側の要求綱領の科学的造出 —— 国民教育の『計画』的要求の対置をも可能とさせる研究の課題をになうことになり、実践運動とも深くかかわってゆく[(39)]。」

この海老原の所論にみられる、「教育政策」、「教育運動」を資本主義的社会構成体の土台における生産力の発展と生産関係の矛盾を基本的に反映する概念として統一的に構成しようとする理論的方向性は、1960年代の教育政策（史）研究が提起した教育行政学における新しい方法論的地平といえる。

（4）教育政策研究の系から固有の研究領域としての教育運動（史）研究の成立・展開

1960年代は、勤評闘争における地域教育共闘や安保闘争における統一闘争の実践の経験を基礎に、学力テスト、高校全入を軸とする国民教育運動、地域教育運動が大きく発展し、さらに住民生活の他の諸分野における住民運動の画期的前進とも相対応しながら、そのような国民の地域諸実践の総和として、革新自治体を全国的に創出するに至った時期である。

このような歴史的現実を背景に、教育運動（史）研究は宗像の方法概念ともかかわって、教育政策研究の系としての位置から、固有の研究領域としての独自な位置を確立してきたといえる。五十嵐顕は、そのような理論的展開の必然性を次のように示唆している。

「理論的に、あるいは期待の問題としては、教育政策の研究のなんらかの成果が、教育運動にとって意義をもちうる可能性をなんら否定する理由はない。しかしこんにちの教育運動とその研究にとって、なにより直接的な実践的理論的要請は、教育運動にたいし自覚的にむすびつけられた研究であるだろう[(40)]。」

岡本洋三は、「教育要求は、教育運動の源泉であり、起動力であり、従って教育運動史研究の基本的範疇である」として、教育運動史研究の主要な基本的課題を「『人民の教育要求』の生成・発展・その組織化・『教育綱領』への結実と運動化の法則的解明」にあると提起している[(41)]。

教育運動（史）研究における「教育要求」への理論的着目と革新自治体の拡大と前進という現実の条件をも歴史的与件として、1970年代を前にした教育行政学研究は、権力の教育政策に対する対抗の理論（「アンチ教育行政学」）から、国民の教育要求・教育政策を実現する「教育行政」の創造の理論へと発展させられるべき必要性に当面することとなったのである。

「憲法26条から出発する教育行政学」は、1970年代の教育行政学に対する宗像の問題提起であるが、宗像がこのような理論的見地に到達した背景には、以上考察してきた1960年代を通じての理論的、実践的前史がある。

4　教育政策、教育運動の再編成と「憲法26条から出発する教育行政学」

（1）子どもの学習権、発達権の理論とその公的確認としての教科書裁判杉本判決

子どもの権利の確認は、1970年代以降の教育行政学の出発点である。すでにそのような理論的蓄積は、1960年代においても達成されており、その成果の普遍的な意義が確認されるようになったということである。子どもの権利を、教育権論の中核にすえる理論的営為は、ルソーをはじめとする近代教育思想にその源流をみることのできる人権としての教育思想の研究を通して具体化されてきた。

堀尾輝久の次のような所論にその典型的内容を確認することができる。

「近代以降における『子どもの発見』と子どもの生存や成長への関心は、学習＝教育が、その成長にとって決定的に重要であることを認識させる。さらに、人権の根底にある生存の権利は、子どもにとっては、同時に、人間的に成長発達する権利であり、発達の権利は、学習の権利によって充足される。幸福追求の権利や参政権はまた、ひとりひとりの学習の権利が充足されてい

るときにのみ、真の人権としての意味をもつ。こうして、学習の権利は、それ自体、子どもの（人間の）基本的権利の一つとして、他の権利と並ぶ権利であると同時に、それは、生存権、幸福追求権、参政権等の諸権利を、将来にわたって実質的に保障し、あるいはその質を規定する権利であるという二重の意味をもっている。その意味で、学習権はまさに基本的な人権であるといえる。

ところで子どもの人権は、自己充足的権利ではなく、一定の条件と、その内実の保障があってはじめてそれをいうことの現実的効力も生ずる。子どもの成長と学習の権利は、ふさわしい条件のもとでのふさわしい学習の指導＝教育の要請を内に含んだ権利だといえる。それは、発達と学習の可能性を有効に実現するための条件と、その組織的な手段を、その両親に、さらに社会に義務づける[42]。」（傍点原著者）

子どもの権利の確認を前提に、教育の自由論についても、それを市民的自由の範疇において理解することを批判して、次のような見解が提示されていたことを確認しておきたい。

「教育の自由は子どもの権利の確認と、新たな『発達と教育の理論』の発展をまって、はじめて成立すると考えてよい。……教師の研究と教育の自由を、学問研究一般およびそのコロラリーとしての発表・教授の自由と単純に同一視することはできないといわねばならない。ここでは、研究（教育の）が、教授の自由を要請するのではなく、逆に、学習権を充足させるための教授（育）という目的によって研究の自由が要請されているのであり、……こうして教師の研究は、子どもや青年（国民）の学習権を充足させ、『国民の教育を受ける権利』（憲法26条）の実質を保障するために要請されている[43]。」

このような堀尾の所論と教育権論の構造においてきわめて内的連関性のある主張が、障害児の発達保障の理論と実践をふまえた「権利としての障害児教育」論として、提起されている。

1970年代は、障害児教育の歴史のうえでもひとつの画期であり、1970年4月の京都府立与謝の海養護学校の開設は、そのことを象徴的に示している事例といえる。学校設立の理念として次のような3つの柱が確認されているが、学校のあり方を普遍的に考えるうえからも重要な内容を含む定式化である[(44)]。

1　すべての子どもに、ひとしく、教育を保障する学校をつくろう。

2　学校に子どもを合わせるのではなく、子どもに合った学校をつくろう。

3　学校づくりは箱づくりではない、民主的な地域づくりである。

「権利としての障害児教育」論は、このようなすべての障害児の教育権保障の実践や運動と不可分に、その中から創造された理論であるが、次のような問題提起として整理されている。

「問題提起の第一は、教育権の主体をすべての障害児本人に平等に認めるということである。

問題提起の第二は、教育権を発達を保障するうえに必要なことを『学ぶ』という能動態として問題にし、『教育を受ける権利』というように一方的な受動態としてとらえるということを改めるということである。現在、『教育を受ける権利』は教育を支配する力によって教師の教育をする権利と対置させられて、教育が権力による権利の選別・分断ひいては権利侵害の手段にもさせられている。そこでは教育が能力差に従属し、さらに権力への従属をつよめる過程で、うける教育の中身が変質させられてきている。変質させないためのとらえなおしをするには　支配されている側からの権利獲得への能動的なとりくみの発動が必要である。……

問題提起の第三は教育権を他の諸権利と統一してとらえ、権利相互を代替関係におかせないということである。　障害児は発達障害をおこさせられがちである。したがって全面発達を保障していくことが重要な課題となる。教育はそれにたいして主導的な役割をはたすが、同時に教育権の行使に必要な医療・社会保障・労働・政治参加などへの諸保障をそこに統一していくとき、教育はその任務を遂行していくことができる。

問題提起の第四は、教育の内容は全面発達を保障するものでなければならないということである。そこでは障害児を類型的に考え、発達における機能別の一方向的・連続的・適応重視という差別的管理への発達観を変革し、発達的にみて、人間としての共通機制を把握し、統一的・全面的・質的変革を重視した科学的発達観にたつ教育の実現をめざす。さらにまた、差別を許さない集団づくりへ学級・学校・地域を変えていく中で、ひとりひとりの変革が確かさをもって実現していることなどから、発達の単位をきりはなされた個人を単位としてみることをあらためる。

問題提起の第五はいのちと生活と健康を守り、あらゆる差別とたたかう民主運動と正しく連帯して前進しなければならないことである。[(45)]」

すべての子ども（どんな重い障害児をも含む）の無差別平等の発達保障への「権利としての障害児教育」論からの問題提起は、子どもの権利論を実践に即してより豊かにし、憲法26条論の質的な深化、発展（再構成）をもうながし、杉本判決の国民の教育権認識の展開に、少なからぬ影響を与えたものと考えられる。

杉本判決は、1970年代のまさに幕明けにあたり、子どもの権利を中心とする国民の教育権を公的に確認した点において画期的であり、その後の国民の教育権論の展開にきわめて大きな影響を与えることとなった。

杉本判決は、憲法26条の国民の教育を受ける権利の規定を「憲法25条をうけて、いわゆる生存権的基本権のいわば文化的側面」として位置づけ、「憲法がこのように国民ことに子どもに教育を受ける権利を保障するゆえんのもの」を、子どもの権利の歴史的把握のうえに立って、次のように判示している。

「近代および現代においては、個人の尊厳が確立され、子どもにも当然その人格が尊重され、人権が保障されるべきであるが、子どもは未来における可能性を持つ存在であることを本質とするから、将来においてその人間性を十分に開花させるべく自ら学習し、書物を知り、これによって自らを成長させることが子どもの生来的権利であり、このような子どもの学習する権利を保障するために教育を授けることは国民的課題であるからにほかならないと考えられる。」

「憲法26条から出発する教育行政学」の現実可能性を印象づけた判決として歴史的であったといえる。

（2）「国民の教育権」概念の拡張

〈無差別平等の発達保障の原理としての憲法26条解釈〉

憲法26条の「能力に応じて、ひとしく」の解釈の根本的な転換が、すでに述べた「権利としての障害児教育」論の必然的な帰結として、原理的に問題提起されたことである。

従来の有力な憲法解釈は、能力による教育上の差別を合理化、容認する次のような解釈論であった。

「『能力に応じて』とは、教育を受けるに値するかの能力に応じて、の意である。したがって、各学校でその性質に応じて入学試験を行い、合格者だけを入学させるのはさしつかえないが、教育を受ける能力と無関係な事情 —— 財産・家庭など —— を理由に入学拒否することは、許されない。『ひとしく』は差別なく、の意である。教育を受けるに必要な能力（学力・健康など）によって差別されるのは当然であるが、それに関係のない理由 ——『人種、信条、性別、社会的身分、経済的地位又は門地』（教育基本法第3条）—— によっては、差別されない[46]。」

このような解釈論が、文部省（当時）の通達行政にもとづく障害児（「教育を受けるに必要な能力」なき存在とみなされる）の学習権侵害の歴史的事実と対応してきたことはあまりにも明白である。1962年10月の文部省初等中等教育局長通達「学校教育法および同法施行令の一部改正に伴う特別な取扱いを要する児童. 生徒の教育的措置について」が次のように述べていることなどが、その端的な例証である。

「白痴、重症痴愚、重症の脳性小児まひ、現在進行中の精神疾患、脳疾患その他これらと同程度の高度の障害を有するかまたは二つ以上の障害を有し総合するとその程度が高度になるものなど盲学校、聾学校または養護学校における教育にたえることができないと認められるものについては、その障害の性質および程度に応じて就学の猶予または免除を考慮すること。」

学校教育法第93条（施行期日）による障害児の義務教育実施の政令委任と同23条の就学義務の猶予・免除規定を根拠に、障害児、とりわけ重い障害をもった子どもたちが学校教育から排除されてきたのである。このようなあからさまな障害児の教育上の差別をなくす運動が、すべての障害児の就学権保障運動として1960年代末以降、国民的運動に発展し、そのような運動の中から憲法26条解釈のとらえ直しが原理的に提起されてきたのである。すべての子ども（どんな重い障害児も含む）の無差別平等の発達保障の原理に即した憲法26条解釈は次のように整理されている。

「本条文の中核的位置を占めるのは、『ひとしく……権利を有する』という表現にこめられた『教育を受ける権利』の無差別平等の理念であり、『能力に応じて』とは、そのような権利を『すべての国民』に —— したがって、どのように障害の重い者にも —— 実質的に保障しきっていくために挿入された補充規定である、と解釈する[(47)]。」

このような憲法26条解釈は、次のような子どもの能力発達の教育的理解とも合致して、今日、国民的な法解釈としての普遍的価値を獲得してきていると考えられる。

「小学校の門をくぐった子どもたちの知能活動には、すでにそれ以前の言語環境などを中心とする文化環境、それの物質的基盤としての社会的環境の格差が烙印づけられているのである。つまり、子どもたちは、平等な出発点に立って、学校教育を受けるのではない。すでにスタートにおいて違いがあるのである。だから本当に、生得の能力に応じた教育をやって、それをまっとうに伸ばしていくのには、就学前の環境条件からして、それぞれの能力に対応したふさわしいものにととのえられてあることが必要なのである。そうでなくては、発見されるべきはずの能力、いや開花させられるはずの能力まで、ついに開花しきれないで終るということが少なくないはずである。その上、子どもたちを待ち受けている学校の教育はどういう役割を果たしているだろうか。本来ならば、デコボコの環境条件からスタートした一人ひとりの子どもについて、その背負っているハンディキャップに応じた手厚い発掘の手だてが講ぜられるべきはずである。それこそが、公教育の公の字のつく本来の理由であるはずなのである。ところが事実は、そのような本当の一人ひとりについての働きかけ、教育を通じての能力発見の場として十分に学校は働いているとはとても思えないのである[48]。」

憲法26条解釈の原理的転換を生み出した国民の実践的努力を背景に、それらをくみこみつつ教育政策の総合的な調整と再編成を試みた中央教育審議会答申『今後における学校教育の総合的な拡充整備のための基本的施策について』(1971年6月1日)は、「特殊教育の積極的な拡充整備」の項目のなかで、養護学校の義務制実施の方向を明らかにした。

1979年4月1日からの障害児教育なかんずく、それまで未実施であった養護学校に関する部分の義務制実施は、このような1970年代における障害児教育再編成の大きなひとつの帰結であり、障害児教育をめぐる諸矛盾の展開の新たな条件となるものであった。

〈教育と福祉の統一的視点〉

すでにみたように、「権利としての障害児教育」論において、権利の総合保障の観点が提起されていたが、それをより普遍的な内容において提出したのが1970年代である。

そのような国民の教育権論の展開の背景には、子どもの学習権、発達権を軸にその権利内容を理解しようとする国民の教育権論自体の発展に内在的な必然性があるが、同時にそのような理論展開と不可分な、とりわけ1960年代以降の「高度経済成長」政策とそれにもとづく地域開発政策の全国的進行にともなう社会の構造的変化の影響がある。

1960年代以降の地域開発政策の進行が、子どもの発達の構造的侵害を集中的にもたらし(学校・家庭・地域を通じての「教育力」の破壊)、それに対して、子どもの発達保障(「教育力」の再創造)をめざした諸運動が、様々な住民運動(なかんずく地域教育運動)に担保されて前進してきたということである。

憲法論のレベルで「教育環境権[49]」という新しい権利概念も提起され、「教育と福祉・文化の全面にわたる生活圏としての地域コミュニティ」の創造というような展望をも理論的方向性としては含めて、教育条件整備論の課題としても論議がなされようとしていたのである。

これらの事情を背景に展開されてきた教育と福祉の統一的視点は、教育基本法と児童福祉法というそれぞれの根本法の成立にまで逆のぼって、両者の関係を歴史的に問いつつ、戦後の教育法制、児童福祉法制の基本的性格やその歴史的再編制の課題をもその議論の射程に含めながら、ニュアンスの異なる二つの理解を生み出してきた。[(50)]

ひとつは、「学校の福祉的機能」という観点を中心に学校論として理解しようとしているものである。次のような見解に代表される。

「学校が社会的な子どもの保護という問題を前提として成立しているということをめぐって、いわば、学校が子どもの生活の場として、一定の福祉的機能を期待されているということ、あるいは福祉的な機能を前提として学校教育そのものが成り立っているのではないかという問題です。[(51)]」

もうひとつは、もっぱら障害児や生活保護家庭の児童など、社会的・身体的にハンディキャップを負わされている子どもの問題として理解しているものである。[(52)] 従来の教育論が普通児を対象にした教育論であったことからすれば、そこにおいて欠落していたハンディキャップを負わされている子どもに焦点をあてて議論が展開されることはある意味では当然であり、それ自体固有な意味と同時に重要な歴史的意味をもっていたといえるが、同時に、すべての子どもにとっての普遍的な権利の問題としても展開される必要があったのである。

堀尾輝久は「教育の任務と福祉の任務の区別と統一ということが重要なのだ」として、教育と福祉の統一の論理を「全人格の発達」の論理としておさえて次のように問題を提起している。

「他の領域における教育力が貧しいから学校がその分をすべて引き受けるというふうになるのではなくて、やはり家庭は家庭として、その教育力を回復しなければならないし、地域は住民の生活の場として、子どもの発達的な環境として、地域そのものがつくりかえられなければならないし、社会教育の機会というものも十分につくられなければならない。子どもの遊び場も保障され、児童館その他の子どもの文化施設（学童保育施設）もつくられなければならない。そのなかで学校もまた学校固有の責任を果していく、そういう方向で考えられる必要があるのではないか。[(53)]」

教育と福祉の統一の視点は様々なニュアンスを内に含みながらも、現代日本の教育の全体構造そのものを組み変え、変革していく課題を理論的射程として提起してきていることを理解しておく必要があろう。

〈国民の生涯にわたる学習権保障〉

ひとつの決議を紹介しよう。1972 年 4 月 30 日、九州自然を守る志布志研究大集会における「住民の学習権尊重を要求する決議」である。

「『九州自然を守る志布志研究大集会』は、今日国民の重大な関心事である、とりわけ大隅地域住民にとっては死活にかかわる問題となっている『地域開発と公害』の問題について学習し、地域の生活と生産の発展方向をさぐることを課題とする極めて大切な研究と学習の集りであった。

それは、地域住民が地方自治の主体的な担い手となるための不可欠な学習・教育活動であり、国民の学習する権利、住民の基本的権利にもとづくものである。したがって、地方公共団体ならびに市町村教育委員会は、この住民の学習・教育活動を積極的に支持し、これを援助すべき義務を負い、これに協力することこそあれ、決してこれに干渉したり妨害してはならないことは言うまでもない。……

わたしたちは、住民の学習の権利をふみにじり、地方行政の自主権を自ら放棄し、恣意的な不法不当な学校管理を行なっている町長ならびにそれを追認している町教育委員会に厳重に抗議し、陳謝を要求する。また、今後、住民の学習の権利を尊重し、学校の施設、設備の利用に積極的に努力し、不当な差別・規制を行なわないことを表明するよう要求する。[(54)]」

子どもの学習権が、人権中の人権であるとする理解が提起されていることはすでに紹介したが、ここでは明らかにそのような学習権の主体は子どもにのみ限定されるものではなく、大人（住民、国民）にとっても死活的な権利として同様の意義をもつことが確認されているといえよう。

「住民の学習権という憲法上に明文の規定がない法理と概念の確立がいま痛切に実践的に求められている。公害地域や開発地域という日本の一つの極限の地域にあって、学習なくしては住民の生活と権利は守られず、将来いな明日の見通しもたちえない。そういう状況がいまあきらかに現出しつつある。……我々の求める教育運動・教育科学運動はまさにそこにもっとも堅固な基礎をもつのではないか。(55)」（傍点原著者）

このように住民の学習権の意義をとらえた藤岡貞彦は、国民の教育権のとらえ直しを次のように提起している。

「国民の教育権を単に自らの子弟を教育する権利としてとらえるだけでなく、自分らの生活・生存にかかわる自己形成の権利ととらえ、そのための学問の探求の権利と考える時、さまざまに今、日本の各地に発展しつつある地域教育運動がしっかりとした論理的組織的根拠をそなえ、学校を社会に勤労人民の手でかよわせることになるのではないか、と私は考える。(56)」

かつて（1959年）五十嵐顕は、社会教育が学校教育にたいして「教育の全体構造において基礎的である」として、その関係を仮説的に次のように提起したことがある。

「社会における教育を構造的に考えようとする場合に、教育学では機能としておこなわれる教育（無意図的な教育作用）と、意図的・計画的活動としておこなわれる教育とに大別してとりあつかう。前者は後者にくらべて基礎的であり、その意味は環境による形成作用が社会の計画的教育に基礎的な役割をはたす場合、……中間に環境設定的な、積極的媒介作用があると考えられる。これが社会教育であり、ここに働きかける国家政策の必然性は、経済的体制原理としての自由主義が客観的に存続しえなくなった段階においてますます高まってきたものといえる。(57)」

五十嵐は、「教育の自由」の保障にとってこのような教育認識の意義を述べているのであるが、社会教育のすぐれて現代的・民主的実現形態としての住民運動（地域教育運動を含む）の展開は、まさに1970年代、この五十嵐の仮説的テーゼを国民の実践を通して実証しうる歴史的条件を成熟させてきたといえるであろう。

国民の生涯にわたる学習権保障の理念は、一方で学校教育、社会教育の関連構造を問いつつ、人間形成の基礎的条件としての地域環境をも含めた教育の全体構造と、他方でそのような教育の担い手である国民自身の主体形成（主権者としての国民の自己形成）をも不可分な課題として提起した、1970年代のまさに実践的な概念ということができよう。

社会教育と学校教育の関連構造を論じた小林文人も次のように指摘して、国民の学習権をめぐる以上述べてきたような実践構造を端的に整理している。

「社会教育における住民自治の実践は、いうまでもなく地域における住民自治のその組織と運動の水準に規定され、かつその水準を反映する。同時に学校教育にかかわる自治の実践とも深く密接に規定しあい、関連しあっている。これらを結びつける概念は、『国民の学習権』を創出する運動であろう[(58)]。」

（3）教育の内・外事項区分論の再構成と学校自治、教育自治、住民自治論

〈教育の内・外事項区分論の再構成〉

宗像の見解に代表される従来の区分論は、教育関係事項を、教育内容・方法に関係する内的事項と、教育の施設．設備に関係する外的事項とに区分することを前提に、教育内容・方法への権力的介入の排除の論理として、教育行政の内的事項への不介入と外的事項への積極的関与の承認を、法規範論として規律するものであった。

教科書裁判杉本判決における「国民の教育の自由」論は、このような教育の内的事項、外的事項区分論に立脚して、外的事項すなわち教育の諸条件整備は国家の責務として委ねられ、内的事項すなわち教育内容に関しては教師に信託されるという構造をともなっていた。判決では、国民の教育責務との関係で国

家の教育内容への不介入を次のように論じている。

「国家は……国民の教育責務の遂行を助成するためにもっぱら責任を負うものであって、その責任を果たすために国家に与えられる権能は、教育内容に対する介入を必然的に要請するものではなく、教育を育成するための諸条件を整備することであると考えられ、国家が教育内容に介入することは基本的に許されないというべきである。」

1970年代は、このような区分論に対する批判的再構成が求められた時代といえる。二重の意味においてその再構成は必然であった。

第一は、「教育の自由」論がすでに述べたように、憲法23条から出発する市民的自由権を止揚した憲法26条から出発する現代的自由権として構成されてきたことの論理的必然として、従来の区分論における内的事項も外的事項もともに学習権、発達権保障の論理において統一的に組織されねばならないという必要からである。

第二は、基本的には第一の問題に包摂され理解されるべき問題であるが、教育内容面に関係する教育条件整備の対象領域が拡大し、教育行政の内的事項への不介入という法規範論の成立根拠自体が、事実の問題としても、理念の問題としても否定されるという状況にあるからである。

以上から提起される問題は、従来の区分論の形式性、またその区分論の機械的把握を止揚して、教育関係事項を統一的、民主的に組織しうる新たな論理を、法規範論としていかに構想するのかということであった。

教育財政の制度や運用の歴史的役割に言及しながら、五十嵐顕は、従来の区分論の形式性を批判して次のように述べている。

「イギリスの教育国庫補助金の歴史における『出来高払い』(payment by results)や、アメリカの産業教育振興法(1917年)は、国家の教育費による教育統制として代表的なものである。わが国の教育国庫補助金、とくに義務教育国庫負担金や地方交付金の教育単位費用が、教育現場の実践の条件に深く作用していることは説くまでもない。これらのことは、いわゆる教育内容の領域ばかりでなく、外的条件の分野においても、教育に関する国家関与の民主的原則の重要さが大切であることを示すものである[59]。」

渡辺洋三も、「単に内的事項と外的事項の区別に満足せず、教育に対する公権力の介入の限度をどのように考えるべきかについてのいっそう掘り下げた理論的究明に努力すべきではなかろうか[60]」と、同様の趣旨の問題提起を行っている。

これらの問題提起をふまえて、兼子仁が、内的事項、外的事項区分論の原則的意義を確認しつつ、次のように課題を整理しているが、1970年代におけるひとつの理論的達成といえよう。

「もっとも、たしかに従来の内・外両事項区別論には、内的事項にかんする教育自治権の確立を強調するあまり、外的事項についてはあたかも当局による専権が許されるかのように誤解されやすい表現が無かったとは言いきれない。しかし事柄の性質上、それでは同区別論が論理的に十分表現されていたとは考えられないのであって、同区別論のいっそうの論理的展開によって疑問は解消されうるであろう。すなわち、内的事項について国民と教師の教育権を確立することは、教育の自主性の保障と権力支配の排除を目的とするのであるから、外的事項について当局の専権を許し当局が外的事項規制を通じて間接的ながら現実に教育支配をなすことを放任するようでは、同区別の本来的趣旨に反する。ただし、外的事項について民主教育の要求を貫いていくためには、内的事項についてとはその制度的実現の方式にちがいがあり、制度論的には、まず内的事項における国民と教師の教育自治権が確認され教育の側からの主体的な要求権が明確にされている必要がある、ということである。それにしても、同区別論は今後ますます、外的事項においても民主教育の要求を実現していく制度論の構成へと発展していかなければならないといえよう（学校自治、教育の住民自治、教組交渉制が主要課題となろう[61]）。」

教育における内・外事項区分論を教育における自治論の課題として再構成しようというのが、兼子の問題提起である。

〈学校自治、教育自治、住民自治論〉

人権論の相における地方自治論の展開は、教育における自治論をも包括した

1970年代における特徴的なひとつの理論的動向である。

教育における内・外事項区分論は、「教育と国家」の関係を規律するひとつの支配的な理論であったといえるのであるが、それが自治論として再構成される理論的必然は、地方自治概念の次のような発展と不可分である。

「地方自治の概念は、基本的人権を擁護する地域の民主主義運動から民主的な制度や自治的な組織までふくむはば広い概念として成立するのである。地方自治とは、基本的人権を各地域で保障し実現する民主的・自治的な制度や組織であり、民主的国家の基本的構造を規定する欠くことのできない原理であるといえるであろう[(62)]。」

地方自治論の理論的再構成を課題として、全国憲法研究会は、1968年、71年、憲法理論研究会は、1974年と、それぞれシンポジウムを開いているが、1971年のシンポジウムにおいて次のような報告が行なわれ、その中で、教育における自治論がすでに検討課題として提出されていたのである。

「地方自治を人権の問題として把え直すという課題は、あれこれの地方自治制度に関連する限りで個々の人権問題を論ずるという限定的方法を越えて、トータルな人権を地方自治の基軸に据えようというものであった。……さらにこのことは、近代憲法に規定された抽象的個人の人権という発想にとどまらず、人権総体の少なくとも集団的行使ないし保障の諸形態の再検討を要請しているという意味で、人権論そのものにインパクトを与えているといえよう。……憲法26条の教育を受ける権利も、その内容・体制・条件の全面にわたって地方自治との関連で再検討され、新たな意義が付与されるべきである[(63)]。」

国民の教育権論と地方自治論の統一的理論構成を、とりわけ制度論のレベルで展開することが課題とされつつ、それがたちおくれている現状について、藤岡貞彦は、次のような指摘を行っている。

「これまでの教育法学の主たる努力は〈学校自治 —— 教師集団の自治〉論の確立におかれ、父母住民の教育権の具体的あり方についてはかならずしもふかい注意がはらわれてこず、国民の教育権保障の必須の装置である教育の民衆統制については議論が不充分だったのではあるまいか。もし然りとすれば、近年の父母住民の主権者意識の急速な成長に教育権論はたちおくれはしまいか[(64)]。」

1970年代中葉という時点において、それまでの教育運動や生活要求運動の総括のうえにたって、斉藤浩志が提起している次のような地方自治体行政の課題は、制度論に対する具体的な問題提起として重要である。

「地域の総合的な生活の合理的創造について、責任をもって検討し推進する自治体の行政機関が欠落しているように見える。……結局、地方自治体行政のあり方が、それぞれの『地域』の『生活権』『発達権』の保障という基本的観点を確立していないことによる。……『地域』を大切にし、『地域の発達権』保障の思想に立った、中央と地方の一般ならびに教育に関する民主的行財政の体制をつくりあげることこそさしせまったもっとも重要な課題だと考える[(65)]。」

ここには、「地域の生活の総合的な創造の主体者」としての住民の自治能力の形成と、現実の自治行財政制度との矛盾が問題として提出されているが、教育における自治論と不可分に地方自治全般の制度確立を課題として位置づけることを示唆するものとして注目されるべき主張であったといえよう。

「教育自治」概念が鈴木英一によって、「教育の住民自治とそれを土台とする学校自治（教育機関の自治、教職員集団の自治）から構成される」概念[(66)]として提起されていたことをふまえるならば、学校自治、教育自治、住民自治の関係を、地方自治の制度論として究明していく課題を、理論的にも実践的にも提起したのが、1970年代であったといえよう。

（4）教育責任論としての国家の教育権論の展開

国民の教育権論の深化発展は、国家の教育権論にも影響を与え、教育責任論としてその理論構成がなされるようになった。ひとつの典型を家永教科書裁判第一次訴訟第一審判決（1974年7月16日、高津判決）にみることができる。

杉本判決が国民の教育責務を事柄を分けて教師と国家に信託、委任したような観念は高津判決にはなく、国およびその行政権に教育権を包括的に付託している点が特徴的である。福祉国家論と議会制民主主義の原理を援用して、次のように論じている。

「日本国憲法は、福祉国家の理念を宣明するとともに、その施策の一環として国民の教育を受ける権利を保障し、国に対しその権利を実現するため義務教育をはじめ各種の必要な施策を実施する権限と責務を課しているのであり、……現代公教育においては教育の私事性はつとに捨象され、これを乗りこえ、国が国民の付託に基づき自らの立場と責任において公教育を実施する権限を有するものと解せざるをえない。また、かように考えることこそ、……議会制民主主義の原理にもそうゆえんであるというべきである。」

公教育の実施責任を国に包括的に付託する高津判決の論理とは異なる、いわば教育の共同責任論ともいえる論理を展開したのは、学力テスト旭川事件最高裁判決（1976年5月21日）である。判決は、子どもの学習権（発達権）を中核にして教育権の構造化を試み、次のように述べている。

「子どもの教育は、教育を施す者の支配的権能ではなく、何よりもまず、子どもの学習する権利に対応し、その充足をはかりうる立場にある者の責務に属するものとしてとらえられているのである。」

「子どもの教育は、……専ら子どもの利益のために行われるべきものであり、本来的には右の関係者らがその目的の下に一致協力して行うべきものである」という考え方を提示した判決は、教育内容に対する国の正当な理由にもとづく合理的な決定権能をも、次のように肯定している。

「一般に社会公共的な問題について国民全体の意思を組織的に決定、実現すべき立場にある国は、国政の一部として広く適切な教育政策を樹立、実施すべく、また、しうる者として、憲法上は、あるいは子ども自身の利益の擁護のため、あるいは子どもの成長に対する社会公共の利益と関心にこたえるため、必要かつ相当と認める範囲において、教育内容についてもこれを決定する権能を有するものと解さざるをえず、これを否定すべき理由ないし根拠は、どこにもみいだせないのである。」

最高裁判決は、子どもの教育に対する親の責任については「主として家庭教育等学校外における教育や学校選択の自由にあらわれるものと考えられる」として、きわめて限定的に肯定し、学校教育の共同責任主体からは親を除外し、他方で、公教育における国の責務や権能を「国民全体の意思を組織的に決定、実現すべき立場にある」と第一義的に肯定する論理を展開している点が特徴的である。これは、事実上、国およびその行政権優位の教育責任論であり、教育の共同責任性という論理の出発点においては、自らも肯定した理念を、教育権の構造論のレベルでは、事実上形骸化する結論を導き出しているのである。

教育責任論として事実上、国家の教育権を肯定するこれら教育裁判の論理は、「憲法26条から出発する教育行政学」の疎外された内容を示すものであり、最高裁判決で提出された教育の共同責任性という理念を、教育権の構造論としても実質化し、教育行政の共同的性格を実現していくことは、本来的な意味での「憲法26条から出発する教育行政学」の構成のうえからも重要な視点を提供するものといえよう。

(5) もうひとつの『教育行政学序説』と宗像教育行政学批判

〈宗像教育行政学の方法論的批判の不可避性〉

宗像教育行政学にあって、教育行政の当為的認識と現実科学的認識の二元論的把握が方法論的に内在化されていたことはすでに述べたが、教育行政の内実を変革し、当為的認識を教育行政の実際において現実化することを課題とした場合、それをすべて教育行政との対抗関係におかれた教育運動の課題として、国民の意識変革というすじみちでの民主的主体形成にのみ委ねることは、1970年代にあっては一面的な理解とならざるをえない。

国民の民主的主体形成と不可分な形で教育行政固有の機能とそれに即しての課題が解明され、そのような教育行政の実現にむけての実践が組織されていかなければならない歴史的段階を迎えていたのである。教育行政を、カウンターの対象から共同の対象へと変革する課題を探究する際に、「アンチ教育行政学」

(「カウンター教育行政学」)としての宗像教育行政学の方法論的批判は不可避であるといえるが、ここでは、「民主・国民教育論」批判として展開された宗像教育行政学の方法論的批判を検討しておきたい。

結論的に言えば、これらの批判を通して、今日の教育行政学研究についての個別的な問題提起としては十分に検討に値する知見が提出されてはいるが、宗像教育行政学を根底から変革・止揚しうる新しい方法論の提示はなされていないように思われる。その意味で、学問的な総括としては不十分さをまぬがれえないといえよう。

〈もうひとつの『教育行政学序説』〉

1979年に持田栄一著作集の第六巻として、『教育行政学序説—近代公教育批判—(遺稿)』が刊行されている。宗像の『教育行政学序説(増補版)』が刊行されて10年という年であり、1980年代を展望する節目の年である。持田は、教育の本質を次のようにとらえることから出発している。

「教育と呼ばれる営みは、学習主体が何をどのように学ぶか、またこれに対して教育主体が何をどのように教えるかという過程であるとともに、それは学習主体と自然との関係、学習主体相互の人間的社会的諸関係がどのようにきり結ばれるか、また学習主体と教育主体の関係、教育主体相互の関係をどのように組織するかという過程でもある[67]。」

教育実践ないし教育労働を技術過程と組織過程の二つの側面の統一において理解する立場を前提としつつ、教育制度や教育行政の理論は後者の側、すなわち「人間の成長発達と教育にかかわる関係を再生産する営み」としての教育の組織過程の側から教育の現実に接近しようとするものであるとしている。そして、このような教育の組織過程の近代的特質について次のように述べている。

「ここで問わなければならないのは『近代』におけるそれであるが、『近代』における教育制度は『私事』化された教育のシステムであるとともに、その基幹的部分が法定され、国家権力によって保障されている点で特徴的である[68]。」

以上のような考察から、持田は、教育行政の理論について次のような定式化と課題の提示を行っている。

「教育行政の理論は、まず教育組織と教育関係の組織化と再組織化の理論であり、『近代』におけるそれは、近代公教育の組織化と再組織化の理論としてとらえられなければならない。

『近代』における教育行政は、『教育の公共性』保障を名目とした『私事』としての教育の秩序の維持であり、『国家』＝『国民全体』の名における学校 —— 教育事業の経営である。……われわれは教育行政の理論を公教育の組織論 ——『国家』＝『国民全体』の名における学校 —— 教育事業の経営論としてとらえ、『近代』における教育と学校の現存の内実に立ち入ったところで、教育行政を問題としていかなければならない[(69)]。」

持田は、このような教育行政認識が「現在われわれの周囲において充分に熟しているとはいえない」として、以下の三つの「教育行政認識と思惟の諸形態」について批判を行っている[(70)]。

第一は、「教育法の関数として教育行政をとらえ、教育法の解釈・運用の過程として教育行政を位置づけるもの」である。これに対しては、「教育行政実務家の間では、現在なお一般にみられる」としつつ、「近代の教育価値と公教育体制が問われないままに前提とされているから、現実から抽象化された形式的合理主義に陥るか、現状肯定的となる」と批判をしている。

第二は、「教育行政をもって教育的価値を具体化するための条件ないし手段とするもの」である。「そこにおいては、教育の経営論が教育行政論の主軸にすえられている」としながら、そのような教育行政が「教育的価値に対する単なる条件ないし手段であり、したがって没価値的なものであり、中立的なものであるかというと、そうとはいえない」と疑問を提出している。

第三は、『教育行政をイデオロギー的なものとしてとらえ、政治的権力的なものとして位置づける」ものである。これに対しては、次のように批判がなされている。

「教育行政がイデオロギー的、政治的性格を担うといっても、近代公教育体制下におるそれは、絶対主義国家における教育行政のように直接的なものでなく、教育法の解釈運用と教育経営の合理化という技術的操作をとおしてすすめられる間接的なものである。

上記教育行政認識は、教育行政がイデオロギー的政治的性格を担うことを形式的に指摘はするものの、その性格の内実にまで立ち入らず、上記のようなその特質を明らかにはしていない。[(71)]」

持田の主張は、教育行政が教育の価値に対して中立的ではなく価値選択的な行為であることと、それが権力的性格を帯びるとしても、その近代的特質としては教育法の解釈運用と経営合理性を媒介としての関接的なものとならざるをえないという点を指摘するものである。

持田はこのような原理的考察をふまえて、戦後日本の公教育体制としての「教育基本法体制」の変革を課題として提出し、その分析を試みている。分析のはじめに、「戦後日本教育」認識の諸相として、きわめて問題提起的な次のような指摘を行っている。

「官側の教育基本法体制認識は制度実証主義的であるのに対し、教育運動の側のそれは自然法的であり理念的であるという違いはみられるものの、そのいずれもが近代公教育としての戦後日本の教育体制 —— 教育基本法体制を肯定的にとらえているという点では一致しているのである。

体制側の戦後教育認識が、その実態まで含めて教育基本法体制を肯定的にとらえているのに対し、教育運動側のそれは、教育基本法体制を価値として位置づけ、そのような価値としての教育基本法体制から戦後教育の現実を批判するという発想に立っている。……したがって、戦後日本の教育体制 —— 教育基本法体制が近代公教育として具備している矛盾と限界を内在的に明らかにし、それをこえる実践の方途を探し求めようとする問題意識は、『官』『民』いずれの戦後教育認識にも欠落しているのである。……われわれは戦後日本の教育体制 —— 教育基本法体制が近代公教育として具備している特質をきびしく対象化し、戦後『教育の民主化』と呼ばれ、『民主教育』といわれたものの内実を問いかえしていくべき時期に来ているのではないであろうか。[72]」

「現在、われわれの周囲においては、一方において教育基本法体制の民主的意味が説かれているとき、他方、そこにおいて差別と選別、支配と被支配の教育現実が進行していることが批判されている。上記論者たちは、このような現実は、日本国憲法や教育基本法の精神が徹底していないために惹起されるものとし、したがって、日本国憲法や教育基本法の精神を徹底していけば、上記のような現実は解消されると説いているが、果してそうであるのか。……現在、日本教育の現実に差別と支配がとりのこされているのは、『前近代』的体制がのこっているためというよりは、基本的には、『近代』において『教育権』と呼ばれ、『教育の機会均等』といわれるものの本質そのものにかかわっているのではなかろうか。[73]」

持田は、このような理解を前提に教育基本法体制を次のような相において評価しているが、基本的に首肯しうるものといえよう。

「戦後日本の教育改革と教育基本法体制の成立は、教育における差別と選別、支配と被支配の教育現実をなくし、『自由』と『平等』、『機会均等』の理念を実質化するものではなく、そのような運動が成立する与件として意味をもつのである。……われわれは、教育基本法体制を変革し超克するために、そのための実践を保障する場として、教育基本法体制を擁護しなければならないのである。[74]」

近代公教育体制としての教育基本法体制の変革とかかわって持田が提起している教育の本質観そのものの転換という課題も、教育行政の共同的あり方（教育の現実的諸関係の変革）を追求していくうえで、示唆的といえる。次の七点がそれである。少し長くなるが引用しておきたい。

「第一、近代の教育においては、教育は市民社会における市民個人の『私事』として位置づけられてきた。……われわれは教育を社会共同の事業としてとらえていかなければならない。

第二、……従来われわれの間には、人間の成長発達と教育を個人的なものとしてとらえる考え方が一般化されていた。しかし、人間は生活実践を通して自然との関係および人間相互の関係を発展させる中で自らの能力を形成するもので、……社会共同のひろばにおいて関係性と共同性のなかで進められる。

第三、……教育の原点は、生活実践そのもののなかで進められる『自己教育』―― 自主的共同的能力形成にもとめられ、それを助長するものとして、与える教育が位置づかなければならない。

第四、近代の教育においては、子どもの教育をうける権利を保障する者は、第一次的には親個人であり、親の委託を受けて教育事業体が多数の教師を雇用してことに当ることとなっている。したがって、そこには教育をうける者と与える者、委託する者とされる者、雇用する者とされる者、命令する者とされる者などの区別がみられ、分業が必ずしも共同体制とはならない一面がみられた。われわれは、このような近代における体制を超克し、教育をことば本来の意味において社会共同の事業として確立していくことを追求しなければならない。

第五、近代の教育においては、……家庭こそが教育の基本的場とされ、それを補うものとして学校教育が位置づけられ、さらにそれを補うものとして社会教育が組織される。……上記の関係は逆転されなければならない。

第六、近代においては、教育を市民個人の『私事』としてとらえ、人間の成長発達と教育を個人主義的に理解することとかかわって、教育行政を制限することが『教育の自由』を保障することとされた。しかし、……教育が社会共同の事業として確立されなければならないものであってみれば、われわれは、教育行政を制限することによってではなく、その質を変革することによってはじめて『教育の自由』を保障することができるといわなければならない。

第七、……生活実践のなかにおける自己教育こそが教育の原点であるという立場に立つならば、親や教師や教育行政関係者は、教育的に働きかけることによって、同時に自らの『自己教育』をすすめ、成長、発達しなければならないのである。従来、一般的に『教育』という時、学習主体の成長発達だけが問題にされ、教育主体が　自己の変革をとげることは不問に付せられてきた。われわれは、このような教育関係を問いかえし、教育を『共育』ないし『協育』として追求していかなければならない[75]。」

相互の教育観を問い直し、教育関係を共同的関係へと組み変えていくことを、親や教師や教育行政関係者の実践的課題として確認しようとするものである。教育行政の実践的性格を問うものとしても示唆的といえる。

戦後日本の公教育体制全体の構造を教育の共同性の疎外形態＝幻想的教育共同体としてとらえ、その変革＝教育の共同性の社会的再獲得のプログラムを「下から」の批判教育計画として提出しようとする持田教育行政学の枠組は、幼児教育論から生涯教育論、障害児教育論、私学教育論、教師論から学校事務（職員）論、教育の地方自治論というように包括的である。若干、それらの所論についても言及するならば、学校事務（職員）論については「教育変革としての学校事務」論として、次のように論じている。

持田は、「学校事務」を「学校という教育の場における労働とそれを主軸とした社会的諸関係を『データと情報の処理』をとおして組織していく営み」としてとらえて、その疎外された現実態を問いかえすことを課題として提起しているのである。

「近代公教育を変革していく実践と運動とかかわって、所与の『学校事務』のあり方そのものを問いかえしていくことが必要である。本来、教育労働とそれがきり結ぶ関係性を保障するべきはずのものであるにもかかわらず、物としての『データと情報の処理』に倭小化されている『学校事務』の現実をあらため、疎外されている『人間』を呼び戻していくこと、『学校事務』を、血の通ったものとして再構築していくことが必要であろう。『教育としての学校事務』は『教育変革としての学校事務』としてとらえかえされなければならないのである[76]。」

持田は「教育としての学校事務」論について、「学校（事務）と教育行政（事務）を、そして、国民教育 —— 国民の教育権と国家教育 —— 教育の国家支配を対置的にとらえ、前者を価値的なものとして措定する民主・国民教育論、そこにおけるいわゆる学校自治論にうらうちされて提起されている[77]」と批判して、次のようにも課題を定式化している。

「われわれは学校事務のあり方を考えていくにあたって、『学校事務』と『教育行政事務』を区別し、前者に対し後者が浸透することを制限することを基本とするのでなく、教育の場である学校の現実のなかで教育行政事務のあり方を問いかえし変革していくことを課題とすべきであろう[78]。」

教育の地方自治論としては、一般行政と教育行政の関係について、その総合化の必要について論じ、高等学校や盲・聾・養護学校の設置主体が支配的にはあるいは義務的に都道府県となっている現行制度についても、その事務の市町村への再配分を課題として提起しているなど、注目すべき所論を展開している。一般行政と教育行政の関係についての持田の所論は次のとおりである。

「教育委員会制度において、教育行政を一般行政から独立させて運営する体制がとられるのは、……『近代』に特有の教育の自律観 —— 教育による社会変革という考え方とかかわっている。

しかし、教育の現実をみた場合、たしかに、……教育が社会からきりはなされた形で自律的に展開され、教育によって社会を変革していくという側面もみられるが、教育は基本的には、社会によって規定されるものである。したがって、教育の本質的あり方を保障していくためには、教育行政を一般行政から独立させることも必要であるが、しかしそれだけでことがすむわけではない。一般行政が変革されていくことが前提となり、そのような変革された一般行政と総合化されることが必要である。……われわれは、教育委員会が行っている仕事を人間的なものとするのはもちろんのことであるが、知事、市町村長部局が行っている一般行政そのものにおいても、人間疎外を回復し、地域における生活環境そのものを人間的なものにしていくことが必要である[79]。」

持田が批判の対象としている「民主・国民教育論」は、1950年代に本格化する教育の国家的再編成に対して、国民の教育権認識の形成、深化、発展を通して、持田のいうような国民教育の疎外を克服する主体形成を主導してきた理論的営為である。そして、そのような国民の主体形成の1970年代段階が、「民主・

国民教育論」自体としても、とりわけ宗像教育行政学の方法論的なとらえ直し、批判的再構成を不可避的に要請しているのであって、持田の批判は、客観的にそのような課題に応えうる内容を含むものであったといえよう。しかし、持田自身は、そのような歴史的認識を批判に際して必ずしも内在化させていないことによって、戦後教育行政学の総括のうえに立った統一的な教育行政学の理論提示の可能性があったにもかかわらず、それに成功しえていないのである。

理論と実践の統一について、歴史的発展の相においていかに自覚的であるかが問われているといえよう。

持田教育行政学が提起した諸論点は、実践科学としての教育行政学において正しく継承されていかなければならない。

【補遺】

宗像教育行政学の方法論的批判の不可避性という1970年代の課題への教育行政学の応答として、「民主・国民教育論」批判として展開されたもうひとつの宗像教育行政学批判について言及しておきたい。

戦後教育行政学の第二世代の泰斗のひとりで、教育行政学界の重鎮である市川昭午氏の「宗像教育行政学批判 ― カウンター教育行政学への挽歌 ―」(『教育行政の理論と構造』1975年、教育開発研究所の中で「補論」として掲載されている論稿)である。

この中で、氏は冒頭、「……宗像氏の理論・学説をたどることは、そのまま戦後における教育行政理論の小史を語ることになる。したがって、教育行政学研究がいかなる変遷をたどってきたのか、現在の教育行政理論がどのようにして形成されてきたかを理解するのに役立つ」と指摘しているが、このような評価と理解は本書にも通底する見解であることをまず確認しておきたい。

氏は、その上で、宗像が自己規定した「カウンター教育行政学」に関して、次のような理解を示している。

「しかしよく考えてみるとこの規定は甚だおかしい。何故なら第一に文部省や政府の政策に反対することは「カウンター教育行政ないしは政策」とはいえても、「カウンター教育行政学とはいえない。文部官僚の主張に反駁することをもって「カウンター教育行政学」とするのは、文部官僚の所説が教育行政学の主流であることを前提とする。[80]」（傍点原著者）

氏は、カウンターの対象を「教育行政」ではなく「教育行政学」として受けとめているが、なぜこのような理解に導かれたのか、論稿からは読み解くことは難しい。ただ、カウンターの対象を「教育行政」と解し、そのような理解に立って「カウンター教育行政学」を批判するとしたならば、教育行政学の対象としての現実の教育行政について内在的に批判・検証する作業が宗像の理解に則して求められることとなり、「時務論・情勢論としての教育行政学」としてアプリオリに宗像教育行政学を批判する立場とは齟齬が生じることとなる。そこで、宗像の「カウンター教育行政学」の趣旨を、教育行政学を「カウンター教育行政ないしは政策」（市川）の学として自己規定したものと把握することをあえて避けたというように解することもできなくはない。

宗像は本書ですでに言及したように、「教育法規研究の基本的態度が、教育法規の動的・条件発生的把握でなければならない」とし、「換言すれば歴史的・社会的に、把握しようとする性質のものでなければならない」と述べている。そして、次のようにも述べている。

「条件発生的把握とは、社会的把握の謂であるといってもいい。……一つの法規がどのように誕生し、どのようにして生長――良くも悪くも――するか、ということが、教育法規研究の重要題目である。一つの法規も、これを支持する社会的勢力とこれに反対する社会的勢力とを背景にもち、そこにはいろいろの利害関係や勢力関係が投影されている。そうしてまた、一つの法規が、どの程度に発動し、励行されるかは、その法規の成立の事情に制約される面があることは否定できない。……右のような意味で教育法規の動的・条件発生的把握、或いは社会的・歴史的把握をいうと、教育行政法学は法社会学的な性質を帯びることとなり、……教育行政の社会学に接近することになるであろう。そして私はそうあるべきだと考えているものなのである。[81]」

市川氏は、当該著書の「第一章 教育行政と教育行政研究」で「教育行政の病理」

という独特の表現を用いてではあるが、病理を内包している教育行政を対象とする教育行政理論の問題を次のように指摘している。

「これまでのわが国の教育行政理論は、制度や機構を中心に展開されてきた。……けれども、現実に教育行政が直面するのは、絶えざる葛藤であり、時には腐敗であり、あるいは分裂や解体の危険であった。つまり、教育行政は一方では官僚的機構の中に固形化していくと同時に、他方では情緒的状況に流動化してゆく危険を内包しているにもかかわらず、これらを包摂した理論が形成されなかった。[(82)]」

氏は、このような教育行政と教育行政理論に対する認識と接合する形で宗像教育行政学について、次のようにも述べている。

「『憲法26条から出発する教育行政……』という自己規定は……確かに一つの価値観の表明であろうが、それによって研究方法や理論体系が確立されたことにはならない。[(83)]」

「時務論・情勢論としての教育行政学」として宗像教育行政学を批判する氏の立場からは、持田と同様に、戦後教育行政学の総括のうえに立った統一的な教育行政学の理論（氏の述べる現実の教育行政が直面する様々な病理、矛盾や葛藤、その解決策（回復策）を「包摂した理論」の提示の可能性があったにもかかわらず、氏をもってしてもそれには成功しえていないのである。

市川氏が提起した諸論点も実践科学としての教育行政学においては、正しく継承されていかなければならない。

（6）宗像教育行政学の方法概念の検討と現代法理論

宗像教育行政学の方法概念についての検討がすすめられたのも1970年代におけるひとつの理論的成果である。ここでは、現代法理論の成果ともむすびつけてそれら方法概念の検討について若干考察しておきたい。

〈伊ケ崎暁生の「教育政策」概念〉

伊ケ崎は、1960年代から70年代にかけての国民教育の主体としての国民の形成（革新自治体の拡大と前進は、その端的なひとつの現象形態）を歴史的背景として、宗像の「教育政策」概念の批判を試みている。

伊ケ崎は、教育労働者団体や進歩的学生団体、あるいは革新政党が、「教育政策」「学校政策」を提起している事実に着目し、「あくまで宗像氏にとっては教育政策とは支配権力のものであって、野党のかかげるものは可能態とされる」として、教育政策を支配階級のものとして限定する宗像「教育政策」概念を批判している[(84)]。この伊ケ崎の批判は、宗像の「教育行政」概念それ自体を直接問題とはしていないが、教育政策を「教育にかんする諸階級・諸階層の根本的な利益あるいはさしせまった諸要求を表現し、その実現の方向と方法を明らかにしたもの[(85)]」と規定することによって、「教育行政」を「教育政策」と一体的に把握し、「教育運動」（海老原治善の場合は「教育要求綱領」）と対置するという宗像方法概念の理論的シェーマの明確な批判と再構成をせまるものであった。

「教育行政」の固有の機能を現実科学的な概念規定として定立することが宗像方法概念の批判的検討の理論的帰結としても不可避的な課題であることを、伊ケ崎批判は内在的に示唆していたといえよう。

〈金子照基の宗像「教育行政」概念批判〉

1974年の日本教育行政学会シンポジウムにおいて、金子は次のように宗像「教育行政」概念に対する批判的検討を試みている。

「宗像誠也は教育行政を政治性、社会性において把握する必要を指摘し、教育行政を『権力の機関が政策を実現すること』と定義している。しかしその定義は、行政における政策形成の機能を軽視している点で定義上の問題があると同時に、行政組織内部における管理過程から接近する研究方法の意義をあまり重視していない点で、教育行政研究の全体をカバーできない方法を内に孕んでいる[(86)]。」

教育政策の主体が伊ケ崎の指摘するように、今日、対立する諸階級、諸階層に求められるとするならば、金子が適切にも宗像「教育行政」概念を批判しているように「行政における政策形成の機能」、いいかえるならば行政における政策決定の機能が重視されなければならず、しかもそれが、恣意的な過程としてではなく、決定論的な過程としてなされるという科学的な見地を、「教育行政」概念規定として内在化することが求められているといえよう。

〈現代法理論における法的上部構造論〉

ここでは、「教育行政」概念の科学的確立という方法論的課題に対して、重要な理論的示唆を提供していると思われる藤田勇『法と経済の一般理論』(1974年)を素材として、若干の検討をしておきたい。

藤田によれば、階級意思の表現形態が政策であり、「階級対抗の中での階級的諸組織の実践的目的の設定、目的実現のための諸手段の体系の設定、それによる行動の制御、を意味するものにほかなら」ず、広義の政策概念としては、支配階級のそれも被支配階級のそれもふくめてとらえられている[(87)]。

伊ケ崎の「教育政策」概念と藤田の政策概念は内容的に密接な連関があるといえよう。藤田は、階級意思の国家意思への転化として法的規範の成立をとらえて、次のように述べている。

「階級的支配＝従属関係を維持すべき要求、人びとがそれに適合的な規準にしたがって行動することの要求としての階級意思は、国家、公的機関をつうじて表現されることによって、全社会の成員にとって普遍的拘束力をもつ公的意思、一般意思という姿態をとり、抽象的、一般的規範という内的形態、法律という外的形態で表現され、公的サンクションによってその実現が保障される(適法性 Gesetzmäßigkeit レジーム)。

存在の法則性(Gesetzmäßigkeit)によって規定されて形成される特定の階級の存在のための要求が、存在から切りはなされた普遍的性格をもつ規範的命題として表現され、公的権力によって強制さるべきものとされる(Gesetzmäßigkeit)にいたるイデオロギー的姿態転換が、国家意思への転化ということの内容である。イデオロギー形態としての法の存立の論理もそこに存する[(88)]。」

政治的上部構造と法的上部構造の関連について、さらに藤田は次のようにも論及している。

「もとより、国家権力の作用が法のそれとしてあらわれる、という点の識別は、そのさいに法が媒介形態としてもつ独自の機能を軽視してよいことを意味するものでは決してない。それは、すぐれて政治的性格を担いつつも、政治権力そのものと区別される特殊の属性をもち、ばあいによっては支配階級の組織された権力の担う直接的要求にとってかえって一定の制約ともなるのである。政治的上部構造との関係でのこの独自性に着目して法の規制作用について語ることは十分に根拠のあることであって、一切を権力現象、政治的上部構造の問題に還元するのが誤りであることはいうまでもない。ただ支配階級の共通意思の国家意思への転化、法的規範の形成とその実現は、国家権力のノーマルな発現過程ではあるにしても、国家権力が裸の暴力の直接的行使にすすみでることもありうることを考慮にいれ、法的規範を自足的主体に擬してその『規制作用』について説くような倒錯した把握に　おちいらないよう、注意すべきである[89]。」

階級意思の国家意思への転化としての法的規範の成立を「階級的・政治的諸対抗の一定の所産・結果」（傍点原著者）とみる藤田は、「法的規範の定立は、いまだ法的上部構造の現象過程の起点（あらゆるばあいにそうであるというのではないが）にとどまる[90]」として、法的規範の定立過程と不可分な形で法的規範の実現過程についても分析し、次のような二つの形態、プロセスを析出している。

ひとつは、「順守」ないし「利用」という実現形態である。

「あるばあいには、規範が行動の抑制的動機づけとなって、消極的行動形態がとられ（行為を禁止する規範のばあい）、また他のばあいには、規範が行動の刺激的動機づけとなって、積極的行動形態がとられる（権利をみとめたり、行為を許可したり、行為を義務づけたりする規範）。これらの行為において、人びとは、自らの行為・主張を公的意思によって正当化し、他人の行為・主張を公的意思の名において非難したりする。このような意識的行為に媒介されて、法的規範は社会関係の中に実現され、この社会関係に法的関係としての形態をあたえるのであるが、……このような法的規範の実現形態をここでは『順守』ないし『利用』とよんでおく……[91]」

もうひとつは、国家機関による法的規範の「執行」「適用」活動 —— 執行（行政）機関、司法機関の活動である。

「これらの機関は、法律規範の実現の結果という形をとって存在しながら、同時にその活動によって法律規範の実現過程を担うのであるが、この法律規範の実現過程をなす『執行』・『適用』活動は、それはそれで、さまざまなレヴェルの法的規範の創設行為を含み、そこにあらたに法的規範のさまざまな外的表現形態を現象せしめる」として、法的規範の外的表現形態として、法規命令（政令、省令、府令、規則等）、行政命令（告示、通達、訓令等）、行政行為（命令、禁止、許可、認可等）、行政指導（指示、勧告、助言等）、判例等が例示されている[92]。

執行＝行政機関の行為を媒介とする法的規範の実現過程については、「法的規範の内容が多かれ少なかれ deformation を受けることはいうまでもない」として、次のように述べている。

「公的意思形成の場の陰で進行する行政過程において、国家権力を掌握する支配階級は、その階級意思の公的意思への転化のプロセスで強いられた制約をはずし、階級意思を、あるいはこの階級内部でヘゲモニーをにぎっているグループ（たとえば今日の巨大独占資本家層）の特殊意思をより直接的に実現することができる。行政立法や行政行為がしばしば法律と矛盾し、また法律を『骨ぬき』にすることが指摘されるが、そうしたばあい、法律の実現過程を媒介するというよりは、この過程に逆行的な規範設定がおこなわれることになる[93]。」

法的規範の「適用」という権力行為については、行政機関の行為（行政行為）であったり、裁判機関の行為（判決）であったりするが、「この権力行為は、特殊の論理構造をもったイデオロギー過程を内容」とするとして、「それは、論理的には、法的規範の指示、要求する一般的・抽象的準則を、個別的・具体的行為・関係に結びつける過程であるが、『結びつける』ということは、『一定の特殊のものが一定の一般化の範囲に妥当に入るか否かを』決めること、あるいは、『その規範のもとにそのケースを包摂する』ことを意味」し、「包摂」過程には、事実についても規範についても、一定の「加工」過程が介在するとしている[94]。そして、「適用機関による法的規範の解釈は、これに不可分にくみこまれたイデオロギー過程であって、そのかぎりで両者の区別は困難である」と述べている。

このような藤田の所論から学びうる点は、階級意思と国家意思との関係、その区別と連関であり、階級意思の国家意思への転化とその実現過程における行政機関の果たす固有の機能・役割である。

階級意思の表現形態としての政策概念と区別される行政機関における政策決定（金子の表現でいうならば、「行政における政策形成の機能」）は、法的規範の定立（立法）、執行、適用という過程に不可分に媒介されることによって、階級意思の直接的表現形態としての政策とは相対的に区別され、それら政策相互の「対抗の一定の所産・結果」としての国家意思のひとつの表現形態として重要な意味をもつことを確認しておく必要があろう。

1970年代において、「教育行政」の固有の機能を現実科学的な概念規定として定立するという課題を可能にする理論的達成が、現代法理論を含む宗像教育行政学の方法概念の検討を通して準備されてきたといえよう。

5 戦後教育と教育行政学の総括

1980年代は、国レベルにおける第二次臨時行政調査会（1981～1983、以下、臨調）、臨時教育審議会（1984～1987、以下、臨教審）の設置に象徴的に示されているように、経済の高度成長を通しての市場経済の国民経済的なレベルでの達成と、それを基盤とする都市型社会への移行等の社会変化を背景に、従来の教育と社会の関係を市場経済の自己運動の与件として転換、再編することを不可避として要請した時代であったといえる。戦後教育と教育行政学の総括は、そのような社会変化の帰結としての時代的な要請であり、その課題は現在もなお未完の課題として私たちに突きつけられているといえる。

1980年代の教育と社会の関係の転換、教育をめぐる社会的矛盾の深化、発展は、実際に国家の教育権を擁護する「運動」の組織化によっても特徴づけることができる。教科書内容「偏向」キャンペーン[(95)]はその典型であり、岐阜県などにみられる地方議会における教育「正常化」、教育基本法「改正」要望決議なども、その端的なあらわれであり、愛知県にみられる日本教育会愛知支部の結成[(96)]などにも象徴的に示されていた。勝野尚行は、このような教育における1980年代状況を分析して、「『法律的・行政的な教育支配』の時代から『政党的・政治的な教育支配』の時代への移行がはじまっているといわざるをえない[(97)]」と述べている。

このような見解は、経済の高度成長にともなう市場経済の国民経済的レベルでの達成、資本の自己運動の与件としての社会の構造変化とも密接に連関した「企業の権力」による教育支配の問題とも関連して、1980年代の新しい状況であり、政治的上部構造と法的上部構造の関係の再編成がまさに進行しつつあることを示唆するものといえよう。臨調行革、臨教審は、まさに、その全体的構図を国の側から提示しようとしたものみることができる。

このことは、一方では、教育支配の体制の再編成という新しい状況への対応という面をもっているが、それは、他方では、国民教育の組織主体としての国民の主体形成（1960年代から70年代にかけての理論と実践の展開を規定した重要な要因）の歴史的達成とも不可分にかかわっている。階級意思の国家意思への転化のプロセスにおいて、その媒介的役割を果たす行政機関の政策形成における国民の主体的影響力の増大に対して、支配の側の失地回復的対応が、「政党的・政治的な教育支配」、「企業の権力」による教育支配と規定しうるような支配の側への国民の組織化（国家の教育権の立場に立った「教育運動」の成立はそれを象徴的に示す事象）というような状況を生み出してきたのである。

教育行政学は、このような中にあって、教育行政（教育政策）と教育運動の対抗という従来の「アンチ教育行政学」（「カウンター教育行政学」）の理論的シェーマでは現実の事態を説明しえないし、新しい時代状況に対応する教育行政の役割や課題を積極的に定立することも困難とならざるをえないという状況に当面することになったのである。

1980年代は、1970年代に蓄積されてきた教育行政学の方法論的検討の成果をふまえて、教育行政学の科学方法論の確立・再構成（宗像教育行政学の方法論を軸に展開してきた戦後教育行政学の総括、宗像教育行政学の止揚）を不可避的な課題とする時代のはじまりであったといえよう。

【注】

(1) 矢川徳光『日本教育の危機』34ページ、日本評論社、1953年
(2) 五十嵐顕・伊ケ崎暁生編著『戦後教育の歴史』、64ページ、青木書店、1970年
(3) 宗像誠也教育学著作集第2巻『教育の再建』、4ページ、青木書店、1974年
(4) 同前、52ページ。
(5) 同前、67ページ。
(6) 同前、55-56ページ
(7) 宗像「教育委員会はうまくいくか」前掲宗像教育学著作集第3巻『教育行政の理論』、17ページ、青木書店、1975年
(8) 同前、16ページ
(9) 同前、18ページ
(10) 宗像「教育研究の意義とその科学性」前掲宗像著作集第1巻『教育研究法』、249ページ
(11) 宗像「教育研究調査行政を確立せよ」前掲宗像著作集第3巻、84ページ
(12) 同前、83ページ
(13) 前掲「教育研究の意義とその科学性」前掲宗像著作集第1巻、249ページ
(14) 同前、254ページ
(15) 産業教育協会『産業教育振興法の解説』、172-173ページ、中央社、1951年
(16) 宗像『教育行政学序説（増補版）』、9ページ（旧版の序）、有斐閣、1969年
(17) 宗像『自分の研究をめぐって思うこと」前掲宗像著作集第1巻、262ページ
(18) 同前、264ページ
(19) 前掲『教育行政学序説（増補版）』、1-4ページ。
(20) 平原春好『日本教育行政研究序説』、1ページ、東京大学出版会、1970年
(21) 長谷川正安『法学論争史』、72ページ、学陽書房、1976年
(22) 前掲『教育行政学序説（増補版）』、205ページ
(23) 宗像が「教育運動」概念を最初に定立したのは、1958年の「日本の教育政策」

（『共立講座．世界の教育』第１巻、共立出版）においてである。
(24) 五十嵐顕「教育費と社会」岩波講座『現代教育学』第３巻、163ページ、岩波書店、1961年
(25) 兼子仁『教育法学と教育裁判』、4ページ、勁草書房、1969年
(26) 前掲『教育行政学序説（増補版）』、235ページ
(27) 同前、序、2ページ
(28) 国民教育研究所編『全書・国民教育』第１巻（国民と教師の教育権）、15ページ、明治図書、1967年
(29) 同前、17ページ
(30) 前掲『教育行政学序説（増補版）』、55ページ
(31) 前掲『全書・国民教育』第１巻、28ページ
(32) 永井憲一「教育法概説」有倉遼吉編『教育法』（法学セミナー・基本法コンメンタール）、16ページ、日本評論社、1972年
(33) 宗像「教育の再建 —— 一教育学者の証言」、前掲宗像著作集第２巻所収参照。
(34) 国民教育研究所編『人間能力開発教育と子ども・教師 —— 富山県における教育の実態と問題点』参照、労働旬報社、1969年
(35) 本山政雄他「地方教育行政の諸問題 —— 岐阜県における『教育正常化』施策の調査を中心として」（名古屋大学教育学部紀要第１２巻、1965年）参照。
(36) 岡本洋三は、宗像「教育政策」規定を、「教育政策についての本質規定」としてとらえ、それとの対比で海老原治善の「教育政策」規定を、近代資本主義社会を前提としての「教育政策の実体的規定である」と述べている（岡本洋三「教育運動史の方法論についての試論」、季刊『教育運動研究』創刊号、あゆみ出版、1976年）。
(37) 海老原治善『現代日本教育政策史』、73-74ページ、三一書房、1965年
(38) 同前、64ページ
(39) 同前、65ページ
(40) 前掲『戦後教育の歴史』14ページ
(41) 岡本洋三『教育行政特殊講義（案）』（ガリ版）、18-19ページ（村山士郎『山形県における国民教育運動の展開』、36ページ、山形国民教育研究所、1972年からの再引用。）
(42) 宗像誠也編『教育基本法』、173ページ、新評論、1966年
(43) 堀尾輝久「現代における教育と法」岩波講座『現代法』第８巻、189-196ページ、岩波書店、1966年
(44) 与謝の海養護学校編『よさのうみ10年のあゆみ』（『よさのうみ』第20号）に詳しい。その他、青木嗣夫他『育ち合う子どもたち』、ミネルヴァ書房、1973年、青木嗣夫『ぼく学校へ行くんやで』鳩の森書房、1972年等参照。
(45) 田中昌人「全面発達を保障する『障害児』教育の創造をめざす教育運動」『教育学研究』第36巻第１号、50ページ、1969年
(46) 宮沢俊義『日本国憲法』（法律学体系コンメンタールⅠ）、267ページ、日本評論社、1969年
(47) 清水寛による憲法26条解釈（有倉編前掲『教育法』、201ページ）。

(48) 大田堯『学力とは何か』、202-203ページ、国土社、1969年
(49) 小林直樹「憲法と教育——体系的把握への序説」有倉遼吉教授環暦記念『教育法学の課題』15-17ページ、総合労働研究所、1975年
(50) 小川利夫は、「教育福祉問題の法的性格」を問題として次のように述べている。「児童福祉法(1947年12月12日公布)は……教育基本法とともに、児童の権利を規定する戦後日本の基本法であるとされてきた。しかし、そこには制定当初からすでに大きな亀裂があったのである。教育基本法より約9ヵ月おくれて児童福祉法が制定されたのは、この意味でたんなる偶然とは思われない。それは児童福祉法そのものに内在的な歴史社会的矛盾をしめすものであり、同時に、教育基本法と児童福祉法とが今日なお二つの基本法として併存ないし乖離していること、いいかえるなら、日本における児童の権利の二重構造の現実を象徴的にしめすものであった。」(小川利夫「教育福祉問題の権利構造——若干の視点と課題」城戸幡太郎先生80歳祝賀記念論文集刊行委員会編『日本の教育科学』145ページ、日本文化科学社、1976年)
(51) 城丸章夫「現代における学校の意義と役割」『現代と思想』第16号、31ページ、青木書店、1974年
(52) 第一の教育と福祉の統一の学校教育主義的理解ともむすびついた立場で、平原春好の見解は、事実上この立場といえよう。小川利夫他編『教育と福祉の権利』(勁草書房、1972年)の平原論文(「教育行政における福祉と教育」)でも、分析の中心は学校教育行政に置かれ、その中で問題として取りあげられているのが就学奨励の問題であり、就学猶予・免除規定の問題である。(もちろんこれらの問題の重要性を否定するわけではなく、教育と福祉の統一的観点が普遍性を獲得していくなかで、障害児教育の問題も解決の条件が拡大すると考えるからである)。
(53) 堀尾輝久「現代における学校の社会的機能」『科学と思想』第16号、81ページ、新日本出版社、1975年
(54) 藤岡貞彦『教育の計画化』、153ページ所収、総合労働研究所、1977年
(55) 同前、155ページ
(56) 同前、157-158ページ。
(57) 五十嵐顕『国家と教育』、61ページ、明治図書、1973年
(58) 小林文人「社会教育における住民自治」日本教育法学会年報第3号『国民の学習権と教育自治』、127ページ、有斐閣、1974年
(59) 五十嵐顕「教育裁判と日本の教育」季刊『教育法』第10号、9-10ページ、総合労働研究所、1973年
(60) 渡辺洋三『教育裁判の歴史的・社会的意義」日本教育法学会年報第2号『教育権理論の発展』、161ページ、有斐閣、1973年
(61) 兼子仁『教育権の理論』267-268ページ、勁草書房、1976年
(62) 島恭彦「現代自治体論の潮流と課題」『現代と思想』第19号、5ページ、青木書店、1975年
(63) 山下健次「憲法と地方自治」『法律時報』1974年4月号、8ページ、日本評論社

(64) 前掲『教育の計画化』195ページ
(65) 斎藤浩志「住民の教育運動と地域の発達権」前掲季刊『教育法』第16号、31ページ、1975年
(66) 鈴木英一「学力テストと国民の教育権」同前季刊『教育法』第10号、43ページ、1973年
(67) 持田栄一著作集第6巻『教育行政学序説――近代公教育批判』、15ページ、明治図書、1979年
(68) 同前、16ページ
(69) 同前、17ページ
(70) 同前、18-20ページ
(71) 同前、20ページ
(72) 同前、143ページ
(73) 同前、214ページ
(74) 同前、148ページ
(75) 同前、132-133ページ
(76) 持田栄一著作集第5巻『教育変革の理論』、142ページ、明治図書、1980年
(77) 同前、143ページ
(78) 同前、153ページ
(79) 前掲『教育行政学序説――近代公教育批判』、431-432ページ
(80) 市川昭午『教育行政の理論と構造』、356ページ、教育開発研究所、1975年
(81) 前掲『教育行政学序説(増補版)』、55ページ
(82) 前掲『教育行政の理論と構造』、28ページ
(83) 同前、336ページ
(84) 伊ケ崎暁生『国民の教育権と教育政策』、18ページ、青木書店、1972年
(85) 同前、17ページ
(86) 金子照基「行政学的方法による研究(1)」日本教育行政学会年報第1巻、173ページ、教育開発研究所、1975年
(87) 藤田勇『法と経済の一般理論』、123ページ、日本評論社、1974年
(88) 同前、130ページ
(89) 同前、148ページ
(90) 同前、154ページ
(91) 同前、158ページ
(92) 同前、161-163ページ
(93) 同前、162ページ
(94) 同前、165ページ
(95) 1980年から81年にかけて、財界、自民党、筑波大学グループ等によって一斉に開始されたもので、教科書内容「偏向」キャンペーンの中心を担った出版物としては、次のようなものがある。自由民主党調査局・政治資料研究会議『憂うべき教科書の問題』(1980年)、自由民主党『いま、教科書は』(1980年)、森本真章他『疑問だらけの中学教科書』(ライフ社、1981年)、森本真章『誰れのための教科書か』(日本教文社、1981年)など。『疑問だらけの中学教

科書』の監修者である筑波大の福田信之（当時学長）が、「監修のことば」のなかで次のように述べているが、そのなかに、教科書内容「偏向」キャンペーンの意図が端的に示されているといえよう。「個人であれ、家庭・社会の組織であれ、すべて欠陥があるように、国にも欠陥があるのは当然である。しかし、国あっての自分であり、国を良くすることは自分のことであると考えること、これが国を愛することではないだろうか。……国際社会における日本の役割を正しく把握した上で、わが国の国家としての成立・理念・国策に基づく教科書が作製される必要があるだろう。」

(96) 1975年6月、森戸辰男元文部大臣・中教審会長を会長に、「教育正常化」を標榜し、管理職の団体（全国国公立幼稚園長会、全国連合小学校長会、全日本中学校長会、全国高等学校長協会、全国公立学校教頭会）を発起人として設立された日本教育会の愛知支部（結成1981年2月）。日本教育会愛知支部の特徴は次の点にある。①全国的には管理職中心でありながら、愛知支部は高等学校の一般教員が多いこと、②全国5万人の会員といわれているが、そのうち1割以上が愛知で占めていること、③小、中学校の管理職は県支部に参加していないこと、など。

(97) 勝野尚行『教育基本法制と教科書問題（増補版）』、51ページ、法律文化社、1982年

第2章
教育における矛盾の階層と教育行政

はじめに —— 教育における矛盾の階層と教育実践

ここでは、教育行政学の現実科学的方法論の確立・再構成（宗像教育行政学の方法論を軸に展開してきた戦後教育行政学の総括、宗像教育行政学の止揚）のための理論的基礎作業を行うこととする。

そのために、まず、社会における教育の全体的な実践構造を明らかにし、その中に教育行政、教育運動を構造的に位置づける。そのうえで、教育の全体的な実践構造の中での教育行政の役割、機能を現実科学的に明らかにする。そして、そのような作業をとおして、教育行政、教育運動を教育行政学の基本的カテゴリーとして、再定義、再定式化することを課題とする。

教育は、その本質において自己否定的で、矛盾的性格をもった社会的営みである。そのような教育に内在的な諸矛盾は、一定の階層構造をなしており、それに対応して、教育の実践構造も成立していると考えられる。ここでは教育に内在的な矛盾の階層を、次のように3つのレベルに分けて考察しておきたい。

第一は、子どもの発達のレベルである。

第二は、教育固有のレベルである。

第三は、教育と社会のレベルである。

これら教育における3つの矛盾の階層に対応し、そこでの矛盾を解決するための固有の実践が成立すると考えられる。子どもの発達に対応しては、子どもの自己運動、自己活動であり、教育に対応しては教育実践（典型的には教師の教育実践）であり、教育と社会に対応する実践として、教育行政、教育運動が存在しているといえる。

教育実践概念を、ここでは広狭二義において考えておきたい。狭義では、教師の教育実践に典型的に示される固有の意味での教育実践であり、家庭、学校、施設、地域で、子ども、青年、成人を対象に行われる教育活動を固有の意味での教育実践として包括して考えることが可能といえよう。

広義における教育実践として、教育行政、教育運動を位置づけておきたい。教育行政、教育運動も、教育にかかわる人々の行為の一形態であり、固有の意味での教育実践と矛盾、対立、相互規定（相互浸透）的関係にあると考えられ、それらを総合して、広義の教育実践概念として包括して把握しておきたい。

固有の意味での教育実践、教育行政、教育運動の相互の関係をトータルとして問題にする場合、広義の教育実践概念をふまえて、教育実践構造というように規定することも可能といえよう。

社会における広義の意味における教育の実践構造をこのように措定し、その中での教育行政、教育運動の構造的位置、その役割、機能を現実科学的に明らかにすることが出来れば、教育行政学の科学的な方法概念の定立（再定位）も可能と考える。

1　教育の本質としての矛盾的性格

〈ジャン・ジャック・ルソーの問題提起〉

教育を広く社会とのかかわりで問題とし、その矛盾的性格を教育の本質的あり方として考察した一人に、ジャン・ジャック・ルソーがいる。ルソーは『エミール』の冒頭において、「植物は栽培によってつくられ、人間は教育によってつくられる[1]」と述べて、人間形成における教育の根本的意義を確認することから、その教育論を展開している。

「この教育は、自然か人間か事物によってあたえられる」と述べて、ルソーは、教育を、自然の教育（「わたしたちの能力と器官の内部的発展」）、人間の教育（人間の内部的発展を「いかに利用すべきかを教える」教育）、事物の教育（「わたしたちを刺激する事物についてわたしたち自身の経験が獲得する」もの）の三つに区別してとらえている[2]。そして、そのような三つの教育の矛盾について問題にして、次のように述べている。

「だからわたしたちはみな、三種類の先生によって教育される。これらの先生のそれぞれの教えがたがいに矛盾しているばあいには、弟子は悪い教育をうける。そして、けっして調和のとれた人になれない。それらの教えが一致して同じ目的にむかっているばあいにだけ、弟子はその目標どおりに教育され、一貫した人生を送ることができる。こういう人だけがよい教育をうけたことになる。

ところで、この三とおりの教育のなかで、自然の教育はわたしたちの力ではどうすることもできない。事物の教育はある点においてわたしたちの自由になる。人間の教育だけがほんとうにわたしたちの手ににぎられているのだが、それも、ある仮定のうえに立ってのことだ。子どものまわりにいるすべての人のことばや行動を完全に指導することをだれに期待できよう。

だから、教育はひとつの技術であるとしても、その成功はほとんど望みないと言っていい。そのために必要な協力はだれの自由にもならないからだ。慎重に考えてやってみてようやくできることは、いくらかでも目標に近づくことだ。目標に到達するには幸運に恵まれなければならない[3]。」

ルソーは、三つの教育の一致のために、人間の教育の内在的矛盾（「子どものまわりにいるすべての人のことばや行動を完全に指導」し、「必要な協力」を組織することの困難性というような意味）を解決することを課題として、「わたしたちの力でどうすることもできないもの（自然の教育／引用者）にほかの二つを一致させなければならない」と述べている。

人間の教育に内在的な矛盾を解決し、教育にかかわるすべての人びとの社会的協力を組織する方途を「自然の教育」への一致に求めたルソーは、さらに鋭く、そのような一致を可能ならしめる社会的条件についても次のように問題を提起している。

「だから、この本来の傾向にすべてを結びつけなければならないのだが、わたしたちの三つの教育がたんにちがうだけなら、それは可能である。しかし、それらの教育が対立しているばあいには、人間をその人のために育てないで、ほかの人間のために育てようとするばあいには、どうなるか。そのばあいには一致は不可能になる。自然か社会制度と戦わなければならなくなり、人間をつくるか、市民をつくるか、どちらかにきめなければならない。同時にこの両者をつくることはできないからだ。[(4)]」「もし、人がめざす二重の目的が一つにむすびつけられるなら、人間の矛盾をとりのぞくことによって、その幸福の大きな障害をとりのぞくことになる。[(5)]」

ルソーは、一方で、近代市民社会（ルソーにとっては当時のフランス社会）の現実においては、一致がきわめて困難なことを批判し、他方では、その一致を新しい人びとの共同社会の実現（市民革命を通してその実現が展望された）とむすびつけてその理想を語っているとみることができよう。ルソーが理想とした共同社会の実現は、今日もなお歴史的課題であり、人間の教育に内在的な人間教育と国民教育との矛盾、対立というルソーが鋭く提起した問題も、基本的な矛盾として今日の教育を様々に規定しているといえる。

〈宮原誠一の問題提起〉

形成と教育という二つの概念の区別と関連を通して、教育の本質を論じた宮原誠一は、人間形成の過程には四つの力がはたらいていると述べている。①社会的環境、②自然的環境、③個人の生得的性質、④教育である。[(6)] この四つの力をルソーの三つの教育と対応させると次のようになる。

①社会的環境 ─┐
　　　　　　　├ 事物の教育
②自然的環境 ─┘

③個人の生得的性質 —— 自然の教育

④教育 —— 人間の教育

宮原は、次のように形成と教育の関係について論じている。

「前の三つの力は自然成長的な力であって、これらの力は人間の発達にとって望ましいはたらきもすれば、望ましくないはたらきもする。……人間はこれら千差万別の作用の無数のそして不断の交錯をつうじてかたちつくられていく。これが人間形成の基礎的な過程である。しかし人間の形成には、もう一つの力が加わる。それはこの自然生長的な形成の過程を望ましい方向にむかって目的意識的に統禦しようとするいとなみであって、このいとなみをわれわれは教育と名づける。すべての教育活動は、どんなつもりでおこなわれようとも、実際の作用からいえば、教育者および被教育者の意識とは独立に進行している人間の形成の過程にはたらきかけているのであって、この過程に多かれ少なかれ影響をあたえうるにすぎない[7]。」

宮原は、教育を人間の形成の過程にはたらきかける目的意識的で価値選択的な社会的行為であるとして「一定の価値観、立場、またいいかえれば傾向をもつということが教育の本質なのであって、傾向をもたない教育というものは存在しない[8]」と述べている。

「教育は、選択する」という宮原の言葉はそのような教育の本質を端的に示しているが、価値選択的な社会的行為としての教育の本質に根ざして、社会の諸矛盾が教育に不可避的に反映することになるのである。宮原は、近代公教育の制度に即して、そのような事情を次のように述べている。

「近代市民社会においては、それ自身中立的な権力としてあらわれる国家の名のもとに、あるいはまた、さらにすすんで、一般行政からの教育行政の独立という形式のもとに、制度としての教育の中立性という仮象が成立する。……しかし、そこにおける全体としての教育の過程をとってみれば、個々の党派からの中立にもかかわらず、総体としての支配階級の立場あるいは傾向の貫徹をみとめざるをえないであろう[9]。」

社会的矛盾の教育への反映としての近代公教育の矛盾的構造とかかわって、

教育行政や教育運動のあり方、その機能も問われざるをえないことを示唆するものである。

〈勝田守一の問題提起〉

教育が目的意識的、価値選択的行為であることを明らかにした宮原に対して、教育される主体の側の行為としての学習に着目したのは勝田守一である。次のように述べている。

「重要なのは、人間の形成には、学習という行動の可能性、自発的なその傾向が前提されていることである[10]。」

人間の形成にはたらきかけるいとなみとしての教育は、教育される側の主体的活動である学習を媒介としてはじめてその影響力を行使しうるのである。教育と学習の関係について、勝田は次のように述べている。

「学習のないところに教育はない。これは確実なことだ。教育が発達に干渉し得るのは、学習を媒介にしてなのである。……学習を媒介にして発達〔に影響〕を及ぼす教育というとらえ方を、別のいい方をすれば、教育とは、学習の指導だといいかえることもできる[11]。」

このような教育と学習の関係は、常に調和的ではなく、矛盾や対立が不可避的であることを勝田は示している。

「教え導くということは、『自然』に行なわれるのではなく、希望がありさえすれば実現するのでもない。子どもを意識して一定の方向に育てるのは、決して容易に達成される仕事ではない。希望はしばしば裏切られ、期待は空しくなる。子どもはしばしば学習の意欲を失い、あるいは抵抗をもってこれにこたえる。しかし、意識的な教育は決して無効ではない[12]。」

ルソー、宮原誠一、勝田守一の所論に学びながら明らかにしてきた教育の本質に内在的な矛盾的性格は、少くとも次のような重層的構造をもち、しかもそれらが相互に関連し合うという相互規定的な関係において理解される必要があろう。

① 形成と学習と教育の相互の関係に内在的な矛盾・対立

② 教育にかかわる目的意識、価値意識の社会的な矛盾・対立

冒頭に述べた教育に内在的な矛盾の階層の子どもの発達のレベルと教育固有のレベルが①に対応し、教育と社会のレベルが②に対応しているといえる。

教育行政、教育運動は②と固有にはかかわって、その社会的機能を果たしているといえるが、そのことを通して、①をも様々に規定するという関係にあることをあらためて確認しておきたい。

2 矛盾の解決としての子どもの発達

人間が人間として形成されていく（発達していく）基礎に、ルソーのいう「自然の教育」、宮原のいう「個人の生得的性質」とかかわる成熟の過程があることをまず確認しておきたい。「それは後の社会的・文化的学習に伴って生ずる行動変化、つまり人間に固有な発達にくらべると、人間の中の自然的基礎、他の生物との共通部分ともいうべきものである[(13)]」といわれている。

〈大田堯の問題提起〉

大田堯は、人間発達の自然的基礎に成熟の過程を位置づけて、「このような薬物的環境にとりまかれた現代社会にあっては、……人間発達の基礎にある生理的成熟までおかされる危険があり、この危険から保護されて安全な成熟を保障されることが、この基礎のうえにのせられる教育の権利保障の前提にあるものとして確認される必要がある」と述べて、次のように問題を提起している。

「妊娠とともにはじまる保障をともなうことなしには、いかにこれにつづく教育制度上の機会均等や平等がみられても、人びとの発達する権利が実をともなったものということはできない。教育の平等、機会均等は、妊娠とともにはじまる出発点からの平等の保障に裏づけられなくてはならないということでもある。そうして、この出発点からの平等が真に実現するためには、

胎児の保護、母胎の保護、そして子と親の生きる家庭の生活の平等な保障へと、徹底した福祉政策の実現が求められるようになり、やがては社会の体質そのものの改革への課題が　人びとの間に問われるようになることは間違いないであろう[14]。」

現代社会の環境の形成作用がはらんでいる人間発達の基礎におけるこのような矛盾の解決は、発達の主体としての子どもにとっては、直接的な達成課題とはいえないが、現代社会に生きる大人が、教育と社会の矛盾の問題のひとつとして解決していくべき課題といえよう。

大田は、人間の発達を「選びながら発達する」過程としてとらえている。そのような選択能力の拡大、高次化として人間の発達をとらえる大田は、人間固有のそのような能力について、次のように述べている。

「こうした能力を一括して、人間の創造的適応能力、ないし創造的適応機構といってもよいと思う。他の動物の脳の活動は、可能ないくつかの反応のうちから一つの反応を選ぶだけ時間をおさえておくこと自体がむずかしいのである。ただ一つの反射か、条件反射の現れるだけの時間しか抑制できない。自らの感覚を制御することができないのである[15]。」

〈小川太郎の問題的提起〉

選ぶという行為とむすびつけて子どもの発達を理解する立場は、発達を子どもの主体的な達成としてとらえる立場と共通している。小川太郎は、発達が二重の矛盾の解決を通して達成される子どもの主体的な自己運動であることを、次のように述べている。

「発達の動因は、内的要因と外的要因との輻輳であるという見方は、発達を一つの自然的な生起と見る生物学主義的な偏りをもっており、発達はじつは主体的な達成であった。その達成がどのような論理でとげられるかが、いまの問題である。そして、主体的な達成としての発達は、課題と主体、環境と主体との間の矛盾を、しかも、子どもが未熟であるがゆえにもつ矛盾と、矛盾をはらむ社会の子どもであるがゆえにもつ矛盾と、この二重の矛盾を、子どもが克服していこうとする矛盾の運動としてとらえられる……そうだとすれば、発達を促す教育は、子どもの中にそのような矛盾を適切につくり出してやる教育であり、矛盾の克服のための主体的な自己運動を援助し励ましてやる教育だということができる[(16)]。」

この小川の見解は、ゲ・エス・コスチュークの理論に学ぶものといえるが、コスチュークは、「子どもの発達の原動力は、子どもの生活、かれの活動、まわりの社会的環境とかれの相互関係のなかに生じた内的矛盾である」として、次のように述べている。

「このような内的矛盾の解明は、子どもの心理の発達過程、その過程の合法則性に関する真実の認識へと導く。……われわれは人格の心理的発達をば、人格とは無縁な外的の衝撃をうけて生じるある種の惰性的過程としてではなく、《自己運動》として、自発的な、内的、必然的な運動として理解することができるものであり、この発達にかんする真に科学的な理論を打ちたてることができるのである[(17)]。」

コスチュークは、発達の原動力としての内的矛盾について、次のような具体的な説明も試みている。

「人格に生じる新しい欲求、課題、志向と、それらを満たすために必要な手段を獲得する水準との間の不一致が、人格形成の全段階で法則的にあらわれる基本的な内的矛盾の一つである。青年の生活や青年のおとなとの交わりの社会的条件の中で、第一の側面はしばしば第二の側面を追いこしてしまう。生じてくる不一致が、人格の現実的欲求を満足させるために必要な行動形態の習得へむけられた能動性へと人格をかりたてるのである。発達のさまざまな段階において、この矛盾はさまざまな形であらわれ、解決される。就学前の年齢におけるその典型的あらわれは、周囲の生活へ実際に参加することに対する幼児の志向（自動車、飛行機、トラクターを運転したい、など）と、幼児の体力、知力の発達の現実的段階との間の不一致ということである。その不一致は、ゴッコあそびによって解決される。子どもはその中である役をひきうけてそれに応じた機能を遂行し、おとなの行為と態度を模倣し、それらと結びついている情動を体験する。……遊びへの参加が、幼児にとって新しい活動の中で新しい矛盾を生み出す。……子どもにはやがて結果そのものが価値を持つような、より真剣な活動の必要性が生じる[18]。」

「発達は平たんな漸増的な変化ではない。それは質的変化を伴った過程であるし、矛盾とその克服の過程であり、子ども自身の努力によって達成される主体的変化の過程でもある」と発達を規定した土方康夫は、コスチュークと小川の発達の原動力としての矛盾の理解を比較検討して、次の３種類に矛盾を整理している[19]。

①子どもにたいする教育課題と子どもの発達水準とのあいだにひきおこされる矛盾

②新しい発達水準に到達したため、人びととの関係にひきおこされる矛盾（新しい活動力の獲得と人びととの関係の矛盾）

③社会的矛盾の子どもへの反映

これらの矛盾は相互に関連しつつ、子どもの発達の主体的な自己運動の原動力となっているのである。

〈田中昌人の問題提起〉

子どもの発達を自己運動としてとらえ、発達の原動力を内的矛盾として理解する発達観は、田中昌人の発達理論においても前提とされている。田中は、発達の弁証法的理解とかかわって、次のように述べている。

「ここで最近接発達領域として必須矛盾をいわば組織化するというのは、それが可逆操作の高次化にとって不可欠の条件ではあるが唯一の条件であるというのではない。それが自己にとって固有な内部矛盾の外在化となるさいに、高次化への源泉となるのであって、外部矛盾がいつでも内部矛盾に転化し、原動力になるなどというものではない[20]。」

田中は、発達障害の理解とかかわって、その弁証法的発達理論を次のようにも展開している。

「かくて発達障害は、いわゆるおくれの程度として段階づけられる側面をもつと同時に、それだけに還元されない質をもっている。それは人間の発達における基本的に共通の弁証法的発展法則のうえになりたつ質である。発達障害の顕著な特徴は可逆操作の高次化の障害としてとりだされるが、それはさらに可逆操作力と可逆操作関係の矛盾の自己運動障害とみることができる。これを基本特徴の一つとして、さらに発達の原動力である内部矛盾の自己運動障害を……科学的に把握することが必要であると考える。そこからでてくる発達要求を外在化し、発達保障の課題として組織化していくことが社会進歩の重要な課題となろう[21]。」

子どもの発達についての以上のような理解のなかに、教育の課題がすでに提示されているが、子どもの発達の原動力としての矛盾の解決を援助し励ます教育自体が矛盾を不可避的にもった社会的いとなみであることは、すでに述べたとおりである。教育実践の構造的理解を前提に、固有の意味での教育実践（狭義の教育実践）の矛盾について、子どもの発達理解との関連性をふまえながら、今少し検討しておきたい。

3　矛盾の解決（としての子どもの発達の自己運動）を援助する教育実践の内在的矛盾

人間形成に働く諸力が、教育実践にとって常に調和的であるとはいえないこと、さらに、内的矛盾を適切につくり出し、その解決の援助となりうると判断して提示した教育課題が、子どもの内部矛盾に転化しえず、発達の原動力となりえない —— 別の言い方をすれば、発達の自己運動としての学習活動を組織しえないというような矛盾が不可避的であることは、すでに述べたことから明らかである。また、ルソーが述べているように、そのような教育実践に内在的な矛盾が、「人間をその人のために育て」ようとする共通な前提のもとでの矛盾であるならばその解決も可能といえようが、「ほかの人間のために育てようとするばあい」には、矛盾を解決するための共通の前提条件自体が社会的に存在しないということになってしまう。

〈勝田守一、五十嵐顕の問題提起〉

教育実践の内在的矛盾という場合、教育をめぐる目的意識や価値意識の社会的矛盾、対立を反映して複雑である。勝田守一は、そのような教育実践の矛盾を次のように論じている。

「社会が階級に分裂し、相互に切り合っていて、重なり合わない多数の集団や組織に分かれているかぎり、社会に存在する価値や過程や経験のすべてを教育は援用することはできないし、またしてはならない。……それらは相互に調和したり、補足したり滲透し合ったりしているだけでなく、矛盾し相剋する関係にある。意図的な教育は、重複や矛盾や相剋をできるだけ、統一へともたらし、過程の成果を最大にする計画性をもって、それらを選択し組織する。

にもかかわらず、その意図は、現実には達成されない。少なくともその達成のためには、先にいったような矛盾を明らかにし、それを克服する過程を必要とする。定型的な教育が絶えず、問題をはらみ、目的論と効果とのあいだの矛盾をあらわにし、不足が指摘され、その度に目的論がくりかえされるという事実がそれを証拠立てている。……現在の教育的状況は、二重の意味で、このような事実を表現している。一つは、一定の社会のさまざまなインタレストは、つねに教育をそれにしたがわせようとしているということ、つぎに、教育自身が、自己の中に方法（教育的条件をも含めて）と目的とのあいだの不適応を経験し、それが教育の進歩の動力となるか、あるいは目的の堕落や方法の妥協によって、反動化するか、そのいずれかの問題にかかっているということである[22]。」（傍点原著者）

勝田は、社会的矛盾の教育への反映という現実をも含めて、教育の内在的矛盾を次のように整理している。

「教育の性格はきわめて複雑である。現実では、教育自身の中に、……非教育的なもの（支配のための教育の有効性の利用）と教育的なもの、さらには反教育的なもの（教育的な価値を否定する要素、露骨な権力的統制）を含む矛盾が存在する。いいかえれば、同一の過程の中に、矛盾した契機を含みながら、積極的に教育的価値（たとえば子どもの全面的成長）が実現し、あるいは実現しないという過程として存在する。

このことを明らかにするのが、教育学的研究のひとつの主要な課題であるとすれば、固有な意味で（相対的にである）、『教育的』といわれる価値の問題を追求する権利と義務がわれわれに生まれる[23]。」

教育科学の実践性を問題とした五十嵐顕も、それとのかかわりで、教育実践の矛盾について次のように言及している。

「教育の実践はたしかに科学的であろうとする認識にたいして対象である。だが実践はたんに認識にたいして対象となるばかりでない。実践は認識が科学性を放棄することなく実践性をえるための要件をあたえるのではないか。……教育実践には、それが実践といわれるかぎり、歴史的社会の現実の矛盾が現実に、敵対的にまた非敵対的に、複雑に、発展的にあらわれる。このようなものとして実践は、教育的対象（事実）にたいする認識が、それが科学的であろうとするかぎり、認識する者の好むといなとにかかわらず、弁証法であることを要請する[24]。」

勝田は、教育実践の内在的矛盾に反映する社会的諸矛盾の解決について、次のような展望を示している。それに言及するにあたって、あらかじめ確認しておきたい点は、社会的矛盾が非敵対的なものになったとして、学習と教育、形成と教育にかかわる本質的矛盾が教育実践においてなくなるのではなく、教育実践と教育科学（両者の媒介的位置に、勝田のいう経験と工夫とによって蓄積され社会の遺産となる教育技術があるがそれを含めて考える）の歴史的発展の原動力として、より合理的な形で存在するようになるということである。

「権力的支配を被支配者の意識において納得と積極的同意に転化する仕事は、はたして教育の名における政治なのか、それは固有の意味での教育なのかが問題である。現実では、権力側の同意のもとに、教育の固有の過程がある程度おこなわれるように許される。現在の公教育の自由主義的傾向はまさにそうである。それは教育の『中立性』や『自律性』を認めているようにみえる。しかし、権力がそれに同意するには、一定の条件がある。一方には、国民の要求が高められ、教育的遺産が固有の認識を広めていることが必要であるが、他方では、支配的イデオロギーの一応の安定性や、もろもろの社会集団のもつ価値体系にたいする信頼度が条件となっている。公教育の外側におけるマス・コミや社会的道徳的統制が、その役割をになうばあいが多い[(25)]。」

勝田の示す展望は、社会的矛盾の解決の二つの形態であり、後者は、1980年代の臨調行革、臨教審の構図であり、前者は、勝田自身が求めた方向である。勝田が「教育的価値」の追求を教育学的研究の権利と義務の問題として位置づけたのは、そのことを通して、教育に関する国民の同意水準（認識水準）を教育的なものに高め、広げていく条件を確保しようとしたものと考えられる。

五十嵐は、同様の問題に関して、政治の指導性、協力性を問題として次のように述べている。

「教育にたいする不当な政治の支配に対立するものは、教育と政治との隔絶や無関係ではなく、教育の存立と働きに必要な理論を承認できる正当な政治と教育との関係秩序をつくることである。……教育にたいする反動的な政治支配のもとで、あやまりやすいことは、政治の不当な支配をにくむあまり、正当な教育の主張や実践を支持しこれを保障するような政治の指導性や協力性までをも、考えの外に追い出してしまうことである。この考え方は、その意図において誠実な教育的主張を、事実の上で無力にする。そればかりでなく、その思考の間隙を利用して、教育にたいする不当な政治が侵入することを逆に助けることにもなるとおもわれる[(26)]。」

教育実践に反映する社会的諸矛盾の解決という問題を通して、教育と政治の関係を論ずることが不可避となったが、ここでの勝田、五十嵐の所論にも学びながら、教育行政、教育運動の現実的機能をその矛盾的構造において明らかにしつつ、実践科学としての教育行政学の現実科学的な概念規定を試みてみたい。

4　教育と社会の矛盾の実践的解決形態としての教育行政、教育運動

教育行政、教育運動をその内容と形態（形式、関係性）の区別と関連、その統一において理解することを基本とする。

教育行政と教育運動は、教育にかかわる社会的矛盾、対立の解決を主導する実践形態であり、すでに述べたように、広義の教育実践として、それを位置づけることができる。しかし、それは今日、固有の教育実践がたとえば学校という形態（制度的枠組）を必然的にともなって展開されているように、それにともなう教育の社会的に制度化された形態、枠組が不可分に対応している。

教育行政、教育運動という実践形態が歴史的に成立するのは、近代公教育体制の成立、国民教育の社会的編成が、国家権力を媒介にして組織化されて以降であり、教育行政、教育運動は、近代公教育体制の矛盾を原動力とするその解決をめざす（その意味で、近代公教育体制という教育の社会的に制度化された枠組の編成および再編成の）自己運動の二つの異なる形態というようにもとらえることができる。

五十嵐顕は、日本の教育の総体の実践的性格について、かつて次のように述べたことがある。

「学級の教育が実践であるような内容では、階級社会の教育の総体は実践としてあることはできない。日本の教育の総体を実体的にいえば、一方には固有の教育実践があり、他方には教育政策とこれに対立する批判的運動があるというほかはないであろう。しかし、このような実態の状況こそ、日本の現状における教育の総体のもつ実践的な性格をしめすものである[(27)]。」

教育政策と教育運動の対立・対抗という実態把握は、宗像教育行政学の理論的シェーマと重なるが、ここには、今日の理論的達成の観点からすれば、対応すべき概念の不整合があるといわざるをえない。教育政策は、教育行政と教育

運動の内容規定であり、教育運動は、形態規定である。対抗という関係を前提としたとしても、同一次元の概念でその関係を規定する必要があり、教育行政と教育運動の対立・対抗として少なくとも概念構成されなければならないといえよう。

教育政策を実態概念として構成し、教育運動との対立・対抗関係において観念している理論からは、「日本社会の教育の全体が実践としてあるといっても、それは学級の教育がそうであるような意味では、実態をもたない観念にすぎないであろう」という結論が必然的に導かれざるをえない。同時に、そのような理論状況は、教育運動（ここでは五十嵐のいう教育政策に対立する批判的運動という相においてとらえた教育運動とする）をひとつの現象形態とする国民教育の主体としての国民の主体形成の制約された歴史的段階とも対応しているといえよう。

教育行政における政策決定は、権力の独占物であり、外在的な批判運動としてしか国民の実践の実在的形態がありえなかった国民の主体形成の歴史的段階を反映するものといえる。しかし、その時代にあっても勝田守一の論文「教育の理論についての反省」が紹介しているような実践の契機と、そのような実践の可能性を内在化した理論化のすじみちがまったく非現実的であったともいえないであろう。勝田の紹介している実践は次のようなものである。

「ここに小さな漁村の例がある。その村の村長さんは、現在教育長をかねている。この人の努力は、まず地教委の人々、つまり村の有力者と教育についてとっくり話し合うことにささげられている。だいたい、村の有力者は、一つの権力の象徴みたいなものであることは明らかだ。しかし、この権力は顔見知りであり、そのかぎりでは、遠いところにある上級権力とはちがって親しいものだ。……この人が納得し、ほんとうに村の生活と子どもたちの幸福のための教育を考えるようになれば、地教委というものは、そのかぎりでは住民の意見を代表するものに近いものになる。それはかえって村の人々の運命や幸福とは縁のないところからくる『不当な支配』に対して教育を守るとりでになる。

もちろん、それには限界があるし、そうした村長さんの存在の多いことをいますぐに期待するわけにもいかない。けれども、そういう実践は、すくなくとも、教育委員会制度の民主的性格を生かすためには必要なことなのだ。[(28)]」

勝田は、次のようにも述べている。

「理論というものは、現実の事情の説明のために一般的な形でつくられる。しかし、より高い理論は個々の具体的なばあいをもふくみ、その具体的なばあいの意味をさらに解明できるものでなくてはならない。そういう理論であって、はじめて、実践に対する光となるわけである。[(29)]」

五十嵐の理論的営為も、先に述べた段階においては、教育行政、教育運動をその実践性において理解し、教育の総体の実践的性格を実態的にも把握しうる理論的見地を自らのものとするに至っていないが、「政治の指導性や協力性」という命題や、次のような見地のなかに、そのような理論と実践の展望が内在化されていたように思われる。

「教育が解決を求める課題として現れれば現れるほど、他面においてそれは教育的問題の解決によって解決できないような問題でもあるというのが現実である。この状況のもとで、すなわち教育が教育的に解決できない敵対的矛盾に当面しているとき、教育が教育であるかぎり、教育的解決による実践分野を拡大することが教育にとっては必要ともなっているのである。またこのような方法で教育は対立的事物と闘争することができる。[(30)]」

1970年代中葉、五十嵐は、この見地を国民の主体形成の歴史的段階（1970年代段階）をふまえて、次のように発展させている。参考までに言及しておきたい。

「訓育の基盤としての社会、国家、産業、経済、そして社会生活は、一見われわれによそよそしく対立的である。これから由来する社会的規定はわれわれの目的的規定と対立する。しかし、陶冶と訓育との結合が必要としている教育する力の新しい組織は、社会、国家、産業、経済を無用であるというのでなくして、教育にたいする社会的規定の性質を変革させないではおかないであろう。このもくろみは教育実践を一人の教師と一人の子どもの人格関係にとどめず、教育の実践的な諸関係にまでひろめて考えることを要求するであろう。地域の住民や国民が教育費の収入源を負担することや、地域の教育や国の教育事業を計画し運営することを、教育の実践的な諸関係にいれて考えなければならないであろう。教育科学はすくなくとも理論上このことを獲得しなければならないという時機にわれわれは位置しているとおもう[31]。」

〈教育行政、教育運動および関係諸概念の現実科学的な定立〉

教育行政、教育運動を広義の教育実践として位置づけ、教育にかかわる社会的矛盾の解決を主導する二つの異なる実践形態として概念規定することは、これまでの検討の理論的帰結としてもその合理性、必然性を主張しうると考える。同時に、教育行政、教育運動の存在様式（可能性として内在化されているものも含めて矛盾を内包した存在様式としてのそれ）の現代的発展段階を反映する概念規定として、理論と客観的実在との間に照応関係が認められるとするならば、実践科学としての教育行政学の方法概念としても、その科学性と実践性を主張しうると考える。具体的には以下のように、教育行政、教育運動の概念を規定しておきたい。

教育行政は、教育意思の社会的矛盾、対立を調整し、解決し、統合することによって、教育の組織を統一的に編制（再編制）し、運営しようとする権力の機関による教育意思の形成とその実現のための実践の総体である。

教育運動は、教育意思を社会的に統合し、その実現をめざす実践の総体である。

教育運動という形態をとって教育意思の社会的矛盾、対立が顕在化するといえるが、社会的教育意思は支配的には、権力の機関の教育意思のなかに自覚的であれ、無自覚的であれ（明示的であれ非明示的であれ）統合されているといえるので、権力の機関の教育意思として反映されず、否定され捨象された教育意思の表現形態として教育運動が一般的には存在しているといえる。その意味で、教育行政と教育運動は、矛盾、対立、相互規定、相互浸透という弁証法的関係にあることが理解される必要がある。

教育政策は、社会的合意形成をめざして具体化された教育意思の体系として概念規定しておきたい。教育行政と教育運動は、教育政策の二つの異なる実現形態ともいえるのである。逆にいえばすでに述べたように、教育政策は、教育行政と教育運動の内容規定ともいえるのである。教育行政も教育運動も、自らの教育意思にもとづく社会的合意を実現しようとする場合、法的規範を媒介として、その正統性、普遍性、公共性を主張しうるといえる。したがって、教育政策は法的規範との整合性を求められることになる。

権力の機関による教育政策の決定とその実現の過程において、新しい法的規範の定立や法的規範の執行、適用という過程が不可避的にともなうのはそのためである。

法的規範（法律、法規命令、行政命令、行政行為、行政指導、判例などがその外的表現形態とされる）は、教育意思の社会的正統化、統合化装置といえるのである。

教育意思の社会的正統化という問題とかかわる現代行政の新しい特徴について、中川剛の所論の紹介を通して少し言及しておきたい。教育行政と教育運動の関係を考察する際にも新しい視点を提供してくれるものと考える。問題提起の要点は次のとおりである。

「近代国家の行政が国民を服従させえたのは、主権者の意思や法の支配を権威とすることができたからである。主権にせよ法にせよ、行政の背後にあってこれに正統性（legitimacy）を与えてきた。……ところが、行政機能が拡大し、行政裁量が増大すると、行政の正統性を保証していた主権的意思が自明でなくなり、法の支配が及ばない領域が広がることになる。行政の正統性の契機が弱まって、権威によって正当性を認めさせることができなくなるのである。……このため、強制や罰則によって行政が実効性をあらわせる場合は局限され、相手方の同意によって行政施策の受容がはかられることが一般的となるにいたる。ここに行政は権力行使から経営化の方向を辿る。……現代行政にあっては、主権の観念が特定の国家機関に結びつくことは望ましくない。そのことによって行政は架空の正統性を獲得してしまうからである。

したがって、国民主権はいかなる国家機関も最高の権力意思を有するものではないことの表現として理論化されるべきである。またそのことによって、権力分立制はあらたな意味づけを必要とするであろう。……ここに正当性は複数成立しうることになり、なにが正統の権限行使であるかを、一義的には主張できない。行政参加が避けられないのはそのためである。……行政の法適合性が正当性のすべてではなくなったことは、制度上も確かめることができる。……行政手続では、実体的権利が法令によって確定されず、さればといって自由裁量も正当化されえないので、参加によって妥当な方向づけが行われる。そこでは、利害関係者の意思と管理運営の適正化とが、均衡させられることになる。……行政統制としては、行政の事後的法的統制としての行政争訟が主たるものであったが、それとは別に、行政の管理運営適正化のための行政監察が重要度を加えている。[32]」

自治と参加とでも表現しうる行政の形態が現代行政にとってのひとつの必然的形態であることが指摘されているといえよう。そのような行政の形態がどのような内容をともなって現実化されうるかによって、教育意思の社会的矛盾、対立の解決も、様々な規定を受けることになるであろう。教育行政と教育運動の関係が、その際に問われてくることは必然である。

教育行政の形態規定としては、歴史的に多様な形式（組織、諸関係）が存在しているし、権力の存在形態もそれと不可分に集権的形態をとる場合と分権的形態をとる場合があるといえる。集権と分権は機械的に対置されるものではなく、その関係自体が問題となるのである。

教育行政の概念規定における権力の機関についても、教育行政の多様な形態に対応して、固定的にとらえることはできないが、現代日本の教育行政の形態に則して考えれば、文部科学大臣（文部科学省）、教育委員会（都道府県、市町村）、学校法人、学校、社会教育施設というような機関がそれに該当するといえるであろう。

固有の教育実践の機関としての学校は、同時に教育行政の分権化された権力の機関（自治の機関）ということになる（社会教育施設についても同じ位置づ

けが可能と考えられる)。学校（社会教育施設）を基盤として、固有の意味での教育実践と教育行政、教育運動が直接的に相互の関係をとりむすぶことになり、そこにおいてどのような実践構造（学校自治、施設自治）が形成されるのかということは、相対的とはいえ、教育実践に反映する社会的諸矛盾の解決にとって、重要な意味をもつといえよう。

五十嵐が次のように述べていることは、固有の意味での教育実践が、教育行政、教育運動と不可分であるというここでの認識と共通した理解をベースにして、固有の意味での教育実践の側面から矛盾解決の課題について論じたものといえる。

「充実した教育実践は、教師の人格のなかで、政治への関心と統一されて実現されるのではないであろうか。……ささやかな教育の問題が教育的に解決されるためには、政治の指導や保障がいるのだと考えられる。教育にたいする不当な政治支配のもとにあっても教育は政治と絶縁するのではなく、緊張した関係で変革をもとめるものである[(33)]。」

文部科学大臣（文部科学省)、教育委員会（都道府県、市町村)、学校法人、学校（社会教育施設）等、権力の機関相互の関係が問われていると同時に、その機関の内部関係（学校という機関について述べたような意味での）が問われているといえよう。そして、さらに補足するならば、教育行政の範疇とは区別して理解されている一般行政と教育行政の関係も、不可避的に問題とならざるをえないといえよう。教育行政の実践形態を問う際のひとつの重要な問題でもある。

ここまで、教育行政、教育運動、固有の意味での教育実践を、広義の教育実践として総括し、相互の実践的内容と形態を弁証法的関係において問うことによって、教育における矛盾の解決を主導しうる実践の創造を理論的に解明しうる方法論的基礎を提示しようとしてきた。

宗像教育行政学の基本的カテゴリーである「教育政策」「教育行政」「教育運動」のこのような理論的な再審、再構成を通して、「アンチ教育行政学」(「カウンター教育行政学」）としての宗像教育行政学の地平を超えて、教育行政にかかわる社会の様々なレベルの主体の創造的実践を対象化し、それを批判、検証しつつ、支え得る実践科学としての教育行政学への理論的転換が可能となると考える。

【注】

(1) ルソー『エミール』(今野一雄訳、岩波文庫、1962年)、24ページ
(2) 同前、24ページ
(3) 同前、25ページ
(4) 同前、26ページ
(5) 同前、30ページ
(6) 宮原誠一教育論集第1巻『教育と社会』、7ページ、国土社、1976年
(7) 同前、7-8ページ
(8) 同前、17ページ
(9) 同前、20ページ
(10) 勝田守一『教育と教育学』、65ページ、岩波書店、1970年
(11) 勝田守一『人間の科学としての教育学』勝田守一著作集第六巻、149ページ、国土社、1973年
(12) 前掲『教育と教育学』、68ページ
(13) 大田堯「現代社会と子どもの発達」岩波講座『子どもの発達と教育』第1巻、17ページ、岩波書店、1979年。
(14) 同前、19ページ
(15) 大田堯『教育の探求』、12ページ、東京大学出版会、1973年
(16) 小川太郎『教育科学研究入門』、69ページ、明治図書、1965年
(17) ゲ・エス・コスチューク「子どもの発達と教育との相互関係について」(矢川徳光他訳、タイプ)、17ページ。
(18) ヴェ・イェ・グムルマン他監修『教育学原論』(ソビエト教育学研究会訳)、112ページ、明治図書、1973年
(19) 土方康夫『保育とはなにか』、109-111ページ、青木書店、1980年
(20) 田中昌人『人間発達の科学』、157ページ、青木書店、1980年
(21) 同前、88ページ
(22) 前掲『教育と教育学』、73ページ
(23) 同前、80ページ
(24) 五十嵐顕『民主教育論』、26ページ、青木書店、1959年
(25) 前掲『教育と教育学』、80ページ
(26) 前掲『民主教育論』75-76ページ
(27) 同前、35ページ
(28) 前掲『教育と教育学』、8ページ
(29) 同前、10ページ
(30) 前掲『民主教育論』、33ページ

(31) 五十嵐顕「戦後日本の教育科学」城戸幡太郎先生80歳祝賀記念論文集刊行委員会編『日本の教育科学』、26ページ、日本文化科学社、1976年
(32) 中川剛『行政理論と文化基盤』、37-40ページ、三省堂、1986年
(33) 前掲『民主教育論』、78ページ

第3章
社会の構造変容と教育行政学の理論的課題

臨時教育審議会（以下、臨教審）によって方向づけられた現代日本の教育行政の現実を与件として、その活動を事実に即して分析し、課題を明らかにしうる教育行政学の理論を構築しようとする場合、教育行政学の科学方法論の探求に意識的であり、戦後教育行政学理論の創造に主導的な役割を果たし、当時にあっても（また今日もなおというべきか）理論的な影響力を有意な形で保持している宗像教育行政学の理論的な検証とその再構成・止揚は基本的課題といえる。

1 教育と社会の関係の構造転換と教育行政学

拙著『科学としての教育行政学』（1988年）は、臨教審により方向づけられた教育行政の現実を対象化して、問われている教育行政の新たな課題として、政策形成と関係形成の二つの課題を析出し、そのような教育行政の実践的性格に対応しうる教育行政学の理論的構想を「実践科学としの教育行政学」として提起しようとしたものである。実践科学としての教育行政学は何よりも政策科学としての教育行政学の方法論的確立を企図したものでもあった。

そこでは、政策形成の課題について次のように述べている。

「教育行政は……、イデオロギー機能を担保するという側面においては、国家を教育的価値として肯定し、そのことのために必要な規制や統制は維持・継続しつつも、他方、教育の実際の経営においては、国家による権力的規制行政を緩和し、分権化するという矛盾を内包することになる。……様々に矛盾を含みつつ分権化された教育行政のシステムの中で問われるのは、それぞれの機関の政策的力量ということである。

学校をふくめた教育行政の各機関（教育委員会、学校法人、学校等）と、それを構成する諸個人が、それぞれの機関が担う責任をどのように果たしていくのか、消極的に上級機関の指示を待ったり、単にそれを批判したりというような受動的立場を揚棄し、それぞれの場における政策形成の課題に主体的、積極的にとりくむことがきわめて重要となろう。この課題をどのような内容と組織でもって実行に移すのか、……集権的な教育行政のあり方を改革し、民主的な教育行政のあり方を実現していく方途は、まさにこのような教育行政の各機関、およびそれにかかわる諸個人の能動的実践にかかっているというのが、今日の教育行政をめぐる新しい条件といえる。[(1)]」

このような実践的課題を実行に移す場合、国や地方公共団体等が策定する教育政策をどのように評価し、それとどのように対応するかが関係者に問われることとなる。もちろん、理論の射程としては、そのような機関の教育政策形成にかかわる主体をも包含するものといわなければならないが、それぞれの場における教育政策形成で問われているのは、教育と社会との関係の構造転換についての認識であり、そこから必然的に導き出される教育政策の性格変位という問題である。

結論的にいうならば、1960年代までと、1970年代を移行期として、1980年代なかんずく臨教審以降の教育政策は、明らかに教育と社会の構造転換によりその社会的な性格を変位させてきているということである。

臨教審以降の教育政策についての次のような指摘もそのような教育政策の性格変位を意識したものといえる。

「それは教育主導の社会改革ではなく、社会変化への対応としての教育改革である。そこにみられるのは、社会の変化を所与のものとし、それに合わせて教育のあり方を改めていこうとする姿勢であり、社会変化に対する批判どころか、社会的風潮に対する懐疑さえほとんどみられない。そうした姿勢を象徴するように、近年、教育関係審議会への諮問やこれに対する答申には『社会の変化に対応する』といった類いの標題が目立つ。[(2)]」

1950・60年代の教育政策は、経済の高度成長という国家目標を社会的に実現するための変数として機能し、〔経済の高度成長〕＝a×〔教育政策〕というような関数で表すことの可能な関係においてそのあり方が規定されてきたといえる。その結果としての市場経済の国民経済的なレベルでの達成、村落共同体的な古い社会関係の解体等の社会変化は、市場経済の自己運動の与件として、従来の社会と教育の関係を転換させる歴史的条件を醸成させてきた。

1970年代はそのような関係の移行期・転換期であり、1980年代以降はとりわけ、国の政策なかんずく教育政策は資本の活動を通してなかば自己運動的に変化する社会の関数としてその位置を変位し、そのあり方が問われてきたといえる。

宗像教育行政学は、「アンチ教育行政学」（「カウンター教育行政学」）と自己規定しているが、それはまさに1960年代までの教育と社会の関係、すなわち教育行政の教育政策形成如何により異なる社会の実現を企図しうる関係がリアリティをもちえた段階における教育行政理論として、その歴史的性格を明確にすべきといえよう。

1970年代以降、より明示的には臨教審以降の教育政策は、いずれの機関いずれの立場の教育政策であったとしても、自己運動的に変化する社会が突きつける課題に対して応答的な関係をもってその内実を問わない限りリアリティをもちえない教育と社会の関係段階にあることを見ておかなければならない。所与の教育政策を評価する場合、それを批判するとしても肯定するとしても、いずれの場合においても〔教育政策〕＝a×〔変化する社会〕という関係において教育政策の内実を問うことが求められていることを理論的に意識化しておくことが不可欠であるといえよう。もちろん〔変化する社会〕が突きつける教育課題をどのように考えるかという面（上記の関数式でいえば、aにあたる面）において様々な解釈や分析が可能であり、教育政策をめぐる対立・批判は不可避的といえるが、どのような教育政策を支持し肯定するとしても、共通の社会的基盤に立脚しつつ、ある政策を選択し評価しているということを理論的に明確化することが必要な段階に至っているということである。

以上述べてきたような教育と社会の関係の構造転換という歴史的なパースペクテイブをふまえるならば、教育政策についての拙著での次のような問題提起は、如上の理論的課題とも応答性をもつ理論的な定式化として今日も首肯しうるものと考える。

「どのレベルの教育政策にも、教育意思の社会的矛盾が反映されていることをみておかなければならない。教育政策の支配的な意思を明らかにし、それを批判することにのみ教育政策研究の課題を置くとするならば、社会的に内在的な正当な教育意思をも見過ごしてしまうことにもなりかねない。そして社会的教育意思の対立的局面だけを肥大化させて、共同的関係を社会的に形成していく可能性を自ら閉ざしてしまうことにもなりかねないのである。……単純な否定でもなく、また肯定でもない、第三の選択肢を求める統合的な論理と共同の努力のなかに、教育意思の社会的矛盾を教育的に解決していく教育政策研究の主体性、創造性の源泉もあるように思われる[(3)]。」

2 現代教育行政の理論的課題

（1）社会の構造変容と教育行政の再編成

1950年代と1990年代は社会の構造的変容に対応する教育行政の再編成という点で、現代日本におけるおそらく対照的で典型的な二つの年代といえよう。

1950年代は、産業構造の歴史的転換を国家政策として推進する体制を社会的に構築した点において特徴づけることが可能であろう。鉱工業中心の産業構造への転換を通しての農業中心の自生的な地域共同体社会から都市型社会への移行が、行政権限の国への集中という行政システムの再編成を与件として国民経済全体を再構築する形で推進された。

教育行政権限の事実上の国への集中はこの時期の特徴といえる。

このような社会構造の矛盾が顕在化し、その改革が国民の実践的課題として社会的に認知されるようになるのはとりわけ1970年代以降といえる。革新自治体の生成はそのような国民的実践の歴史的集約といえよう。教育行政権のあり方を重要な争点とする国家の教育権に対する国民の教育権論の生成・発展もそのような国民的実践を反映した教育の分野における変化であった。

国主導による都市型社会への急速な転換にともない新たに派生した社会的ニーズと社会的条件との絶対的矛盾はそれらの国民的実践の生成に媒介されて1970年代を通して解決されてきたといえるが、そのような社会に適合的な社会的条件や行政システムの本格的構築は、1980年代以降今日に至るもなお、矛盾を内包しつつ継続的な課題としてありつづけている。

教育の分野に則して考えれば、国に集中されてきた教育行政権限をどのように社会に内在的な多様なニーズの実現に応えられるように再編成（分権化、分節化）しうるのかということであり、そのうえで1970年代以降様々な現象形態をともなって顕在化してきている教育をめぐる諸矛盾の解決を通して、現代社会に適合的な教育システムをいかに再構築しうるのかということである。

1980年代の臨時教育審議会（以下「臨教審」）の設置以降、1990年代に本格化してきている国のイニシアティブによる教育改革は、本質的矛盾を含みつつもそのような課題への対応という側面を持つものといえよう。

ここでは、1950年代と1990年代を、産業教育振興法（1951年）と生涯学習振興整備法（生涯学習の振興のための施策の推進体制の整備に関する法律、1990年、法律第71号）との対照を通して検討し、教育行政の今日的特質を明らかにするとともに、そのような現代教育行政の課題に応えうる教育行政の理論的課題を考察することとする。

（2）産業教育振興法と生涯学習振興整備法

表1は産業教育振興法と生涯学習振興整備法をその歴史的背景、法制化を通して実現がめざされた改革課題、法の基本構成等について比較対照したものである。いずれも社会全体の歴史的転換期に際してそれに対応する教育の構造転換を法的に基礎づけるべく法制化されたものといえる。

産業教育振興法は、地方財政の全般的貧困を与件として、産業教育にかかわる国の経費負担を通して社会の構造転換に不可欠な人材養成を計画的、効率的に推進しうる教育システムの確立を法的に準備するものであった。

国の財政援助（産業教育の内容を充実させるための必要な経費についての補助）の前提とされた地方公共団体における「産業教育の振興に関する総合計画

表1　産業教育振興法と生涯学習振興整備法

	産業教育振興法	生涯学習振興整備法
社会の構造変化	産業構造の鉱工業中心への転換（とりわけ重化学工業化）	経済のサービス化、情報化、国際化
教育改革の審議機関	政令諮問委員会（1951年）	第二次臨時行政調査会（1981～1983年） 臨教審（1984～1987年）
改革の基本的課題	職業教育の強化	生涯学習体系への移行
法の基本構成	産業教育の振興に関する総合計画の樹立（地方公共団体、3条） 地方産業教育審議会の設置（都道府県及び市町村、11条） 国の負担及び補助（15条）	地域生涯学習振興基本構想（5条） 生涯学習審議会（文部省*1、10条）、都道府県生涯学習審議会（11条） 民間事業者の能力の活用（5条、負担金についての損金算入の特例、9条）

＊1　2001年に、中央省庁改革の一環として、文部省生涯学習局は文部科学省生涯学習政策局に改組され、生涯学習審議会は中央教育審議会生涯学習分科会として再編されている。

の樹立」が、そのような社会と教育の構造転換をすすめるうえで重要な機能を果たしたのである。

文部省職業教育課長（当時）の杉江清は、第1章2（1）でも引用しているが、「この総合計画の概念こそ、本法全体の構想を支える中心概念である」と述べて、それを次のように説明している。

「産業教育は、それが全体としてわが国の産業経済の復興とその発展にもっとも能率的に寄与するものでなくてはならない。そのために必要な学校数、学科数、その程度及び内容、これらに応ずる教員の質と量とが定められなくてはならない。そうして何れを先に充実すべきかの順位が定められなくてはなない。これが総合計画の基本概念である。そしてこのような総合計画は国全体の立場から樹立されるとともに、地方の特殊性を生かした地方の総合計画が樹立され、両者が結局において矛盾しないものでなければならない。……総合計画というも全てを総合した計画の樹立の困難な場合には、一地方又は一産業に限った教育計画の樹立から着手するのも一つの方法であろう。又既に国土総合開発の地方計画のできているところでは、それに応じた又はそれを可能ならしめるような産業教育計画を樹立しなければならない。国土総合開発計画が現在審議中のところ又はこれからとりあげようとしているところでは、最初から産業教育計画をその中におり込む努力がなされるべきであろう[(4)]。」

国家政策としての産業構造の転換を支え、推進しうる新しい人材養成の課題に対応した高等学校の再編成（総合制高校の単独校化、小学区制の改編等を通しての職業課程の計画的拡充）と、そのような計画的人材養成を可能にしうる教育計画の合理的樹立を進めうる地方公共団体の組織整備（教育委員会制度の改変）等が、産業教育振興法の「総合計画」に関する規定の具体化として実現されてきたのである。

産業教育振興法が国の経費負担の法制化を通して、教育の再編成を国主導で進めうる体制を整備しえた背景には、地方財政の貧困を地方自治の全般的制度確立を通して解決しえなかった自治の主体としての国民の主体形成の歴史的被制約性が示されていたといえる。その意味においても、1970年代の革新自治体の生成は、そのような関係の歴史的変化（都市型社会への移行）の兆候を示した事実として注目に値しよう。

生涯学習振興整備法は、社会の構造変化に対応する教育改革の推進を法的に準備するという点では、産業教育振興法ときわめて類似した位置を占めているといえよう。しかし両者の決定的相違は、国の経費負担ではなく民間事業者の能力の活用を位置づけている点に求めることができる。

教育行政の国への事実上の権限集中を通して教育の再編成を推進するという産業教育振興法によって法的に準備された構造は、国の経費負担の規定に法的基礎を有していたといえるのであるが、そのような構造の転換が生涯学習振興整備法には内在化されていたといえるのである。

国に集権化された教育行政の権限を通して一元的に教育と社会の関係を再編成するのではなく、社会の自律的な活動を助長し、そのような活動に依拠しつつ社会と教育の関係調整（社会の構造変化に対応しうる教育の再編成）を多元的に進めていくシステムの構築を生涯学習振興整備法は法的に基礎づけているといえる。このことは、一面において資本の営利活動の対象領域を社会的に拡大し、教育をそのような資本の営利活動の直接的な対象領域として包摂するという関係を社会的に認知し、それを助長するものといえるが、他面においてそのような関係の成立をも可能にしうる社会的条件の成熟を見ておかなければならない。それは、自立した市民（学習主体）としての国民の主体形成を前提にしてはじあて成立しうる関係といえるからである。

矛盾を含みつつも形成されてきている社会と教育をめぐる新しい関係は、これまで集権的な関係の中でそのあり方を第一義的に決められてきた学校教育に対しても、1970年代以降の矛盾の顕在化を与件としてその既存のシステムの変容をせまる社会的なインパクトとして機能してきたといえる。

教育行政はそのような中にあって、自らの役割を対象化し、相対化することが求められることになる。社会の多元的な教育の諸主体との関係の中で教育行政の権能や役割を見直していくことが不可欠な段階を迎えたということがいえるのである。教育における官・民の役割分担、教育における国・地方の責任と役割分担の見直しというような臨教審以降提起されている諸課題は、そのような教育行政をめぐる社会的関係の変化に基礎をもって提起されているものと考えられ、それらをも対象化しつつ教育行政権のあり方を問い直すことが時代の要請となってきたといえよう。

教育行政をカウンターの対象として位置づけ理論構築されてきた宗像教育行政学の理論的地平においては、このような時代の要請として進行している教育行政の変化、それらの現実が求める理論的課題に応えることは困難といえよう。その意味で、宗像教育行政学の理論的再構成は現代教育行政の理論的課題に応えるうえからの不可欠な課題といえる。

（3）宗像教育行政学の理論的再構成

1970年代を前にして、宗像誠也は自らの教育行政学の理論的課題を「憲法26条から出発する教育行政学」として定立したことはすでに述べた。この理論的課題を氏自らは具体的に展開することなくこの世を去ってしまったのであるが、従来の宗像教育行政学の理論的地平においてこのような課題を展開することは不可能であったであろう。なぜならば、「アンチ教育行政学」（「カウンター教育行政学」）として自己規定された宗像教育行政学は、教育行政をカウンターの対象として位置づけ、教育行政との対抗理論として理論構築されてきたからである。

このような宗像教育行政学の理論的性格は、1950年代以降の国による集権的教育行政を通しての社会と教育の関係の構造的再編成という現実に対応した教育行政理論として、その歴史的な必然性を有していたといえる。宗像は戦後改革期における学問的営為を通しても、一貫して国民の民主的主体形成と結びつけて教育行政の課題を理論と実践との統一において考察してきたといえるが、1950年代以降の教育行政の現実は、国民の主体形成の歴史的被制約性にも規定されて、教育の再編成を一元的に推進する権力主体として登場し、国民の実践との接点はそのような教育行政との対抗的関係においてしか実在的基礎を獲得しえなかったと考えられるからである。

「アンチ教育行政学」(「カウンター教育行政学」) としての宗像教育行政学の基本的性格は、このような関係の理論的反映として現実との学問的対決を通して形成されてきたといえるのである。

このような宗像教育行政学の理論的基礎は、「教育政策」「教育行政」「教育運動」という方法概念の次のような定式化を通して確立されてきたことは、すでに述べたが、再掲しておきたい (第1章2 (2)、3 (1) 参照)。

「教育政策とは権力に支持された教育理念であり、教育行政とは権力の機関が教育政策を実現しようとする活動である。[5]」「教育運動とは、権力の支持する教育理念とは異なる教育理念を、民間の社会的な力が支持して、その実現を図ろうとする時に成立するもの、と考えるのである。[6]」

教育政策と教育行政が国家権力によって一元的に占有され、それと教育運動が対抗するという理論的シェーマは、1950年代以降の教育行政の理論的抽象として理論と現実との整合性を有していたといえるが、1970年代を前にして宗像自身が定立した「憲法26条から出発する教育行政学」は、このような理論的シェーマとは明らかに矛盾する理論的課題を提起するものであった。教育行政は外在的な「カウンター」の対象から内在的な創造の対象へと変位してとらえられているといえるのである。

「当為」と「現実」との区別は宗像教育行政学に内在化されていた方法論的特色のひとつであるが、「当為」としての教育行政の体系を「憲法26条から出発する教育行政学」として定立するのであれば、それは現実の教育行政を批判する理論の深化を意味するものの、教育行政の現実が提起する理論的課題に応えるという意味での理論の実践性を課題として定立したものとはいえないといえる。しかし、1970年代の教育行政の現実は、革新自治体の生成という事実にも象徴的かつ端的に示されているように、単に「カウンター」の対象として外在的に教育行政を把握するだけでは、理論と現実との乖離が避けられない歴史的段階を迎えようとしていたことも事実といえよう。また国民の教育要求の実現という点において現実の教育行政を評価する場合、矛盾する現実の一面の抽象としてしかその実在性を肯定することはできないとしても、教育法の解釈における教育行政権の位置づけにおいて、国民の教育を受ける権利の実現という文脈における教育をめぐる諸主体間の共同的関係を離れてはその責任や役割も肯定されえないという関係認識が社会的な合意水準として成立してきたことは明らかな歴史的変化といえる(7)。

このような 1970 年代の変化をふまえて考えるならば、「憲法 26 条から出発する教育行政学」という宗像の理論的課題の定立は、教育行政の現実の変化とも合致した理論的卓見といえるが、それは「アンチ教育行政学」(「カウンター教育行政学」)としての自らの教育行政学の理論的転換、方法論的な再構成を不可避とする課題の定立でもあったといえるのである。

1970 年代以降の教育行政の内実は矛盾を内包しつつも社会の様々な教育意思を反映しつつ変容してきたといえる。学校教育に関していえば、様々な矛盾の顕在化を通して既存の支配的秩序の改革が求められてきているとはいえ、今日なお教育行政の優先的かつ包括的な責任領域として維持されてきており、問題に有効に対処しうる社会的関係を必ずしも構築しえていない現状にあるといえよう。1980 年代に展開された国家主義的な「教育運動」は、教育行政の現実が、社会の教育意思の矛盾・対立の顕在化を通して、その権力による解決という形態と内実において実在していることを示すものであり、そのような教育行政の現実を規定する国民の総体としての民主的力量の歴史的形成に対する対抗的活動であったと見ることができる。教育行政と教育運動の対抗という関係以上に、所与の教育をめぐる社会的関係において、様々な主体相互の教育意思の矛盾、対立こそが重要なファクターとして位置づくことを示す事例でもあったといえよう。

国へと集権化された教育行政が一元的に教育政策を実行し、それに国民教育運動が対抗するという構図は、1970 年代以降の事実とは合致しない。社会の教育に係わる諸主体が多元的に形成され、分化し、社会の教育意思も多様に分化、発展しており、教育運動という形態をとってそれらが多面的にまた相互に矛盾・対立する内実をも伴って顕在化していると考えられる。教育行政はこのように多様に分化した社会の諸主体との相互関係を形成するために自らを多元的に分化させつつ、そめ責任と役割を調整し、社会に内在的な教育意思の多様な発展とそれに不可避的に付随する相互の矛盾・対立をも調整し解決するという課題を実行することを現実的な機能として求められるようになってきているといえるのである。それが教育行政の1970年代以降の現実といえよう。教育行政学は、このような教育行政の現実が提起する理論的課題に応えることが求められているといえるが、宗像教育行政学の理論的地平ではそのような課題に応えることはできない。

自覚的であれ無自覚的であれ、今日もなお教育行政学の方法意識に有意な影響力を与えている宗像教育行政学の方法論を、以上のような歴史的文脈において対象化し、それを再構成し止揚することを通して、そこからの意識的な理論転換をはかることは、教育行政学が現代教育行政の理論的課題に応え、実りある理論と実践の関係を構築していくうえで不可欠な課題といえよう。

ここでは1970年代以降の教育行政の内在的変化の理論的抽象としてその実践性と科学性を主張しうる方法概念として、また宗像教育行政学を基礎づけてきた方法概念の再構成という意味をも重ねて、「教育政策」「教育行政」「教育運動」概念を、あらためて次のように定立しておきたい（第2章4参照）。

教育行政は、教育意思の社会的矛盾、対立を調整し、解決し、統合することによって、教育の組織を統一的に編制（再編制）し、運営しようとする権力の機関による教育意思の形成とその実現のための実践の総体である。

教育運動は、教育意思を社会的に統合し、その実現をめざす実践の総体である。教育運動という形態をとって教育意思の社会的矛盾、対立が顕在化するといえるが、社会的教育意思は支配的には、権力の機関の教育意思のなかに明示的であれ非明示的であれ統合されているといえるので、権力の機関の教育意思として反映されず、否定され捨象された教育意思の表現形態として教育運動が一般的には存在しているといえる。その意味で、教育行政と教育運動は、矛盾、対立、相互規定、相互浸透という弁証法的関係にあることが理解される必要がある。

教育政策は、社会的合意形成をめざして具体化された教育意思の体系として概念規定しておきたい。教育行政と教育運動は、教育政策の二つの異なる実現形態ともいえるのである。逆にいえば、教育政策は、教育行政と教育運動の内容規定ともいえるのである。教育行政も教育運動も、自らの教育意思にもとづく社会的合意を実現しようとする場合、法的規範を媒介として、その正統性、普遍性、公共性を主張しうるといえる。したがって、教育政策は法的規範との整合性を求められることになる。

このような方法論上の基本的カテゴリーの整理を通して、教育行政をもっぱら教育運動との対抗的関係において把握し、カウンターの対象とするのではなく、国民相互の多様な教育要求が矛盾を含みつつ、教育行政に反映するメカニズムが明らかにされ、複雑に交錯する社会的諸関係の中に教育行政を定位して、その機能を相対化してとらえる理論的見地を確立することが可能になるといえよう。

(4) 多元的な教育事業主体の形成と教育行政組織の再構築

すでに見たように、とりわけ臨教審以降の「生涯学習体系への移行」として総括的に方向づけられた国の教育政策の展開において、生涯学習振興整備法において法的基礎づけも与えられて、教育事業における政府セクターに対する民間セクターの比重の増大が図られている。このような動向は、「学校への過度の依存」を改めるという学校教育の位置づけの相対化とも連動した展開といえる。

社会に内在的な多様な教育要求を受けとめるうえから、教育の事業主体を多元化し、その相互の関係を統合的で協力的な関係において組織していくことが教育行政に求められている課題である。

〈政府セクター内部の関係調整の課題〉

まず、政府セクター内部の関係について考察したい。

政府セクターに関していえば、教育委員会制度のあり方が主要には問われていくことになるであろう。問題は歴史的にも、理論的にも、国際的にも問われてきているといえるが、主要には以下のような３つの課題があるといえる。

①国、都道府県、市町村の関係の見直し、 とりわけ市町村への優先的な事務配分という課題

この点は、歴史的にはシャープ勧告において提言され、理論的には、「教育委員会制度の現況批判」として、かつて持田栄一により、市町村と都道府県の権限の再配分の課題として、高等学校と養護学校等特殊教育諸学校の設置主体を市町村とすべきことなどが提起されていた。

持田は「高校教育が国民大衆教育としての体裁をそなえるようになればなるほど、高等学校は市町村立として設立され、地域に密着した形で運営されるのが望ましいこととなる[(8)]」と述べている。養護学校等については「特殊教育が一般化し、『特殊』教育ではなく身障児教育であり、一般児との共同教育を地域に根ざした形ですすめることが課題となるようになるのにしたがって、市町村が設置し運営することがのぞまれるようになるのである[(9)]」と述べている。持田の提起した課題は、まさに今日という歴史的条件において現実的な課題として成熟してきているといえよう。

国民の多様な要求の実現と統合の課題を調整するうえで、たとえば、養護学校の設置義務を都道府県としている現行制度が関係者に多くの困難と無用な対立を生み出すひとつの制度条件となっていることを考えるならば、市町村へその事務を配分する課題は市町村（組合）立養護学校の多くの存在という事実に照らしても、合理的で実現可能性のある現代的課題として位置づけられよう[(10)]。

②教育行政と一般行政の関係の見直し、教育行政の独立原則の再構成の課題

この点は、教育委員会の創設期にすでに宗像により次のような疑問が提起されていた（第１章１（3）参照）。

「アメリカにおけるような、教育における政治的休戦は可能か、また意味があるのか。全き政治的休戦を主張することはナンセンスだと私は見る[(11)]。」

このような宗像の見地とも通底する教育の本質論のレベルにおいて、独立原則のイデオロギー的性格を批判したのは宮原誠一である（第２章１参照）。次のように述べている。

「近代市民社会においては、それ自身中立的な権力としてあらわれる国家の名のもとに、あるいはまた、さらにすすんで、一般行政からの教育行政の独立という形式のもとに、制度としての教育の中立性という仮象が成立する。……しかし、そこにおける全体としての教育の過程をとってみれば、個々の党派からの中立にも係わらず、総体としての支配階級の立場あるいは傾向の貫徹をみとめざるをえないであろう[12]。」

教育の本質に内在的な矛盾についての認識をふまえて、教育の本質的あり方を実現するうえから教育行政と一般行政の総合化という課題を提出したのは、持田である（第1章4（5）参照）。次のように述べている。

「教育委員会制度において、教育行政を一般行政から独立させて運営する体制がとられるのは、……『近代』に特有な教育の自律観 —— 教育による社会変革という考え方とかかわっている。……教育の現実を見た場合、……教育が社会からきりはなされた形で自律的に展開され、教育によって社会を変革していくという側面もみられるが教育は基本的には、社会によって規定されるものである。したがって、教育の本質的あり方を保障していくためには、教育行政を一般行政から独立させることも必要であるが、しかし、それだけでことがすむわけではない。一般行政が変革されていくことが前提となりそのような変革された一般行政と総合化されることが必要である[13]。」

このような戦後教育学（教育行政学）に内在的な見地を、今日、現実の制度において具体化する正当性と必然性が二つの点から指摘しうる。ひとつは、教育事業における民間事業者の比重の増大とそれとも連関する生涯学習に関係する事業の教育委員会部局を越えての社会的拡大である。もうひとつは、1950年代（とりわけ教育委員会制度の改変）以降の教育行政の国への集権化を促した地方公共団体に内在的な要因として、すでに述べたような地方自治の全般的な未確立（制度的、歴史的な面における）があったといえるからである。

教育行政の独立原則を価値的に肯定し、それをアプリオリな前提として所与の制度批判を展開する教育行政学の方法意識が今日もなお有意的に存在していると考えられるが、現代教育行政の現実的要請からも、歴史的、理論的な見地からも、その一面性を指摘しておきたい。

地方自治の全般的制度確立と結びつけて、教育行政と一般行政の相互の連携と調整が不可避であり、独立原則は自治的共同の原則として制度的に再構成されるべきであると考える[(14)]。

③学校への学校管理権の大幅な分権化の課題

国民の教育要求の多様な発展をふまえ、それを調整し、統合的な関係を実現する上から、最も関係者にとって身近で、人間的な関係を結びやすい学校（それ以外の教育事業においてもそこで具体的な人間関係を通して事業が展開されている場）が当事者能力をもって決定し、責任を果たしていく関係が求められている。

国際的には、School Based Managementという概念に典型的に示されているように、学校に即して学校管理機関を構築する方向が共通に追求されている状況がある。日本の場合、現状においては、国民相互の教育要求の多様な発展という状況においても、また学校教育の問題の顕在化を通しても、教育委員会による学校管理の正統性を否定するほどに対立的状況が生み出されてはいないという社会的、文化的条件ゆえに、問題の所在は共通であっても改革への社会的モティベイションは弱いといえる。

私学ブームという現象が都市部を中心に広がっているといわれて久しいが、その社会的要因も重層的といえる。ここでの問題と関連して指摘しうることは、学校に即した管理機関として制度化されている学校法人の機能の肯定的側面についてであろう。その実際は矛盾を内包しており、すべて肯定的に評価できる状況にあるとはいえないが、関係者相互の関係を官僚制による疎外の弊を産むことなく相互理解と協力の関係として組織していく条件が制度内在的な可能性としてあるということである。このことは、民間非営利セクターの問題としても関連して確認しておくべき重要な点といえよう。

〈民間セクターに関わる問題と課題〉

政府セクターの課題とともに今日重要なのは、民間セクターのあり方の問題である。現状においては、学校法人や社会教育分野における事業団等の法人は、非営利の民間セクターとして位置づけられるといえるが、営利の民間セクターによる教育事業（いわゆる教育産業）の拡大が著しい。問題は、教育事業の主体が、政府セクターと民間（営利）セクターに分化し、一方は、官僚制の弊を生み出し、他方は、利潤追求の面から教育の本質を阻害する危険性を内包しているということであり、必ずしも有効に国民の教育要求の発展に応え得ていない現状にあるということである。このような現状を打開していくうえでの民間セクターの側面からの課題について検討しておきたい。

すでに見たように民間非営利セクターとしての学校法人は、その事業（学校）の自主性や公共性を守り、高めることが法定もされ、そのための組織的保障として、「当該学校法人の設置する私立学校の校長（学長及び園長を含む）」を役員（理事）として選任するしくみが整えられていたり、学校法人の業務を報告し、承認を求める機関として評議員会が置かれ、職員や卒業生の選任が義務づけられているなどの制度条件があって、それを生かすことにより関係者の協力関係も組織されうると考えられる。

このように学校法人に内在的な可能性を考えるならば、教育事業に関係する民間セクターの中に、民間非営利の市民セクターを広げていくことによって、すでに述べた現代日本の矛盾した教育の構造を変革していく明示的な教育の事業主体を社会的に形成していくことは、今日におけるひとつの有効かつ現実的な選択肢といえよう。

現代政治のオールタナティブとして新藤宗幸は市民セクターの形成という課題を提起しているが、共通な関心や問題意識に根ざしたものといえよう[(15)]。新藤は市民セクターを「政府セクターと民間セクターの融合しながらの巨大な発展に対抗して、市民がその活力と拠出する資本をもって組織する事業体」と規定しており、教育という社会の領域における民間非営利の市民セクターの創出と

図１　ノンプロフィット・セクター鳥瞰図

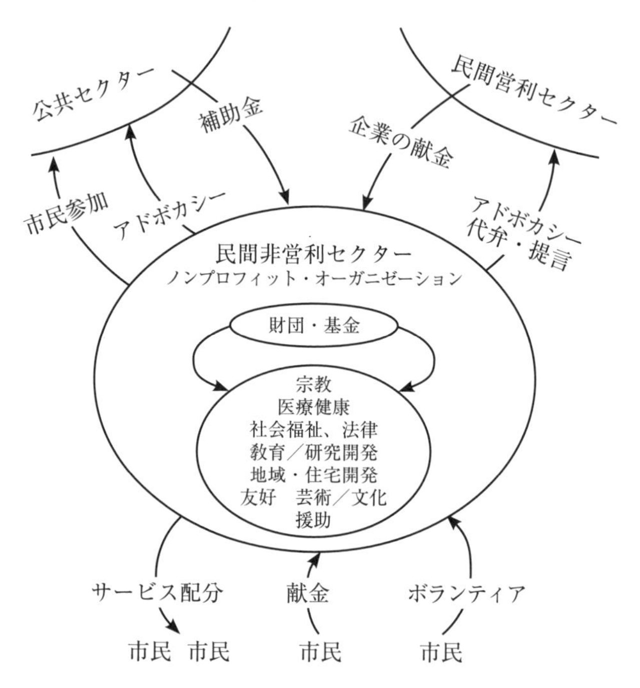

（出典　上野真城子「市民よ、私たちが問われている」『世界』1994年2月号、岩波書店）

いう課題もそのような事業体としての性格を有するものといえる。

アメリカのノンプロフィット（民間非営利）セクター（図１参照）を構成するNPOの活動に焦点をあてて、それと日本の社会の現状を比較して上野真城子が述べている次のような指摘も、ここでの課題と関連する問題提起として参考となろう。

「日本は、市民に公共への関心と関与の活動というものを奨励したり育んでは来なかった。公共体の活動や企業活動と対等なものとしようとしなかったばかりでなく、むしろ抑圧ないしは無視してきたのである。これを制度的に保証し、こうした活動が尊敬される『市民権』を得なければ、日本の市民社会は成長できない。[(16)]」

（5）1990年代（臨教審）以降の教育政策の特質と課題

この点では、まず国をはじめとする教育行政の各機関、民間セクターの各機関、さらには管理権を分権化された自治の機関（現状におけるその内実はここでは問わない）という意味においては学校やその他の教育機関等、いずれの機関において形成、決定される教育政策も、その機関のとりむすぶ社会的諸関係を通して影響し、反映する社会に内在的な多様な教育意思を調整し、解決することを通して形成されるものであり、その意味において必然的に矛盾を内包していることを確認しておかなければならない。したがって、当該機関の教育政策を対象化し政策課題を検討する際に、提起されている教育政策の支配的意思を明らかにし、それを批判することにのみその課題を置くとするならば、社会に内在的な正当な教育意思をも見過ごしてしまうことになりかねない。そして教育意思の社会的な対立の局面だけを肥大化させて、共同的関係を社会的に形成していく可能性を自ら閉ざしてしまうことにもなりかねないといえよう。

国の教育政策を対象化し検討する際にも、以上の視点が当然にふまえられ、当該機関の教育政策の形成や、もう少し敷衍するならば個人を含めた教育に関係する諸主体の教育意思の形成において、国の教育政策を批判的に分析し、内在化されている肯定的部分を析出し、それを主体の教育政策形成に生かすことによって意味変換を図りつつ受容し、主体的な改革に適用していくことが求められているといえよう。

「教育政策」についてのこのような関係把握が肯定されうるとするならば、それぞれの機関の内部編成のあり様が、教育政策と関わって鋭く問われることになるといえよう。当該教育政策が教育行政の各機関、各事業主体において受容され、適用されるプロセスにおいて、その組織の民主主義の成熟度等（権威主義的であるか、共同的であるか等）にも規定されて様々な個別利害と結びつき、歪曲や無視、一面的な解釈や適用が行われ、所与の教育政策に内在化されていた矛盾が多様な色合いをもって顕在化することになると考えられる。その意味では、主体の関係と切り離されて教育政策の実態があるというより、主体相互の関係を通して教育政策のある側面が顕在化するといえよう。

「生涯学習体系への移行」として臨教審において総括的に方向づけられた1990年代以降の教育政策において、重要な位置を占めていると考えられる大学政策を素材としていま少し具体的に検討しておきたい。

大学審議会の設置（1987年）以降その答申を受ける形で、大学（短期大学）設置基準の改正（1991年）、学位授与機構の創設（1991年）等大学制度の再編成が構造的に進められてきたが、そのような教育政策の評価としては、大学の自治をめぐる現状の矛盾を等閑視している点に基本的な矛盾のひとつが内包されているといえよう。

大学の自治についての認識が予定調和的であり、一面的であるということである。大学の設置者を含む大学管理機関の指導性に対する肯定的な立場が基調にあるといえるが、大学の設置者の大学管理権からの分権化として大学の自治の固有な制度的側面があり、とりわけ私立大学においては、そのような固有な大学の自治自体必ずしも制度的に成熟しておらず、それをめぐって争論が派生しているという実状もあるということである。このような大学の自治をめぐる現状の矛盾を通して、一面的な大学改革が設置者をはじめとする大学管理機関の権力を背景に具体化されることになった場合、それをコントロールする条件は現下の大学政策には内在化されていないのである。

このような現状において問われるのは、それぞれの主体（大学の自治の固有の制度主体としての大学とその意思形成を担保している学長をはじめとする教授会等を含む管理機関）の政策能力であり、自らを権威主義的に絶対化しない共同的な姿勢といえよう。求められているのはパートナーシップとリーダーシップの統一において具体化される民主主義の成熟である。

そのためには、情報の管理機関による占有というような事態が排除され、情報の公開と共有とが不可欠といえるが、大学（短期大学）設置基準の改正を通して制度化された大学の自己点検・評価活動が大学管理機関の権力の強化という形で機能するのではなく、情報の公開と共有を促進し、大学および大学間の民主主義の強化に資する方向で具体化されることが必要といえよう。そのような制度に内在化されている可能性を現実化する関係者の主体的な政策的対応が求められているといえるのである。

このような関係の漸進的実現を通して、社会と大学の関係が整序されるとともに、国と大学の関係も財政を通して国が大学をコントロールするという関係ではなく、双方向的な関係としてコミュニケーションの可能な関係が実現されていかなければならない。

現下において国をはじめ各機関の教育政策を対象化し、政策課題を検討する場合、行論からいえることは、何か別の基礎の上に求めるべき政策課題があるというのではなく、所与の教育政策において欠落している部分を正当に位置づけ、一面的であったり、歪曲されたりしている部分を正当な形に意味変換したり組み替えたりして、社会に内在的な正当な教育意思を探り当てる共同の努力が不可欠であるということである。そしてそのような努力を可能にする、それぞれの主体の政策力量と主体相互の関係における民主主義の実現が問われているということである。

前項で検討した多元的な教育事業主体の形成と教育行政組織の再構築の課題は、ここで考察した大学の自治の課題とも関連して、政策課題の実行の条件である主体相互の関係における民主主義の実現課題であり、この面では、現状の制度の基礎の上で考えるというだけではなくそのドラスティックな改革も必要とされる場合も想定されよう。

【注】

(1) 拙著『科学としての教育行政学』、20-21 ページ、教育史料出版会、1988 年
(2) 市川昭午『臨教審以後の教育政策』、28 ページ、教育開発研究所、1995 年
(3) 前掲『科学としての教育行政学』、158-159 ページ
(4) 産業教育協会『産業教育振興法の解説』、172-173 ページ、中央社、1951 年、
(5) 宗像誠也『教育行政学序説』(増補版)、233 ページ、有斐閣、1969 年
(6) 同前、235 ページ
(7) 学力テスト旭川事件最高裁判決(1976 年)は、事実上の行政権優位の教育責任論を展開しているが、そのような結論を導き出す前提として、教育の共同責任論ともいえる基本理念を提示している。
(8) 持田栄一著作集第 6 巻『教育行政学序説』、426 ページ、明治図書、1979 年

(9) 同前、427ページ
(10) 拙著『科学としての教育行政学』、139-142ページ参照、教育史料出版会、1988年
(11) 宗像誠也教育学著作集第3巻『教育行政の理論』、17ページ、青木書店、1975年
(12) 宮原誠一教育論集第1巻『教育と社会』、20ページ、国土社、1976年
(13) 持田前掲書、431ページ
(14) 拙稿「地域・自治体からみた教育条件基準法制の諸問題」『日本教育法学会年報』第13号、167-168ページ参照、有斐閣、1984年
(15) 新藤宗幸『現代政治のオールタナティブ』、13-23ページ参照、筑摩書房、1991年
(16) 上野真城子「市民よ、私たちが問われている」『世界』1994年2月号、274ページ、岩波書店

第4章 実践科学としての教育行政学の構想

1 現代教育行政に問われている二つの課題

教育の「自由化」は、臨教審による教育改革の主導理念として登場し、「支配層の諸利害・諸構想の対抗」のなかで、「個性重視の原則」として表現上は再構成されたものの、内容的には改革構想全体を基本的に方向づけるものであった。

臨教審の設置を前にした1984年2月に中曽根ブレーン会議に提出された文書「二十一世紀のための教育改革の五原則について（案）」は、教育の「自由化」について、次のように述べていた。

「教育行政もまた従来の許認可行政、補助金行政の体質の全面的見直しを厳しく求められる時代となっており、教育の分野における規制緩和（デレギュレーション）が教育の活性化のために不可欠の時代となってきている。こうして教育の分野における公共部門中心の固定観念を破り、教育の領域にも民間の教育産業の活力の積極的参入を図るよう制度の開放と自由化を進めることが極めて重要となってきている。」

臨教審答申（第一次答申）は、個人、家庭、学校、地域、企業、国家が自由・自律、自己責任の原則にもとつく相互の関係を確立することを「個性重視の原則」において強調し、「選択の機会の拡大」を求めた箇所において次のように述べている。

「教育に対する要求の高度化、多様化に柔軟に対応し、これまでの教育の画一性、閉鎖性の弊害を打破する上で、教育における選択の機会の拡大を図ることが重要である。このためには、教育行政や制度もまた柔軟で分権的な構造でなければならず、関連する規制緩和が必要となる。」

「教育行財政の見直し」においては、以上の論理をふまえて、具体的に「教育における官民の役割分担」、「教育における国・地方の責任と役割分担」、「学校の管理運営の在り方」、「教育費・教育財政の在り方」等が検討されている。

このような臨教審の教育改革構想は、それ自体の中に、「支配層の諸利害・諸構想の対抗・一致の表現としての臨教審[(1)]」という定式化にも示されているように、支配層内部の諸矛盾が含まれており、その具体化のプロセスは様々な紆余曲折をたどることになったといえるが、1950年代以降の国家権力の主導的役割、教育の領域でいえば、学校教育をはじめとする社会教育を含めた公教育中心のあり方に対する根本的見直しと是正を通して、新しい社会秩序（教育の諸関係を含む社会的諸関係の総体）の形成がめざされてきたことは明らかであり、現在なお、そのような社会変容はプロセスの途上にあるといえる。

そのような中にあって、教育行政は、二重の意味で根本的、本質的にそのあり方が問われていることを確認しておきたい。

〈政策形成の課題〉

第一は、国家の本質がそれによって変化するわけではないが、国家の諸機能の構造的再編成がめざされ、一方で軍隊等特殊な人間集団によって担われている支配・抑圧的機能の強化がすすみ、他方、公共的、社会的な諸機能（教育もその重要な機能のひとつ）はその比重を低下し、それに反比例する形で、国民意識を統合するコアとしてのイデオロギー機能が強化され、国家が「幻想的共同体」としての性格を強めようとしてきていることとかかわっている[(2)]。

教育行政はそのなかにあって、イデオロギー機能を担保するという側面においては、国家を教育的価値として肯定し、そのことのために必要な規制や統制は維持・継続しつつも、他方、教育の実際の経営においては、国家による権力的規制行政を緩和し、分権化するという矛盾を内包することになる。臨教審最終答申の中で提起されている「文部省」(「文部科学省」と改組、2001年、以下同様)の政策官庁化というような課題は、このような文脈の中で出てきているもので、教育的価値としての国家というのは、「文部省」というような実態的な国の教育行政の機関を権威づけるものではなく、抽象的・理念的に国民意識を統合する役割を果たすものであり、様々に矛盾を含みつつ分権化された教育行政のシステムの中で問われるのは、それぞれの機関の政策的力量ということである。文部省が国の教育行政機関として、その指導的役割を維持していくためには、政策官庁としての機能を強化し、政策的指導性を発揮することが必要だというのが、臨教審の提言の主旨といえるであろう。

学校をふくめた教育行政の各機関(教育委員会、学校法人、学校等)と、それを構成する諸個人が、それぞれの機関が担う責任をどのように果たしていくのか、消極的に上級機関の指示を待ったり、単にそれを批判したりというような受動的立場を揚棄し、それぞれの場における政策形成の課題に主体的、積極的にとりくむことがきわめて重要となろう。教育行政の各機関が、このような主体的な政策形成の課題をどのような内容と組織でもって実行に移すのか、個々の場の内包する矛盾を越えて言葉のうえだけではなく、実際上においても、集権的な教育行政のあり方を改革し、民主的な教育行政のあり方を実現していく方途は、まさにこのような教育行政の各機関、およびそれにかかわる諸個人の能動的実践にかかっているというのが、教育行政の現実態であり、とりわけ今日的特質であることを確認しておきたい。

〈関係形成の課題〉

第二は、分権化された教育行政の機能自体をさらに相対化し、社会の自律的機能との相互関係のなかで、行政の役割を見直すという方向とかかわる問題である。

教育経営における行政の支配的で主導的役割を見直すということが、市民(父母、住民)、教師の能動的役割の拡大とむすびつき、教育における民主主義の実現の条件となりうることも否定しえないが、現実には、市民（父母、住民)、教師の受動性を克服しえず、「企業の権力」による教育支配の再編成の過程となっている点に特徴があり、矛盾がある。

「制度的に『民主主義』はかろうじて維持しえているものの、社会的レベルでの、自由、自主決定力は著しく弱く、またそれが日本の民主主義の特有のあり方をも規定している」（傍点原著者）として、そのような「日本社会の権威的構造」について、「企業の権力」とむすびつけて分析している渡辺治の次のような指摘が参考になる。

「企業の権力による労働者やその家族に対する全面的支配ということである。この企業の強大な権力こそ、日本社会の権威的編成の核をなすものであり、ここにこそ、現代日本社会の特殊な権威性を解明する鍵があるように思われるのである。……労働者がその生活の大半を過ごしている企業内の関係が……極めて権威的であるとすれば、たとえば企業外の社会や政治制度面において、ふんだんに『民主主義』があったとしても、労働者がそれを享受する機会は極めて乏しいといわざるをえない。こうした企業内の権威的支配をカッコに入れて、現代日本を民主主義とはいえないように思われるのである。……現代日本においては、このような企業の権威的支配は、たんに企業内で労働者を緊縛するのみではなく不断に企業外の社会へ浸透・拡大するという点に特徴を持っている。(3)」（傍点原著者）

このような「企業の権力」による教育の全面支配という帰結を教育の「自由化」論が内包しているとすれば、あらためて教育の「公共性」が問題とされ、教育行政のあり方、その責任が問い直されることは不可避といえよう。その場合問われているのは、教育行政の専決的支配を肯定、合理化する方向への回帰ではなく、「企業の権力」による教育支配の民主的な規制を含めて、教育行政および教育にかかわるすべての機関、組織、個人（父母、住民、教師など）がどのような協力関係を形成していけるのか、それぞれの機関、組織、個人が共同しつつ、相互の責任を果たしていくような民主的な関係の形成に、教育行政がどのようにその住民代表性を発揮しつつ能動的に関与しうるのかということである。

パートナーシップとリーダーシップを統一した教育行政の民主的で能動的役割が問われ、試されていくことを確認しておきたい。

現代教育行政において問われている二つの課題、政策形成の課題と関係形成の課題は、相互に密接に連関して、教育行政の新しく問われている実践的性格を規定していくものと考えられる。

2 実践科学としての教育行政学の構想

教育行政をめぐる諸矛盾の今日的発展段階が求める教育行政の実践的性格は、それに対応する教育行政学の方法論的反省、転換を不可避とし、具体的には、実践科学としての教育行政学の構築が求められていると考える。

ここでは、実践科学としての教育行政学の構想、その内的な編成を試論的に明らかにしておきたい。

実践科学としての教育行政学の学問的な編成は、これまでの方法論的な検討との整合性をふまえて、教育行政の新しい課題としてすでに提起した二つの課題とかかわって、次のような３つの柱で構成することが可能といえよう。

第一の柱……政策形成の課題とかかわる政策研究の諸領域である。

第二の柱……関係形成の課題とかかわる教育行政組織研究の諸領域で、政策形成過程と政策実現過程のすべての過程が対象となる。

第三の柱……教育行政評価にかかわる研究の諸領域である。①、②と不可分な研究領域である。

それぞれの柱について、以下、若干の考察を加えておきたい。

(1) 教育政策の研究——教育政策研究の主体と課題

教育政策は、教育行政、教育運動の内容規定であり、教育行政、教育運動は、教育政策の二つの異なる実現形態（運動形態）であり、教育行政、教育運動は、矛盾、対立、相互規定、相互浸透の関係にあるというのが実践科学としての教育行政学の方法論的基礎認識である。

教育行政、教育運動は、教育政策の形成をもって自らの活動（運動）の根拠を獲得しうるといえるのであり、教育政策研究は、教育行政、教育運動のそのような政策形成に付随する実践的な行為といえる。教育政策研究の主体は、その意味で大きくいえば、教育行政、教育運動の主体ということになる。

もう少し実態的に教育政策研究の主体を考えるとすれば、教育行政の場合は、権力の機関が教育政策の形成（決定）主体ということになり、さらにいえば、権力の機関を構成する組織、個人が、教育政策研究の主体ということになる。

権力の機関を構成する組織、個人という場合でも、当該の機関がどのような組織として編成されているかによって、政策形成への関与は様々に異なった形態がとられるので、政策研究の主体性において一様ではない。そのことを前提としたうえで、一般的に考えうる政策研究の主体としては、個人のレベルでいうならば、その機関を構成する教育行政職員（官僚）、学校であれば、校長（大学の場合は学長）をはじめとする教師、学校事務職員、社会教育施設であれば、館長、社会教育主事、その他職員ということになろう。組織としては、各機関の審議会・協議会、会議、委員会、研究会さらには研究所などが考えられる。組織と個人は、組織を構成するのは個人であるので、教育政策研究においては、全体としていえば相互規定的関係にあるとみることができよう。

教育運動の場合も、運動を構成する組織・機関、個人ということになる。教育運動の組織も多様で、組合のようにその中に政策形成の機関をもっているようなものもあれば、市民団体のように未分化な組織もあるといえる。政策研究を固有の使命として組織されているNPO（民間非営利）組織もありうる。機関や団体の政策形成にかかわって、協議会、会議、委員会、研究会、教育行政機関と同様に研究所などが組織される場合も考えられる。

教育行政、教育運動の機関や組織、団体による政策研究とは相対的独自に、研究者による研究がある。基礎研究という性格を一般的にはもっているが、理論と実践の関係の問題として、内容的にも組織的にも相互に密接な連関があり相互規定的であると考えられる。個人のレベルでいえば、客観的には、教育行政、教育運動の機関や団体において教育政策研究を担う主体と研究者とは共同研究者であり、組織的にも様々な共同研究が組織されている。審議会、協議会、委員会、研究会、研究所などはその具体的形態でもある。

国民教育の組織主体としての国民形成という国民の歴史的主体形成との関係でいえば、教育政策研究の主体は国民自身であるともいえるのであり、教育政策研究の国民的基盤がどのように形成されているかによって、教育行政、教育運動の機関や組織、団体、個人（研究者も含む）の教育政策研究もその相互関係をふくめて様々の規定を受けることになると考えられる。

教育政策研究の課題は、当該機関に固有な矛盾の解決を主導しうる教育政策を明らかにすることである。国のレベルでいうならば、国家権力の政策全般と教育政策の関係は常に調和的ではなく、相互の調整、矛盾の解決は不可避であるが、支配体制全体の構造的変化が不可避的な歴史的転換期においては、国家政策としての教育政策の根本的な再検討が求められることになる。1980 年代の臨調行革、臨教審は、このような歴史的な政策形成にかかわる国家機関における審議会ということになろう。

その際においても国民諸階層の教育意思の矛盾、対立を与件として、それをひとつの国家意思（教育政策）へと統合することが不可欠であり、支配層内部のヘゲモニーの担い手がだれであるのか（国家権力の歴史的性格）、国民の主体形成の歴史的水準がどうであるかによって、教育意思の社会的合意の体系としての教育政策は、基本的な規定を受け、それ自体、矛盾を内包することにもなると考えられる。

教育運動の側における国レベルの教育政策研究も、単純な国の機関の教育政策批判ではなく、矛盾の解決を主導しうる主体的な教育政策の提起と結びつくものでなければならない。その意味では、国の教育政策が内包している矛盾の解決と同時に、教育運動団体相互間の政策上の矛盾、不一致点についてもその解決の方向が明らかにされていくことが求められているといえよう。

その場合、先行する教育政策の展開にも規定されて、国民諸階層の教育意思が、子どもの発達を援助するという教育本来のあり方と常に調和的であるとはいえないので、両者の矛盾、対立をどのように現実的に調整し、教育本来のあり方の実現にむけて国民的合意を形成できるかということは、教育政策研究の重要な課題となる。教育行政と教育運動において、共に求められている教育政策研究における重要な視点といえよう。

地方公共団体のレベルにおいても、基本的に同様であるが、当該自治体における教育意思の矛盾、対立およびその解決を考える場合に、国家権力を背景にした国の教育政策の支配的な影響力を無視しえないという点が決定的に異なる点である。国の教育政策との合理的接点を探りながら、地方公共団体の機関が主体的な政策決定を行うことは、その場合にも不可欠で、そのことは分権化された機関の責任でもあり、権限でもあるといえる。政策研究はそのような課題に応えるものでなければならない。

教育運動の側における教育政策研究も事情は同じであり、地方公共団体の機関としての主体的な政策決定を主導しうる内容を、積極的に提示していく主体性が求められているといえる。この点でも、単なる批判ではなく、社会的合意形成をめざして、矛盾、対立する教育意思（運動団体相互間のそれを含めて）を社会的に統合しうる教育政策の研究でなければならない。

学校の場合（社会教育施設の場合も基本的に同様）、固有の意味での教育実践との直接的で有機的な連関のもとに、教育意思の矛盾、対立が存在している。そして、国および地方公共団体の機関の教育政策の矛盾が、権力的な背景をもって学校の内部矛盾に反映し、その解決を様々に規定していることも明らかである。しかし、にもかかわらず学校が主体的にその矛盾を解決し、教育本来のあり方の実現に主導力を発揮しうる条件を最大限追求していくことは不可欠な課題である。学校の機関はそのような教育政策の決定主体であり、学校を基盤に展開される教育運動も、学校の機関のそのような政策形成を排除することなく、固有の意味での教育実践に責任を負う立場から矛盾の解決を主導しうる政策を積極的に提示し、その実現のため、個人としても、組織としても積極的な役割を果たすことが求められているといえる。

教育政策研究は、教育行政の機関においても、教育運動の側においても、その場における主体相互の関係変革（意識変革を含めて）を不可分にともなって実践されるものであり、そこに教育実践（広義の意味での）の創造性の源泉もあるといえよう。

教育政策研究が、社会的合意を形成しつつ、教育実践を主導しうる現実科学的な内実をもちうるためには、少なくとも次のような諸側面の研究の成果に総合的に依拠することが不可欠である。

〈教育調査研究〉

政策研究のための客観的で基礎的なデータを集約し、明らかにする研究である。

教育政策研究は、これまでの行論でも述べてきたように、教育にかかわる社会的教育意思の矛盾、対立を調整し、教育意思の社会的統合、社会的合意形成を主導しうる教育政策を明らかにすることを課題とするのであるが、そのような矛盾、対立の調整、解決を権力的にではなく、納得と同意にもとづいて行うためには、科学的で客観的な調査研究にもとづく「情報の縦横の交換交流[(4)]」とむすびついた政策研究、政策決定は不可欠といえる。

日本教育行政学会の調査研究をふまえて提起されている次のような課題が参考となろう。

「調査研究の最近の隆盛は歓迎されることだが、留意すべきは、教育行政学における調査研究の意義と方法を的確に把握していくことである。とくに調査の科学的方法の確立をおろそかにすることはできない。研究を単なる調査に終わらせないためにも、調査のねらい、項目、対象の選定、データ処理等の科学化が、教育行政学研究の今後の発展のうえで、重要な課題であろう[(5)]。」

〈教育運動研究〉

教育運動（史）研究が、1960年代、教育政策研究の系から固有の研究領域を形成してきたことはすでに述べたが、実践科学としての教育行政学の方法論においては、教育運動の提起する教育政策（その歴史的発展や内包する諸矛盾）を研究することは、教育政策研究にとっての不可欠の課題といえる。

権力の機関の教育政策決定は、社会全体の教育意思の統合的機能を果たすことを本質的な側面として有している。他方、教育運動は、一般的には、社会の中の部分的な教育要求に根拠を有しており、様々に分化し多様な組織形態において展開されているといえる。権力の機関が、教育意思の社会的統合、合意形成をめざしてその教育政策を決定しようとする場合、その意味で、教育運動の教育政策を研究することは不可欠な課題となる。

権力の機関にあって、教育政策研究の主体として、そのような教育における社会的意思の民主的統合のすじみちを所与の条件のなかでできる限り追求し、それを教育政策決定に反映させることはきわめて重要な課題であるといえるが、同時に、教育運動の側が自らの政策を対自化しつつとらえ直し、教育運動相互の教育政策を研究し、政策相互の矛盾、対立、不一致点を止揚して、統一的な政策にまで調整しうる可能性を追求し、力量を形成していくことも不可避的な課題といえる。

〈教育法研究〉

立法、執行、適用というような様々な形態による法的規範の媒介によって、社会的合意の根拠を形成する教育政策の本質的な要請として、教育政策研究においてきわめて重要な位置を教育法研究は占めている。教育政策と教育法（規範）とは、矛盾、対立、相互規定、相互浸透の関係にあることが、その際の基本的な認識としておさえられていなければならない。

権力の機関や教育にかかわる組織、団体などが教育政策を研究する場合に、それを肯定するにしても批判するにしても教育法的根拠を明らかにすることは不可欠である。逆に、教育法研究を通して教育政策を方向づけ、根拠づけることも可能となるといえる。

教育行政のそれぞれの機関（その他の組織、団体の場合も同様）における教育法研究の意義については、次のような指摘が参考となる。

「一般に地方公共団体またはその機関の国またはその機関に対する関係は、原則として対等関係であり、個別の具体的な法律の根拠をまってはじめて、後者の前者に対する一定の拘束関係が認められるのである。たしかに、地方公共団体の自主立法権や自主行財政権は、国の法令に違反することができない。しかし、法令に違反できないのは、国の行政機関についても同様である。したがって、国の行政庁の流す通達類も、それが法令の解釈・運用に関するものであると具体的な行政施策の実施に関するものであるとを問わず、地方公共団体またはその機関は、みずからの自主的な法令解釈に基づく判断なり行動が求められているのである。地方自治は、法令解釈における自主性と行政施策の自主性・創造性をもってその一歩とするのである。このような要請は、教育における地方自治および教育の自由を背景とする学校自治の働くところでは、法律上も事実上も、より一層強調されなければならない[(6)]。」

教育法研究を通して、現行教育法制の内在的矛盾と同時に、その解決にむけての法的根拠、条件等が積極的に解明され、そのような研究にもとづいて、現実科学的な教育政策が研究され、提起されていくということは、対立的でない統合的な教育政策の実現にとってのひとつの条件であるといえる。

〈教育財政研究〉

財政的裏づけのない教育政策は非現実的であり、その実行性にも疑義があるといわざるをえない。教育政策のイデオロギー的性格（矛盾・対立する教育意思の社会的統合としての教育政策の権力的性格や非教育的性格）も、教育政策と教育財政政策との矛盾のなかに内包されている場合がある。現実科学的で、実践性のある教育政策研究は、教育財政研究を不可分にともなうものといえよう。

教育政策は、教育財政との関係において、その内実が規定されることになる。

教育政策と教育財政は常に調和的であるとはいえず、その相互規定的な関係のなかに、教育意思の社会的矛盾、対立を調整し、解決する教育政策の本質が反映されているとみることができる。

財政的裏づけを欠いた教育政策は、そのイデオロギー的性格を強め、矛盾を内包することとなる。教育財政を通して教育政策を主導し、誘導し、方向づけていくことも可能である。財政支出の増大に対して抑制的な教育政策でフォローするような関係もありうるのである。教育政策と教育財政の相互関係のなかに、国民教育の組織主体としての国民の主体形成の歴史的水準が様々な形で反映されているとみることができる。

ある教育政策を実現しようとする場合、それにともなう財政的保障が不可欠であるが、それをどのような形態において実現するのかという点についても、国民の主体的実践の発展は、様々な可能性を生み出してきている。一方で行政当局による公費負担による教育政策の実現を求めながら、他方で、人びとの共同による費用負担とむすびつけて教育政策の自己実現をはかろうとする民間非営利（NPO）の活動形態がある。

教育行政による教育政策の実現や、人びとの共同による教育政策の実現とは相対的独自に、そのような教育政策のなかでは実現できないと思われる（客観的レベルでの評価は別として、少なくとも主観的判断のレベルにおいての）教育意思（要求）の個別的な実現のため、民間の教育産業（広義の意味で個人塾などを含む）の提供する教育サービスを私的に購入するという場合もあるのである。そして、このような教育産業は、今日次第にそのウエイトを高めており、今日の教育政策には、それを合理化し、助長するような側面も内在的であることを見ておかなければならない。

歴史的にも、現状においても、教育財政を通じて教育をめぐる社会的諸矛盾が顕在化されており、その解決は、容易とはいえないが、教育行政の各機関および教育にかかわる組織、団体の双方における主体的な教育政策研究の中に、教育財政研究をしっかりと位置づけることによって、問題解決の条件を拡大していくことが課題といえよう。

〈教育政策研究〉

教育行政の各機関や教育に関わる組織、団体、個人が教育政策を研究する場合、歴史的に展開されてきた所与の教育政策の結果としての教育の現状分析（諸矛盾の構造的把握）も含めた教育政策の歴史的研究が不可欠である。またそれぞれの機関や組織、団体等の教育政策に対して相互規定的な関係にある、学校でいえば国や地方自治体の教育政策を研究することも不可欠である。さらには、他の機関や組織、団体等の共通する問題への対応を検討する教育政策の比較研究も重要であり、国際的な比較研究も不可欠である。歴史的な比較研究ということもありうるといえよう。

現実に解決を求められている問題（教育意思の社会的矛盾、対立）があり、その問題を解決するための教育政策研究を主体的に展開する際に、これらの教育政策研究の方法を多面的に活用することが求められているといえよう。

すでにこれまでの行論において述べたことと重なるが、重要な視点であるのであらためて再論するならば、どのレベルにおける教育政策にも、教育意思の社会的矛盾が反映されていること。ひとり教育政策研究が、教育政策の支配的意思を明らかにし、それを批判することにのみ課題を置くとするならば、社会に内在的な正当な教育意思を見過してしまうことにもなりかねないこと。そして社会的教育意思の対立的局面だけを肥大化させて、共同的関係を社会的に形成していく可能性を自ら閉ざしてしまうことにもなりかねないことを確認しておきたい。

所与の条件のなかで、矛盾をすこしでも教育的に解決するための共同的で主体的な努力と、同時にそのことを通して、所与の条件をも変革していく主体の形成とを統一した漸進的で計画的な教育政策の研究が、教育政策研究の諸側面を統合しつつ、それぞれの教育政策研究の主体と課題に即して、すすめられていくことが求められているといえよう。

教育政策研究は、以上のような研究の諸側面への分化と総合を通して、理論と実践の統一においてすすめられる実践科学としての教育行政学のひとつの柱である。

(2) 教育行政組織の研究

国民教育の組織主体として、国民がその主体的力量を形成していく関係をはなれては、教育意思の社会的諸矛盾を教育的に解決していくことは、きわめて大きな困難に当面せざるをえないといえる。

教育行政の各機関が、その権力を背景にして、権力的、主導的に教育政策を形成し、実現してきた従来の関係を再編成し、教育にかかわる機関や人びとの自治と参加、選択にもとづく共同的な関係の実現に、実践科学としての教育行政学は応えていかなければならない。教育にかかわる社会的諸関係の編制の上で、主導的な位置を占める教育行政組織をめぐる問題と課題については、すでに第Ⅰ部第3章（4）において、政府セクター、民間セクターおよび両セクターの関係を含めて言及しているので、ここでは、補足的に若干の問題を提起しておきたい。

〈地方自治と教育自治、学校自治、教育行政と一般行政の共同的関係の実現〉

教育自治は、教育委員会に国および地方公共団体の教育事務が事務配分（分権化）されていることによって成立する概念として肯定的に理解されてきた。

教育自治の確立のためには、教育委員会の主体性が問われることになるが、地方教育行政法の成立以降、教育責任を共同で負う主体である地域住民との直接的な関係が否定され、文部大臣 ― 都道府県教育委員会 ― 市町村教育委員会という権力的な指揮、命令、指導の関係が強化され、教育自治は形骸化してきたと見られている。

教育自治の形骸化は地方自治の形骸化と不可分であり、地方自治の形骸化が教育自治の形骸化を助長してきたという側面を見落とすことなくふまえるならば、地方自治の制度的確立は教育自治の制度的確立にとっても重要なひとつの与件となることが理解されるべきであるといえる。

① 教育行政と一般行政の共同的関係の実現

地方自治と教育自治の関係を不可分な関係として把握することを前提に、教育行政と一般行政の関係を共同的な関係として整序することが求められているといえる。

子どもの発達保障という観点と同時に、教育と社会の規定・被規定性という観点からも、教育行政の一般行政からの独立という側面だけを歴史貫通的な教育行政の価値概念とて定式化することは正しくないといえよう。

すでに言及したように、発達権保障の思想のなかから、権利の総合保障の観点が提起されていること（第Ⅰ部第１章４参照）、子どもの発達の基礎における社会の形成作用がはらんでいる問題を正当に位置づけ、その解決が課題として提起されていること（第Ⅰ部第２章２参照）などをふまえるならば、教育行政の課題を十全に達成するうえからも、一般行政によって担保されている所与の社会の全体的なあり方が問題とされざるをえないのである。

② 都道府県と市町村の教育事務の配分（相互の権限と責任の関係）の見直し

都道府県と市町村、都道府県教育委員会と市町村教育委員会の関係は、養護学校設置行政の歴史をとおしても、都道府県の責任が十全に果たされてこなかったことは明らかであり、養護学校や高等学校設置行政についても、都道府県を第一義的な設置主体としている現行法制をアプリオリな前提とすることに対して批判的な見解が提示されていること（第Ⅰ部第１章４、第３章（4）参照）などを考えるならば、都道府県と市町村の教育事務の配分（相互の権限と責任の関係）の見直し等をふくめて、両者の関係を自治的な協力・共同の関係として制度的にも再編制していくことが求められているといえる。市町村自治体を越えて広域処理が必要かつ可能な課題について都道府県の責務とする場合にも、当該市町村自治体相互及びそれら自治体と都道府県との様々な話し合い、民主的協議、協定などの制度化が検討されるべきであろう。

③ 学校への設置者の管理権の分権化としての学校自治、教育委員会と学校、学校法人と学校の関係の分権化と共同化

学校が自治の機関として成立するためには、設置者の管理権の一部が、学校

に分権化されていることが大前提である。そして、その分権化された管理権がどのように運用されるかによって、学校自治も様々な規定をうけることになると考えられる。

学校運営が、校長を中心とするすべての教職員の協力・共同による学校経営としての内実を確立し、それとの関係で、子どもの発達段階に応じて、学生・生徒の自治と、父母の「参加」と「協力・共同」(大学の場合は、学生の主体性・独立性の発達を前提に、学生の自治として一元的にとらえることもできる)が不可分に位置づけられるならば、学校自治の豊かな内実が形成されていくものと考えられる。

日本の場合、学校管理機関の構成が、教育に直接的に責任を負っている人びとを含めることなく組織されている場合が一般的であるといえる(学校法人の理事会の場合、教学代表理事が含まれている)が、学校管理機関の意思形成に、現行の制度を前提としても、学校が能動的に関与し、「参加」していくことをぬきにしては、両者の関係を共同的な関係に組み変えていくことは現実的には不可能であるといえる。

学校の意思形成自体が、学校経営の課題をも正当に位置づけて教職員の総意を反映しうる形で行われることが不可欠であり、教育委員会と学校、学校法人と学校の関係に存在する権力的な関係が、学校の内部組織に反映し、校長(大学の場合、学長)と一部の管理職教員によって、学校の意思形成が専決的におこなわれるような学校運営は、問題を正しく解決する方向とは逆行するものとして、改革されていかなければならないといえよう。

〈教育における市民の自治と参加の力量形成〉

教育行政の各機関が主体性をもって、教育政策を形成し、実現していく過程は、教育意思の社会的矛盾の解決過程でもあるが、その過程が、すでに述べたように権力的な過程ではなく、人びとの民主的な合意形成の過程として改革されていかなければならない。そのためには、教育にかかわるすべての人々が主権者としての力量を形成し、能動的に教育政策の形成と実現の過程に参加していくことが不可欠である。教育における市民の自治と参加の力量は、そのような国民の主体形成に支えられて形成され、様々な実践形態をこれまでも創造してきたといる。

教育に関わる組織や団体は、それぞれの固有の課題に即しながら、教育意思の社会的諸矛盾を個別的にも、また全体としても、民主的に調整し解決する力量と役割が期待されている。問題は、行政とそのような市民の自治的な組織・団体との関係をどのように考えるのかということである。

ここでは、かって自治体憲法学を提唱した針生誠吉の「住民自治への参加」としての行政論を参考までに紹介しておきたい。針生は、住民運動を、①抵抗告発型、②対話参加型、③行政の住民自治への参加型の三類型に分けて考察しながら、「一つの運動体のなかに三つが混沌としている場合も多い。しかし最終的には第三の類型に進むべきではないかという仮説である」と述べて、第三の類型について、次のような意義づけを行っている。

> 「住民の参加から行政の参加によって、独占の企業利益に奉仕する積極行政から、住民の自主的プランニングに奉仕する積極行政に進むとき、日本国憲法の住民自治はさまざまな創造的法制度を生み出すであろう。そこに創造体としての住民運動の意義がある[(7)]。」

この形態は、市民の主体形成のプロセスに行政（職員、機関）も参加し、行政の課題（政策形成）について合意形成を行うような形態といえるが、行政に対する市民（父母、住民）の主体的地位を明らかにした「参加」論として特徴的といえる。

実践科学としての教育行政学が、「関係形成の課題」と結びつけて教育行政組織のあり方を問題とする場合、留意しておくべき重要な課題を歴史的に提起したものとして受けとめておきたい。

行政法学の立場からの行政過程への「参加」についての次のような問題提起も、教育行政における「参加」の問題を考えていく場合の参考となろう。

> 「それ（行政過程への「参加」／引用者）は、行政の民主化、人権保障のみでなく科学的合理的な行政の実現のためにも、また自治の保障にも資するもの

として構想されなければならない。そのためには、『参加』の対象、参加者の範囲・適格、参加利益の法的保障、参加の形態・段階などの問題が考慮されねばならないだけでなく、一部特権層の利益を確保するための行政の正当化――新しい行政の権威確立の外装となることのないような前提条件が深く検討されなくてはならないのである。……少なくとも、情報公開が必要であるし、諮問行政＝審議会については、その構成が公正であることその他の改革が不可欠であり、諸利害調整の具体的基準の設定のほか住民参加の場合には専門家依頼権や、参加費用の公的補助なども考慮されねばならないであろう[8]。」

〈関係形成の課題の変容 —「参加」と「選択」という二つの形態〉

教育にかかわる行政組織のあり方を検討する際の問題の所在、主要な論点についてこれまで述べてきたが、主権者であり、サービスの受給者である個人に関しても、地域共同体をベースにした「住民」という概念だけでなく「市民」という概念の通用性が広がっている。このことは、現代社会における人びとの存在様式の変容、「地域共同体」と「共通の利害・関心によって基礎づけられた共同体」という二つの共同体を生活基盤として、意識するとしないに関わらず生活しているという人びとの存在性を的確に表現するうえで、「市民」という概念がより親和性を持ってきているという時代感覚を反映したものといえよう。

関係形成の課題は、重層的な課題であるが、当該行政機関と市民との関係形成に関わる実践的な課題は、これまでは「参加」という概念に集約される形で、その在り方が多様な形態において検証されてきたといえる。

現代社会の変容は、そのような「関係形成の課題」に関わるキーコンセプトとしての「参加」という形態の内包する問題にもスポットを当て、それを補い、それに換わる「関係形成の課題」に関わる重要な形態として「選択」という形態がもうひとつのキーコンセプトとして提唱されてきていることに留意しなければない。

「参加」とは異なる位相において、関係形成の課題に関わる制度設計上のもうひとつのキーコンセプトとしての位置を占めつつある「選択」という形態の意義については、次のような見解が参考となろう。

「公共サービスを提供するうえで、質、効率性、応答性、公平性を実現するという点では、一定の条件のもとでは、選択と競争モデルは信頼、命令と統制、発言に基づく他のモデルよりも優れている……もし親が自分たちの子どもを通わせる学校を選び、お金がその選択にしたがって動くならば、生徒を引き付けて成長することに成功するし、そうでない学校は失敗する。悪党的理由からかナイト的理由からか、あるいはその両方の理由から生き残ろうとする学校は、自分たちが提供する教育の質を高め、親たちが表明するニーズや願望への応答性を高めようとする強い誘因を持つだろう。学校はまた、限られた資源によってより質の高い教育を提供できるように、より効率的に、より刷新的になろうとする誘因を持つだろう。これらのことすべては、サービス提供の他の非選択モデルと対照的である。……さらに、選択モデルにおいては購買力が公平に配分されており、それゆえ成果の公平性を促進する[(9)]。」

ここでは「参加」と「選択」という二つの形態をとりあげて、関係形成の課題の変容について言及したが、社会の変化、時代の要請をふまえた関係形成の課題についての掘り下げた検証の必要性を指摘しておきたい。

(3) 教育行政評価の研究

〈現代行政の特質と評価研究の課題〉

教育行政と教育運動を、教育にかかわる社会的矛盾、対立の解決を主導する実践形態として、広義の教育実践に位置づけてとらえるというのが実践科学としての教育行政学の対象認識の基本であるが、教育行政（教育運動も同様であるが）を実践として認識すれば、その必然的要請として、実践のプロセスの総体を考察の対象としなければならない。

かつて、中島直忠は、日本教育行政学会の座談会「教育行政学の課題と展望」

の補論として、評価研究の重要性について言及して、その現状を次のように述べている。

「教育実践・経営実践・政策実施の結果を評価して、次の段階の計画や実践のためにフィード・バックすることの重要性の認識は、確立されてきた。しかし、この評価を科学的な研究として行うこと、すなわち評価研究は、いまだ十分に展開されているとは言えないようだ。[10]」

そして、そのような評価研究の課題については次のように提示している。

「評価研究は、活動の事前におけるものと、事後におけるものに分けられる。

(1) 事前におけるもの……すなわちアセスメントは、計画段階のなかに織り込まれてもいる。それは、①問題の所在の確認、②社会的・経済的・財政的・教育制度的その他の関係する諸条件・諸状況の調査、③政策案や経営方針案等の実施の結果、もたらされる効果や影響の予則……など、かなり広範な調査とそのデータに基づく評価とを含む。アセスメントのためには、システム分析や定量分析の手法が駆使される。シミュレーションやいわゆる「先導的試行」もこの考えに入ると言えよう。

(2) 事後におけるもの……評価研究としては、どちらかといえば、事前のものより、こちらの方に多くの意義があると言えるのではないだろうか。これまで、十分にはなされてこなかっただけに。[11]」

中島が提起した事前における評価研究というのは、教育政策研究の一環により直接的に位置つく研究（第４章２ (1) で提起した教育調査研究などと重なる）ということもできるであろう。

行政評価が重要な意味をもってくる理由は、すでにこれまでの行論を通しても明らかなように、現代行政における行政裁量の増大にともない、その比重を高めてきている行政における政策選択、政策形成という機能とかかわって、行政の正当性の根拠が「行政の法適合性」のみには求められなくなったという事情とむすびついている。このような行政裁量の増大については、室井力が述べている次のような二面性についても、十分に留意しておかなければならない。

「問題は、現代国家において、必要やむをえない行政裁量の増大と、合理的根拠を欠く政治的恣意的判断を法政策的に保障するための行政裁量の残存または増大との区別の必要性である。……すなわち、国民の人権その他の権利保障のために必要な行政裁量であるのか、あるいは支配者の特権的利益の確保のためのそれなのかの分析に対する要請である。[12]」

行政の政策選択、政策形成は、室井が述べているような対立する内容をも当然に含みながら、中川剛が述べるような次のような問題と当面せざるをえなくなっているのである（第２章４での引用と若干重複するが、ここでの論述の都合上、再掲しておきたい）。

「いずれにしても行政は、国民に受容されるためには、正当性を模索しなくてはならない。法適合性は正当な行政のためにむろん必要とされるところであるが、それは正当性の最小必要限の枠であって、正当性の一要素であるにとどまる。……問題は、かつては議会のような政治機関の判断するところであった価値の設定や選択の問題が、行政に大幅にまかされている結果としての、価値判断の妥当性確保である。……ここに正当性は複数成立しうることになり、なにが正統の権限行使であるかを、一義的には主張できない。行政参加が避けられないのはそのためである。[13]」

室井も「行政過程の透視可能性」という視点を提起して、次のように述べている。

「法律の枠内におけるいくつかの選択肢が可能である場合において、どのような理由からある特定の選択肢＝決定を選んだのかということが明らかでないことが通例である。

そこで、行政施策形成・決定過程および執行過程における国民または住民の参加と行政の公開が問題とされるにいたるのである。行政における秘密は、多くの場合、合理的根拠を欠き、一部の特権的利益のために温存または確保されている面がある。この行政過程の透視可能性の確立は、当該行政過程に参加している職員の専門的知識・経験と国民・住民に対する行政情報の公開および国民・住民の参加とが結合する場合は、もっと有効なものとなり、ひいては行政の民主化と科学化を促進することとなるであろう。[14]」

評価研究は、このような現代行政（教育行政も含めた）の内在的な矛盾に根ざして、行政の適正化（正当性、透明性、価値判断の妥当性の獲得）、民主化、科学化をおしすすめるために不可欠な行政評価の内容、方法、形態を明らかにすることを主要な課題としなければならないといえよう。

〈準公共サービスの各分野における評価制度の導入と教育行政学の課題〉

教育行政における評価制度導入の画期となったのは、1991年の大学（短期大学も同様、以下同じ）設置基準の改正であったといえる。従来の制度的基準を緩和することと結びつけて大学の自己評価等が努力義務として制度化され、その後、2001年の改正を通して自己評価等の実施とその結果の公表が義務づけられ、されにその結果についての「当該大学の職員以外の者による検証」が努力義務化され、2002年の学校教育法改正を通して文部科学大臣の認証を受けた認証評価機関による7年に一度の大学に対する認証評価制度が義務づけられ、現在に至っている。

2002年3月には幼稚園から高等学校までの各学校設置基準が改正されたが、その改正によりそれぞれの学校においても自己評価等の努力義務が課されることとなり、大学への自己評価等の導入から10年余を経て全ての学校段階に評価制度が導入されたといえるが、高等学校以下の各学校は、努力義務としての制度設計にとどまっている。

学校をめぐるこのような行政の動向は、社会福祉サービスの分野においても実行に移されており、2000年の社会事業法の社会福祉法への改正を通して「福祉サービスの質の評価」が社会福祉事業の経営者（国、地方公共団体、社会福祉法人等）の努力義務として位置づけられ、「苦情の適切な解決」についても努力義務とするなどの制度改変がされてきている。このような準公共サービスの分野における行政評価の制度化は大学への制度の導入がそうであったように、当該制度の規制緩和と結びついている点が特徴といえる。

社会福祉サービスの分野で見るならば、その典型は保育所等の入所制度が行政処分としての措置制度から、利用者の選択利用制度へと転換したことである。利用者に支持されない施設はその存立基盤を失う可能性のあることをこの制度転換は意味しており、そのような新しい制度条件と評価制度とは不可分な関係にあることが理解されよう。学校の場合も学校選択の自由はまだ一般的な制度としては具体化されてはいないが、その方向に教育行政が部分的ではあれ動いていることは事実であり、利用者に支持される学校を実現していくためのしくみとして評価制度が各学校段階において導入されてきたと見ることができよう。

以上の簡単な素描からもいえるように、準公共サービスの各分野における評価制度の導入は、その制度設計としては時代のニーズをふまえ、従来の行政サービスのあり方を刷新する新しいしくみの導入としてその実効性が問われてきたといえるが、教育行政学として評価にかかわる研究の位置づけは未だ未確立であり、その意味では教育行政の現実との応答関係をもちうる理論として教育行政学は未だ未確立であるといえるかもしれない。もう少し厳密にいうならば、教育行政学がこれまで主要な対象としてきたのは初等中等教育段階の学校教育であり、その段階の評価研究は以上のような状況にあるというべきかもしれない。

教育行政学が、学校レベルにおける評価も含めて教育行政評価の機能を理論的に明確に位置づけ、その課題や方法、組織のあり方を教育行政の実践的課題との応答的な関係において理論的に提示することは時代の要請であり、教育行政学の理論の刷新がこの面からも求められているといよう。

【注】

(1) 渡辺治が論文「80年代政治反動と教育臨調」(『労働法律旬報』1987年3月下旬号、労働旬報社)において行っている特徴的な定式化。

(2) 室井力は、現代行政の機能を、①政治的権力的支配・抑圧機能、②経済的規制機能、③共同的・社会的機能という3つの側面においてとらえている(室井力『行政改革の法理』、5ページ、学陽書房、1982年)。影山日出彌は「国家が『幻想的共同体』であるという命題は、実は、それが国家の『本質』の外皮であることを意味する。その背後には国家が階級支配の特殊なシステムであるという契機がかくされているのである」と述べて、国家の諸機能について、次のように論じている。「国家の諸機能は、国が私的権力ではなく、公的権力であるかぎり、『社会的』または『公共的』機能の外皮を不可避的にまとわざるをえないのである。このことは、『経済的機能』(「生産諸力総括機能」もこれに含まれる)であれ、政治的諸機能であれ、イデオロギー的諸機能であれ、いいうることである。これらの諸機能をはたさないような国家は、もはや国家として存在することはできない」(傍点原著者)(影山日出彌『憲法の原理と国家の論理』、170、179ページ、勁草書房、1971年)

(3) 渡辺治「現代日本社会の権威的構造と国家」藤田勇編『権威的秩序と国家』、183-185ページ、東京大学出版会、1987年

(4) 宗像誠也「教育研究調査行政を確立せよ」宗像誠也教育学著作集第3巻『教育行政の理論』、85ページ、青木書店、1975年

(5) 永岡順「教育行政学研究の実践と課題——学会20年の歩みを中心に」日本教育行政学会年報第11巻(創立20周年記念号)、357ページ、教育開発研究所、1985年

(6) 室井力「教育行政における通達」『季刊教育法』1987年冬季号、84ページ、エイデル研究所

(7) 針生誠吉「住民の参加より行政の参加へ」『法律時報』第523号、24ページ、日本評論社、1972年

(8) 原野翹「現代行政法学と『参加』論」長谷川正安編『現代国家と参加』、84ページ、法律文化社、1984年

(9) ジュリアン・ルグラン(後房雄 訳)『準市場——もう一つの見えざる手』、61ページ、法律文化社、2010年

(10) 前掲日本教育行政学会年報第11巻(創立20周年記念号)、405ページ

(11) 同前、406ページ

(12) 室井力『行政改革の法理』、9ページ、学陽書房、1982年

(13) 中川剛『行政理論と文化基盤』、38ページ、三省堂、1986年

(14) 前掲『行政改革の法理』、10ページ

第Ⅱ部

実践科学としての教育行政学の展開

教育行政学研究の自分史

はじめに

第Ⅰ部では、現代日本の教育行政学は対自化すべき理論的陥穽を内包しているとの認識を提示し、教育行政学の理論を現代社会の教育行政の課題との応答性のある理論へと再構築するうえでの課題について、理論的な問題提起を行った。

そこでは、宗像教育行政学の止揚と「実践科学としての教育行政学」の創造を企図し、そのための基本的カテゴリーを宗像教育行政学の基本的カテゴリーを再構築する形で定式化し、教育行政学の新しい理論的スキームを提起しているが、それが、どのような教育行政学的営為に結実し、実践科学としての教育行政学の展開に帰結していくのかは必ずしも明示されているとはいえない。

本来ならば、現代日本の教育行政学研究を鳥瞰し、ここで提起した新しい教育行政学の理論的スキームについて、実際の研究に則した方法論的な分析と考察を通して、その理論的価値を検証すべきところであるが、その課題は今後の教育行政学の展開に待つこととし、ここでは第Ⅱ部として、「教育行政学研究の自分史」をもって検証の材料を提供することで任を果たすこととしたい。

第Ⅱ部の「教育行政学研究の自分史」は、第Ⅰ部で体系的に論述した「実践科学としての教育行政学」の理論的スキームの土台となる基本的カテゴリーをはじめて定式化して提示した拙著『科学としての教育行政学』(1988年)以降の私自身の関係する以下の論考を収録している。

第1章は、日本教育政策学会の創立20周年記念誌『1993-2013日本教育政策学会の20年』に収録されている「日本教育政策学会20年と教育政策研究の課題」である。この論稿では、実践科学としての教育行政学の主柱ともいえる教育政策研究の重要性についての認識をふまえて、創立時から積極的に参画してきた日本教育政策学会の20年の歴史に則して、教育政策研究の課題について論じている。日本教育政策学会が1993年に創立されたこと自体に、第Ⅰ部で論じた教育行政に求められる課題の歴史的変容と教育行政学自体の刷新の必要性が象徴的に示されていると考えている。

第2章は、現代日本の教育行政を含む教育の全体構造の歴史的転換を法的に基礎づける歴史的な画期といえる2006年の教育基本法の改正（2006年12月22日公布・施行）をめぐる問題と課題について論じた「教育政策の今日的課題と教育基本法」である（日本教育政策学会年報第10号『教育基本法と教育政策』、八月書館、2003年、所収の論稿）。

教育基本法の改正に関する教育行政学的認識の対立についても論じているが、改正を通して現代日本の社会の変化に教育や教育行政が対応する上から肯定的に受け止めつつ、その内実を問う必要性のある新たな条文が設けられたことについては認識を共有することの重要性をここでも指摘しておきたい。条文としては、第3条生涯学習の理念、第7条大学、第8条私立学校、第10条家庭教育、第11条幼児期の教育、第13条学校、家庭及び地域住民等の相互の連携、第17条教育振興基本計画等である。端的な例を示すならば、「大学」と「幼児期の教育」は、社会の変化を通して国民教育として位置を占めてきている歴史的現実（高等教育進学率70％超、在園・入所率90％超）を反映した条文の新設といえるのである。

第3章は、現代日本の教育行政の矛盾が集約されている幼児期の教育と保育の課題を歴史的な画期ともいえる子ども子育て支援新制度への制度転換に則して考察した「『幼保一体化』改革と幼児期の教育・保育の課題」である（『中部教育学会紀要』第12号、2012年、所収の論稿、なお、本書の第3章として位置づけるにあたり、【補注】を設け、資料等はできる限り新しいもの、法制化された現行制度に則したものに改め、文章もそれに応じて必要な修正・追記を行っていることを付記しておきたい）。

幼児期の教育は、「教育」と「保育」の二つの系統に分岐しており、その統合が制度上、概念上も課題とされる中で、その解決は先延ばしされ、矛盾を内包しつつ社会的要請を受け止めつつ変容しているといえるが、「幼児期の教育」が国民教育としての内実を確立していく方途はどのように考えられるべきか、「実践科学としての教育行政学」の方法論に則した考察を試みており、参考とされたい。

第4章は、戦後70年の画期の年である2015年に実施された教育委員会制度改革を、同じ年に施行された子ども子育て支援新制度と結びつけて考察し、地方公共団体の教育行政組織のあり方について、教育委員会制度を対自化しつつ論じた「教育委員会制度の位置づけ ― 子ども子育て支援新制度の施行と関連づけて 」である（『都市問題』第106巻第12号、2015年12月号、後藤・安田記念東京都研究所、所収の論稿）。

現代日本の教育行政と教育行政学にとっての主要な論題の一つが教育行政と一般行政の関係をどのように整序するのかという問題であることは、これまでの行論においても論じてきたところであるが、教育委員会制度論は、まさにその中核の問題といえる。2015年の教育委員会制度改革で問われた主要なポイントもそこにあり、教育委員会制度は地方公共団体の教育行政組織として、その役割や機能を十全に果たしうるように制度設計されているかどうかが問われなければならないといえる。

結論としては、教育委員会は、地方公共団体の教育行政を担保しうる組織としては、歴史的にも、また現状においても不備であり、地方公共団体はその教育行政をトータルに担いうる行政組織を時代の課題にふさわしく整備すべきであるとして問題を提起しており、本質的な議論を喚起する契機を提供しえたとしたらありがたい。

第5章は、臨時教育審議会第2次答申を受けて、1987年9月に文部大臣（当時）の諮問機関として創設され、2001年1月の中央省庁再編で中央教育審議会大学分科会として再編された大学審議会により主導された大学政策を「実践科学としての教育行政学」の方法論に則して検討・考察した「歴史的転換期における大学政策の検証」である（東海高等教育研究所『大学と教育』第30号、大学教育出版、2001年9月、所収の論稿）。

考察の直接的な対象は歴史的な大学審答申といえるが、考察を通して検証している問題、課題は、今日の大学にも通底しているものといえる。

本章を通して、「実践科学としての教育行政学」の方法論を検証していただければ幸いである。

以下、各章の個々の論稿の具体的な論述を「実践科学としての教育行政学」の理論的検証の用に供したいと考える。そのことが、現代日本の教育行政学の理論的発展に何らかの形で寄与しえたとしたら幸いである。

第1章 日本教育政策学会20年と教育政策研究の課題

私は、日本教育政策学会の創設の意義を次のように意識し、積極的にその活動に参加しようとしてきた。

第一は、近代化を達成した日本社会において、とりわけ臨時教育審議会以降の教育政策の研究において、教育政策を教育運動との対抗関係においてカテゴリー化してきたそれまでの支配的な方法論は歴史的に相対化されるべきであり、それとは異なる地平において教育政策を研究することが必要な段階に至っており、日本教育政策学会の創設は、そのような時代の課題や要請と合致しているという意識であった。

第二は、教育政策が市民社会におけるさまざまな組織や活動と結びついて研究されることが重要であり、教育政策研究がそれぞれの場における実践を支えうる研究として関係者の中でその意義が確認され、広がっていくことが重要であるという意識であった。

日本教育政策学会が創設された頃の理論状況としては、臨時教育審議会以降の教育政策に関して、当該教育政策を「臨教審路線」と規定すれば理論的に批判し、否定し得たかのような「錯覚」に陥る傾向があった。私は、そのような理論状況では、国をはじめとする行政権力や学校管理者等により当該教育政策が具体化されようとしている実践の場における対応方策はなんら明らかにし得ず、理論と実践との乖離という問題を教育政策研究は孕んでしまうという危惧を感じていた。そのような問題状況から脱却するためには、当該教育政策の内包している諸矛盾を深く丁寧に分析しうる教育政策研究の方法論の確立が必要であり、それぞれの場における実践に則して、その政策を取捨選択し、如何に創造的に適用するかを示唆しうる実践的な教育政策研究が必要であると考えていた。

日本教育政策学会第1回大会の課題研究「教育政策研究の課題と方法」において、発題者として「教育政策と教育運動の視点から」と題して問題提起をする機会を得て、次のように述べている。

「どのレベルにおける教育政策にも、教育意思の社会的矛盾が反映されていることを見ておかなければならない。教育政策の支配的意思を明らかにし、それを批判することにのみ教育政策研究の課題を置くとするならば、社会に内在的な正統な教育意思をも見過ごしてしまうことにもなりかねないのである。……単純な否定でもなく、また肯定でもない、第三の選択肢を求める統合的な論理と共同の努力の中に、教育意思の社会的矛盾を教育的に解決していく教育政策の主体性、創造性の源泉もあるように思われる。」(日本教育政策学会編『教育政策の戦後50年を問う』日本教育政策学会年報第2号、1994年)

そのような実践的な教育政策研究が学問的にも正統性があることを確認するためには、教育政策研究の方法論が鋭く問われており、日本教育政策学会の創設に際して私が期待した二つの問題意識は、今日なお、課題であり続けているように思われる。

日本教育政策学会は、現代日本の教育政策が、「新自由主義」の理念にもとづく教育政策へとシフトを始めた1990年代初頭に創設され、今年度(2013年度)は第20回の記念大会を迎えている。その第20回大会を、私は自らの大学で引き受けることになるとは思ってもみなかったが、何かの機縁といえよう。桜花学園大学・名古屋短期大学で引き受けることになった。

「新自由主義」の理念にもとづく教育政策は、今日もなお社会的な影響力を広げ、現在進行形で教育と社会の関係の構造的な変容を進めようとしている。本学会においては、それとの対抗的な関係で教育政策の課題を論ずる傾向が支配的ともいえるが、リアリティと説得力のある教育政策を提示しようとすれば、時代の課題として問題を共有し、政策的な優位性を確保することが不可避といえる段階が、今日の段階であると考える。

私自身は、学会年報の第4号で、そのような社会関係の変化を次のように論じている。

「高度経済成長の結果として市場経済の国民経済的レベルでの達成、村落共同体的な古い社会関係の解体等の社会変化は、市場経済の自己運動の与件として、従来の社会と教育の関係を転換させる歴史的条件を醸成させてきた。……国の政策、なかんずく『教育政策』は、資本の活動を通して自己運動的に『変化する社会』（独立変数）の関数としてその位置を変換してきたのである。」（拙稿「現代日本社会と子どもからの教育政策」、日本教育政策学会年報第4号、1997年）

その後、次のように課題を整理して教育政策研究の方法論にかかわる問題提起を行っている。

「1970年代以降、より明示的には臨教審以降の教育政策は、いずれの機関いずれの立場の教育政策であったとしても、自己運動的に変化する社会が突きつける課題に対して応答的な関係をもってその内実を問わない限りリアリティをもちえない教育と社会の関係段階にあることを見ておかなければならない。所与の教育政策を評価する場合、それを批判するとしても肯定するとしても、いずれの場合においても〔教育政策〕＝ａ×〔変化する社会〕という関係において教育政策の内実を問うことが求められていることを理論的に意識化しておくことが不可欠であるといえよう。もちろん〔変化する社会〕が突きつける教育課題をどのように考えるかという面（上記の関数式でいえば、ａにあたる面）において様々な解釈や分析が可能であり、教育政策をめぐる対立・批判は不可避といえるが、どのような教育政策を支持し肯定するとしても、共通の社会的基盤に立脚しつつ、ある政策を選択し評価しているということを理論的に明確化することが必要な段階に至っているということである。」（拙稿「教育行政学の方法論的諸問題」、榊達雄編『教育自治と教育制度』、

大学教育出版、2003年)

教育政策研究は、それぞれの場（学校、地域等）における関係者相互の意見の相違や対立を助長するのではなく、相互の共通理解と共同の関係を広げ、形成するためにこそ、貢献しうるものでなければならないと考える。

日本教育政策学会は、今後とも、関係者相互の共同的関係を広げ、学校、地域の教育改革の前進に貢献しうる教育政策研究の発展を期して、その活動を未来につなげていくことが期待されている。

付記　日本教育政策学会創立20周年記念誌に収録されている論稿は、「です・ます」調で文章が構成されているが、本書全体の文章構成との一致をふまえて、文章構成を「である」調に修正するとともに、本書第Ⅱ部第1章として位置づける上で不要な部分は一部削除していることを記しておきたい。

第2章
教育政策の今日的課題と教育基本法

はじめに

本論稿では、教育政策の今日的課題とかかわって教育基本法を検討することを主要な課題とする。

政府・文部科学省が企図している教育基本法「改正」に対する教育政策研究の立場からのアプローチとしては、そのような政策自体の正統性を問うこととともに、教育政策の今日的課題を明らかにするうえから、教育基本法「改正」を推進する政府・文部科学省の対応を対象化し、その中に一面的にせよ、恣意的にせよ内在化されている教育政策の今日的課題との応答関係を読みとり、それを正統性のある政策課題に組み替えていくという批判的営為が求められていると考える。

本論稿は主要には後者の課題にアプローチしようとするものであるが、そのことを通して前者の課題についても検証しようとするものである。

学会での「課題研究」報告からすでにかなりの時間が経過し、今日、政府・文部科学省の教育基本法「改正」にむけての検討も最終段階を迎えつつあるという状況の変化をふまえて、学会での報告内容を基本的にふまえつつ、必要な補足・修正を加えて問題提起することとしたい。

1　政府・文部科学省の教育基本法「改正」論

（1）教育基本法「改正」にむけての現段階

政府・文部科学省により推進されている教育基本法「改正」の現状は、教育改革国民会議の最終報告を受けて策定された21世紀教育新生プランにおいて「新しい時代にふさわしい教育基本法の見直し」として位置づけられ、その後、中央教育審議会に「新しい時代にふさわしい教育基本法の在り方について」として諮問（2001.11.26）されて現在に至っている。

中央教育審議会では、基本問題部会において教育基本法と教育振興基本計画の在り方が審議されてきており、2002年11月14日にはその結果が「新しい時代にふさわしい教育基本法と教育振興基本計画の在り方について」（中間報告）としてまとめられている。その間、基本問題部会では教育基本法の在り方についての議論が開始されたのは第7回（2002.5.10）からで、第16回基本問題部会（2002.10.24）まで夏休みをはさんでほぼ10日に1回というハイペースで審議を進めて中間報告の草案がまとめられている。中央教育審議会総会も第21回総会（2002.6.21）で部会での議論の概要報告がされて以降、中間報告を承認した第26回総会（2002.11.14）まで5回の総会が開催されており、中央教育審議会としては大変精力的に検討を進めてきたということができよう。

「中間報告」以降も、同様のペースで審議が継続され、基本問題部会は「中間報告」に対する公聴会（一日中央教育審議会）の開催、有識者や教育関係団体からのヒアリングなどを実施し、答申にむけての検討が進められている。答申にむけての審議は第27回総会（2003.2.4）で発足した第二期中央教育審議会に引き継がれているが、河村建夫文部科学副大臣はその席上、挨拶のなかで、教育基本法の「見直し」については答申をもとに通常国会の後半で法案化したいという見通しを述べている。

教育基本法「改正」は、まさに政治的な議論の段階を迎えようとしているといえよう。

（2）教育基本法「見直し」の歴史認識とその評価

中央教育審議会において教育基本法の「見直し」についての審議を求めた文部科学大臣の諮問文は、「見直し」の必要性とかかわって次のような歴史認識を示している点が特徴的である。

「教育基本法は、教育の基本理念及び基本原則について定める法律として、昭和22年に公布・施行され、以来、我が国の教育は50年以上にわたって教育基本法の下で進められてきた。しかしながら、……制定当時とは社会が大きく変化しており、また、高校、大学進学率の著しい上昇や生涯学習社会への移行など教育の在り方も変容を遂げてきている。さらに、教育全般について様々な問題が生じており、21世紀を迎えた今日、将来に向かって、新しい時代の教育の基本像を明確に提示し、それを確実に実現していくことが求められている。このため、新しい時代にふさわしい教育基本法の在り方を考え、その見直しに取り組み、教育の根本にさかのぼった改革を進めることが必要である。」（アンダーラインは引用者）

アンダーラインを付した箇所に示されている歴史認識については、教育政策研究の立場からふたつの異なる評価がありうるといえよう。

ひとつは、そのような歴史認識は形式論としては首肯しえても、実質論としては首肯しえない。その時どきの政府の教育政策により教育基本法は形骸化されてきたのであり、教育基本法の実質化こそが時代の課題であるという批判的評価である。

もうひとつは、持田栄一の次のような教育基本法体制理解ともかかわる評価である。

「体制側の戦後教育認識が、その実態まで含めて教育基本法体制を肯定的にとらえているのに対し、教育運動側のそれは、教育基本法体制を価値として位置づけ、そのような価値としての教育基本法体制から戦後教育の現実を批判するという発想に立っている。……したがって、戦後日本の教育体制

― 教育基本法体制が近代公教育体制として具備している矛盾と限界を内在的に明らかにし、それをこえる実践の方途を探し求めようとする問題意識は『官』『民』いずれの戦後教育認識にも欠落しているのである[(1)]。」

「諮問文」に示された歴史認識をまさに「実態まで含めて教育基本法体制を肯定的にとらえ」てきた『官』側の立場を表白したものとしてとらえ、その「見直し」を「教育基本法体制が近代公教育体制として具備している矛盾と限界を内在的に明らかにし、それをこえる実践の方途を探し求める」立場から批判的に検証しようとするものである。

ここでは、前者の立場からの批判的評価の正統性についてもそれを認めつつ、とりわけ後者の立場からの教育基本法「見直し」についての批判的検証を実践的、理論的な課題として肯定的に位置づけたい。そのことが前者の立場からの教育基本法理解の歴史的な深化と検証にもつながるものと考える。

2 教育政策の今日的課題と教育基本法

（1）教育政策の課題設定における教育と社会との関係認識の変容

教育基本法は、前文において、「この理想の実現は、根本において教育の力にまつべきものである」として、教育による社会の形成という基本命題を定式化している。この命題は実質的には経済の高度成長が教育政策の関数（〔経済の高度成長〕＝ａ×〔教育政策〕）として推進される段階において、歪曲された形ではあれ具体化され、その後、社会的には1970年代以降、教育政策レベルでは臨時教育審議会以降、さらに政治的には1990年代の「55年体制」の崩壊以降、そのような社会と教育の関係は変位し、教育政策は資本の活動を通して自己運動的に変化する社会の関数（〔教育政策〕＝ａ×〔変化する社会〕）としてその位置を変容してきたといえる。教育政策の今日的課題はそのような変化する社会の関数として、その内容的な正統性が問われているといえよう。

その意味で、教育基本法に内在化されている教育と社会の関係認識の見直しは不可避的な検討課題のひとつといえる。

諮問文においても、教育の基本理念の検討のひとつの視点として「時代や社会の変化に対応した教育という視点」が明確にされており、そのような視点からどのような改革の方向性が導きだされるのか、まさにその内容的な正統性が厳しく検証されていくことが求められているといえよう。

「中間報告」では、第１章２（２）を「歴史的変動の時代への挑戦」として、①少子高齢化社会の進行と家族・地域の変容、②高度情報化の進展と知識社会への移行、③産業・就業構造の変貌、④グローバル化の進展、⑤科学技術の進歩と地球環境問題の深刻化、⑥国民意識の変容を「新しい時代の教育を考える上で重視すべき時代の潮流」としてあげている。「時代や社会の変化」をこれらの指標で対象化することに大きな異論はないといえるが、それらから教育上の課題をどのように析出するかという点で教育政策上の相違点が生みだされ教育政策上の対立や競合的関係が形成されるものと考えられる。

「中間報告」はこのような中から導き出される教育課題について「国家戦略としての教育改革」という立場を肯定的に評価して次のように述べている。

「世界の潮流を見ると、物質的に豊かになるにつれて、青少年の非行や犯罪の増加など教育面での困難な状況が生じる現象は、多くの国に共通している。また経済面での国際競争の激化、情報革命の進展、知識社会の到来といった大きな変化の中で、教育が国民の未来や国の行く末を左右する重要課題として認識されるようになっている。これらを背景に、各国において『国家戦略としての教育改革』が急速に進行している。さらに、地球規模での調和ある発展の観点から、持続可能な開発の実現や発展途上国の自立の支援のためにも教育は重要な戦略となっている。」

上記関数の〔教育政策〕＝ａ×〔変化する社会〕におけるａのところに「国家戦略」という基本的モチーフを位置づけて教育基本法の「改正」を含めた教育政策の全体的なデザインをしようとしたのが中間報告であるといえるであろう。

「国家戦略としての教育改革」が政府・文部科学省の恣意や権力的な統制を排して、まさに「時代や社会の変化」に対応した教育政策としての正統性を有しているかどうかが厳しく問われていかなければならないといえよう。

社会と教育との応答的な関係性から教育基本法「改正」論の陥っている誤りを突いた次の指摘はこの点において有益といえよう。

「今の日本の社会が「納得」を基本に構成されているのに、なぜか教育だけは、対象が子どもであるということもあるのか、官僚統制によって行おうとしている。つまり、社会と教育のシステムとのあいだに根本的な矛盾があるのです。この矛盾は、一刻も早くなくさなければならない。要するに官僚統制をやめていくしかないのです。……この中教審の『中間答申案』を読むと、「納得」が前提の社会とはまったく関係なく、学校を画一的な規律訓練の場にしようとしている。もし教育基本法がこの方向に改正されて、それにもとづいてさまざまな行政指導が行われますと、学校はもはや回復不能な荒廃に落ち込むのではないか[(2)]。」

(2) 国民形成の教育から市民形成の教育への転換

政府・文部科学省の教育基本法「改正」論のひとつのポイントは、伝統、文化の尊重など国家、社会の形成者としての国民の資質の育成という観点から教育の基本理念を見直すところに置かれている。

中間報告では、第2章2 (1)「教育の基本理念」の (iv) として「日本人としてのアイデンテイテイ (伝統、文化の尊重、郷土や国を愛する心) と国際性 (国際社会の一員としての意識)」を掲げ、そのうえで、「国を愛する心を大切にすることや我が国の伝統、文化を尊重することが、教育改革国民会議においても指摘されているように、国家至上主義的考え方や全体主義的なものになってはならないことは言うまでもない」と述べている。

政府・文部科学省が教育基本法の「改正」をとおして推進しようとしている「伝統」や「愛国心」の教育に対しても、前述の論者はつぎのような批判を展開しているが、正統性のある意見として評価できよう。

「じつは、教育へのゆがんだ利用、悪用のために、この、伝統について、それを排除すること、拒否することが、民主主義の時代の教育の一つの常識のようになってしまった。それを教育基本法ではこんど改正して、伝統を大事にしろ、そして愛国心を教えろという。愛国心というのは教わったら持てるものなのでしょうか。これも「納得」の社会からまったく隔絶している教育のシステムのありようです[(3)]。」

まさに、変化する社会の関数としての教育政策として「伝統」と「愛国心」の教育を意味づけた場合、「中間報告」の「教育の基本理念」（iv）の提言は時代逆行的な課題設定といわざるを得ず、教育基本法の教育目的の国民形成の教育から市民形成の教育への転換こそ時代の変化に即応した教育の基本理念として検討されるべきといえよう。

この点は部会の議論においてもひとつの論点となっており、「一方で日本の伝統文化の尊重を言う場合、日本主義的なナショナリズムにならないよう、グローバルな時代を生きる市民としての自覚と両方を書くべきである」「citizenship education、市民のための教育において、社会のルールや一つの生き方などを教えるべきである。例えば、子どもの権利条約など新しい教育思潮を生かしながら考えていくべき」「ただ『市民』というワーディングは、いわゆる「市民主義」にならないよう注意が必要である。あくまで個の確立を強調すべきである。」などの意見が出されていた。

このような部会の議論は「中間報告」においては「教育の基本理念」の（iii）「社会の形成に主体的に参画する『公共』の精神、道徳心、自律心」という提言に集約されていると考えられるが、国家を対象化・相対化する主体としての「市民」、その意味で上記論者の用いているキーワードを援用するならば、国家との対等な関係において「納得」のうえでその形成に多面的な形で参画する主体としての「市民」という概念は完全に消去されており、「中間報告」では一度も使用されていない概念となっている。ここにも、「時代や社会の変化」を受け止めて正統に提起されるべき課題の国家主義的な歪曲があるように思われる。

しかしながら、「中間報告」が「教育の基本理念」（iii）において、歪曲された形ではあるにせよ「我が国社会や国際社会が直面する様々な問題の解決に貢献しようとする、新しい『公共』の創造に主体的にかかわろうとする態度の育成も重要である」と述べている点は重要であり、「新しい『公共』」の概念を時代の課題との整合性のある市民社会に基礎を置く概念へと意味変換していくことが不可欠な課題として投げかけられているといえよう。

(3) 教育の機会均等理念の今日的段階にふさわしい見直しと発展

日本国憲法26条及び教育基本法第3条の規定は、障害者の教育上の差別を容認する規定として解釈されてきた歴史を有している。そのことを考えた場合、児童の権利に関する条約の規定に則して、差別の禁止の事由として「心身障害」を明記するのは正統性のある課題といえよう。また、「国民的」等による差別の禁止についても同様に考えられるべきといえよう。「時代や社会の変化」に対応するならば当然にふまえられるべきこのような課題は、政府・文部科学省の教育基本法「改正」論においては欠落している重要な検討事項といえる。

この点での部会の議論は男女共同参画の理念（それ自体の重要性は強調されて当然であるが）に偏した傾向が読みとられ、幼保の関係、義務教育年限、障害児教育等についての言及はあるものの、児童の権利に関する条約等に明文的な根拠をもち、しかも教育基本法の条文との間にギャップのある上記規定について見直すという意見は具体的には出されていない。

逆に「機会均等については、現行法には『能力に応じ』と書いてあるのに、実際は平等のみが強調されてきた。そういう現行教育基本法の理念を実現しようとしてこなかった人々が現在、教育基本法の改正に反対しているのはおかしなことである」というような意見が提起されており、まさに「能力に応じ」という教育基本法の規定の抽象性が多様な解釈を生み、それが教育上の差別を合理化してきた歴史を無視した議論が市民権を得ている感があった。

「中間報告」では、第2章2（2）「教育を受ける権利、義務教育等」において「教育の機会均等」について言及し、「将来にわたって大切にしなければならない重要な原則である」として肯定的に評価する形で議論の整理を行っているが、障害者の教育とかかわって示されている次のような課題に上記のギャップがなお維持・温存されているといえよう。

「障害者など教育上特別の支援が必要な者についての新たな規定を追加すべきではないかという意見もあった。憲法や教育基本法の精神に基づいて教育を行うに当たっては、障害者に対してその障害の種類や程度に応じた教育が行われるべきことは当然であり、この趣旨をより明確にすることが必要かどうか、引き続き検討していくこととする。」

ここに示されている「障害の種類や程度に応じた教育が行われるべきことは当然」という観念の問い直しを今日の「時代や社会の変化」の段階は突きつけているとみるべきであると考えるがどうであろう。

（4）学校設置の自由の拡大

教育基本法制はこれまで学校設置の自由を制限する法制として機能してきた。子どもの人権とそれに対応する親（保護者）の教育権（第一義的な教育責任性）（児童の権利に関する条約にて明示された権利）に即して教育制度を組み替えていくとした場合、学校設置の自由の拡大は不可避的な課題といえる。この間の教育に関する国民的な実践経験としても、多数のフリースクール（オルターナティブスクール）の設置等にみられる現実は、そのような制度改革の必要性の社会的な根拠を示しているといえよう。

学校の設置者に関する意見としては「『法律に定める法人』が学校を設置できると規定されており、NPOなども増えている今日、基本法を変えなくても解釈を変えることが考えられるのではないかとの意見があった」とされている。

関連して、家庭や地域の果たすべき役割と学校教育との関係をどう考えるかという問題も重要な検討課題のひとつであった。

「中間報告」では、第２章２（４）「学校、家庭、地域社会の役割等」において関連する課題を整理しているが、学校の設置者についてもひとつの項を設けて言及してはいるものの、次ように学校教育法の問題として考える方向性を示すにとどまり、基調としては現状維持的な姿勢といえよう。

「学校の設置者について、現行法は、国、地方公共団体及び『法律に定める法人』に限定するという原則を規定し、具体的な『法人』の範囲は学校教育法に委ねている。具体的な『法人』の範囲については、……今後必要に応じて学校教育法上の問題として考えることが適当と考える。」

民間サイドの案としてＰＨＰ総合研究所から提言されている「新・教育基本法案」（新・教育基本法検討プロジェクト、主査：加藤寛、2001年2月19日）では、学校教育に関する条文の第１項において「学校は、国又は地方公共団体のほか、一定の要件の認定と教育内容を公開することによって誰もが自由に設立できるものとする」というように規定されているが、第４条を「教育の義務」とするなど、教育を権利として把握する視点が欠落しており、首尾一貫した理念の提示に成功しているとはいえず、部分的な正統性があるとしても建設的な議論の一翼を担えるかどうかは疑問といえよう。

（５）教育行政の役割と組織の変容

教育基本法第10条は教育委員会制度の根拠とされてきた。教育委員会制度の在り方が学校との関係や首長部局（生涯学習、福祉行政等）との関係で問われており、その役割と組織の変容は不可避的といえる。教育政策の企画・立案、多様で充実した教育サービスの提供のためのコーディネート機能（資金の配分を含む）、情報の公開と提供、苦情処理、教育政策や教育サービスの評価・検証等が考えられる教育行政の役割といえるが、そのような役割に則して教育行政の在り方を再定義することも検討課題といえよう。

部会での議論では、教育委員会の評価は分かれているように読みとれる。

「教育委員会制度については、基本法で検討すべき事項ではないが、現実に果たしている機能の面からみても、見直しをせざるを得ないと考える。」「教育の中立性の確保ということで、教育委員会制度が取り入れられたが、教育行政が硬直的であるなどの問題点があるのではないか。今後の教育を考える上で、市町村長や知事部局との権限分担についても検討することが必要」というような意見に対して、「教育委員会制度については、形骸化したとの指摘もあるが、制度的に重要であると考える。制度の制定当初考えられていた機能を果たせるよう、工夫することが必要である」という意見もあるという状況で、基本法レベルでは検討の埒外とする可能性も大きいといえよう。

「中間報告」では、第２章２（３）「国・地方公共団体の責務等」で教育行政の在り方について提言しているが、教育委員会制度に直接かかわる言及はなく、「教育振興基本計画の策定の根拠となる規定を……教育基本法に位置付けることが適当と考える」として、教育振興基本計画の策定についてのみ明示的に課題を示して、教育行政組織の在り方にかかわる踏み込んだ課題の整理はされていない。部会での上記のような検討状況からすれば、予想どおりの結果といえる。

まとめにかえて

教育政策の今日的課題とのかかわりで教育基本法を検討してきたが、そのことは、すでに行論からも明らかなように、政府・文部科学省が企図している教育基本法「改正」を肯定することとは相容れない。「時代や社会の変化」という客観的な社会の要請に則して「中間報告」としてオーソライズされつつある教育基本法「見直し」の内実を検証した場合、時代逆行的、ないしは現状維持的な側面を色濃く内包している点が析出されており、その正統性は厳しく批判され今後とも検証されていかなければならないといえよう。

建設的で応答性のある議論が可能かどうかをも一つの試金石として、今後の検討と議論の推移を注視していきたいと考える。

【注】

⑴　持田栄一著作集第６巻『教育行政学序説――近代公教育批判』、143ページ、明治図書、1979年

⑵　辻井喬「ほんとうの伝統とは何か」『世界』2003年２月号、52ページ、岩波書店

⑶　同前、55ページ

第3章
子ども子育て支援新制度と幼児期の教育・保育の課題

「1970年代以降、より明示的には臨教審以降の教育政策は、いずれの機関いずれの立場の教育政策であったとしても、自己運動的に変化する社会が突きつける課題に対して応答的な関係をもってその内実を問わない限りリアリティーをもちえない教育と社会の関係段階にあることを見ておかなければならない。所与の教育政策を評価する場合、それを批判するとしても肯定するとしても、いずれの場合においても〔教育政策〕＝a×〔変化する社会〕という関係において教育政策の内実を問うことが求められていることを理論的に意識化しておくことが不可欠であるといえよう。もちろん〔変化する社会〕が突きつける教育課題をどのように考えるかという面（上記の関数式でいえば、aにあたる面）において様々な解釈や分析が可能であり、教育政策をめぐる対立・批判は不可避的といえるが、どのような教育政策を支持し肯定するとしても、共通の社会的基盤に立脚しつつ、ある政策を選択し評価しているということを理論的に明確化することが必要な段階に至っているということである。」（近藤正春「教育行政学の方法論的諸問題[(1)]」）

はじめに

私たちが対象とする教育政策を考察する場合、教育と社会の今日的段階が要請する表記の関係認識を共有することは不可欠な課題と考える。

本稿は、2015年度から施行され、内閣府において現在進行形で進められている子ども子育て支援新制度を対象に、その制度を、現代社会の今日的段階が突きつけている課題との関係で考察し、そこから導き出される幼児期の教育・保育の現代的課題を理論的・実践的に明らかにしようとするものである。

本稿では、次のように課題を考察することとする。

第一は、内閣府の推進する子ども子育て支援新制度が現代社会の突きつけるどのような課題と応答的な改革であるかという問題の考察である。

現代社会の突きつける問題とそれへの対応は社会に内在するさまざまな歴史的・現実的な矛盾を反映して多義的であり、その調整が不可避であることは明らかといえる。問題のとらえ方と調整の仕方を通して、当該政策のある色合いが刻印されることになり、その色合いの意味を読み解き、それを現代社会の客観的な要請に則してあらためて調整し、解き放す作業が求められることとなる。そのような作業を進める前提の課題の考察といえる。

第二は、内閣府の推進する子ども子育て支援新制度の内包する問題の考察である。上述したように、当該教育制度が社会の歴史や現実を反映し、さまざま矛盾を内包していることは必至であり、それを読み解くことは不可欠な課題といえる。とりわけ、内閣府の推進する子ども子育て支援新制度は、制度としての統一性に欠けるところがあり、制度の体系性自体に就学前の幼児期の教育・保育に刻印された歴史的・社会的矛盾が内包されていると見なければならない。そのような対象理解も含めて、出来るかぎり正確に新制度に内在化されている諸矛盾を考察することが課題といえる。

第三は、内閣府の推進する子ども子育て支援新制度を対象化しつつ、現代社会の要請に則して、そこに内在化されている幼児期の教育・保育の現代的課題を、所与の制度の基本的スキームや課題設定を超えて、本質的に考察することである。

内閣府の推進する子ども子育て支援新制度が、すでに述べたように現代社会の要請する幼児期の教育・保育の今日的課題の諸側面をいろいろな歪曲や一面化をともないつつも反映していることは見ておかなければならないことであり、問題は、その課題をより正統な課題へと読み解き、再構成し、欠落している課題を正統に位置づけるなどして組み直すことが求められているということである。そのような考察を通して、幼児期の教育・保育の現代的課題を明らかにすることが課題といえる。

本稿では、以上の三つの課題を、内閣府の推進する子ども子育て支援新制度に則して考察し、検討することとしたい。

Ⅰ 子ども子育て支援新制度と現代社会の要請

1 幼稚園と保育所は就学前の幼児期の教育の二つの系統

（1）100％に近い４・５歳児の幼稚園・保育所の就園・入所率

資料１は、子ども子育て支援新制度に結実する内閣府の「幼保一体化」改革の検討に際して提出された資料の最新版である。この資料から読み取れる事実は、就学前の４歳児、５歳児に関しては、幼稚園就園率と保育所入所率の総和が、100％に近づいているということである。

就学前の教育・保育の機関が、日本の歴史的な経緯の中で、幼稚園と保育所に分岐してきた現状がある中で、ほぼ100％に近い子どもたちが幼稚園と保育

資料1　就学前教育・保育の実施状況（2013年度）

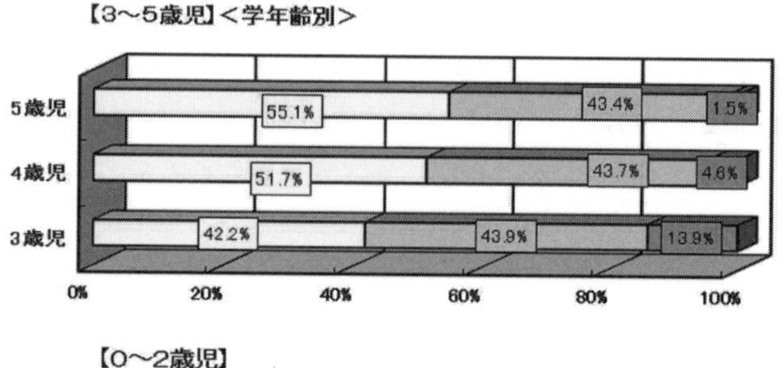

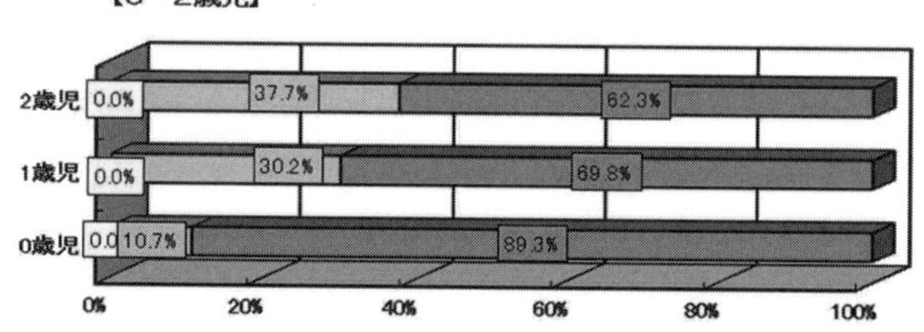

□幼稚園就園率 □保育所入所率 ■未就園率

（出典：中央教育審議会教育課程部会幼児教育部会資料 2015年10月23日）

所に就園・入所しているという事実は、重要な歴史的事実といえる。歴史的という意味は、その子どもたちがすべて共に小学校等の義務教育の学校に就学するという客観的な事実をふまえるならば、就学前の教育・保育が、幼稚園と保育所に制度的に分岐している現状の問題が、避けて通れない検討を要する問題として浮上してきていることを示す現実といえるからである。

幼児期の教育・保育が、少なくとも小学校就学前の2年間は、すべての国民にとってその機会を享受することが当たり前の現実が現出していることは、日本国憲法・教育基本法が要請する国民の教育を受ける権利の無差別平等保障という理念の適用を不可避とする社会が実現されてきているということであり、そのことを踏まえるならば、幼稚園と保育所という二元化されたこれまでの制度の再編・調整は、必然的な社会的要請といえよう。

（2）既存の制度の枠内での「幼児期の教育」としての制度整備

2006年12月の教育基本法改正で第11条に「幼児期の教育」という条文が新たに設けられ、「幼児期の教育」について次のように規定されたことは、このような社会の現実に基礎づけられた客観的な要請を反映した法改正と見なければならない。

「第11条　幼児期の教育は、生涯にわたる人格形成の基礎を培う重要なものであることにかんがみ、国及び地方公共団体は、幼児の健やかな成長に資する良好な環境の整備その他の適当な方法によって、その振興に努めなければならない。」

教育基本法のこのような改正を受けて学校教育法の改正が2007年6月に行われ、学校種別の最初に幼稚園を位置づけ、その後に学校の接続関係に則して、義務教育段階の学校としての小学校を位置づけるなどの条文の編成上の整理を行うとともに、第22条に幼稚園の目的を次のように規定したことは重要といえる。

「第22条　幼稚園は、義務教育及びその後の教育の基礎を培うものとして、幼児を保育し、幼児の健やかな成長のために適当な環境を与えて、その心身の発達を助長することを目的とする。」

このような学校教育の系統における制度の整備と並行して、「幼児期の教育」機関として保育所の教育機能を明確に位置づける制度の整備も進められてきた。

児童福祉施設の設備及び運営に関する基準の改正と保育所保育指針の改正を通してその具体化が進められてきたといえる。

保育所の保育内容を制度的に規制する唯一の法令上の根拠は、従来、児童福祉施設最低基準（「児童福祉施設最低基準」は、現在、「児童福祉施設の設置及び運営に関する基準」と名称変更、2012年4月1日施行）であったが、その改正を通して、**資料2**に見るように保育所の「保育の内容」として「教育」をはじめて明示的に位置づける措置がとられている。

資料2　児童福祉施設の設備及び運営に関する基準[※1]の現・旧対照表

現行基準（2009.4.1 施行）	旧基準（2007.4.1 施行）
（保育の内容） 第三十五条　保育所における保育は養護及び教育を一体的に行うことをその特性とし、その内容については厚生労働大臣が、これを定める。	（保育の内容） 第三十五条　保育所における保育の内容は、健康状態の観察、服装等の異常の有無の検査、自由遊び及び昼寝のほか、第12条第1項に規定する健康診断を含むものとし、厚生労働大臣が、これを定める。

（※1　改正時の名称：「児童福祉施設最低基準」）　（アンダーラインは引用者）

「保育所における保育は養護及び教育を一体的に行うことをその特色とし」という規定は、従来の保育所保育指針の総則においても「保育所の特性」として明記されてきた基本的な確認といえるが、これまでの保育所保育指針においては、その規定以外に「教育」という文言はまったく使用されずにきていた。保育所の「保育の内容」は、それ以前においては、保育所の関係者の個別の意思とは相対的に区別されるとしても、制度的には、「教育」という側面は明確な位置づけを欠いて運営されてきていたと見ることが出来る。

児童福祉施設の設備及び運営に関する基準の改正と併せて、保育所保育指針の改正が行われ、従来の「通知」文書から、省令に基づく「告示」として、「遵守すべき最低基準」としての性格が付与されることとなった。

改正保育所保育指針（2009年4月1日実施）は、**資料3**に見るように「保育の内容」として「教育に関するねらい及び内容」を「養護に関するねらい及び内容」と並べてひとつの柱として明確に位置づけ、幼稚園教育要領が幼稚園における教育課程編成の領域として設定している5領域（「健康」「人間関係」「環境」「言葉」「表現」）と同様の領域で内容を構成することを定めている。

【補注】

保育所保育指針は、2017年3月31日に、幼稚園教育要領の改正にともない

資料３　改正保育所保育指針の内容構成

改正保育所保育指針
（2008.3 告示、2009.4 実施）

第１章　総則
　1　趣旨
　2　保育所の役割
　3　保育の原理
　4　保育所の社会的責任
第２章　子どもの発達
第３章　保育の内容
　1　保育のねらい及び内容
　(1) 養護に関するねらい及び内容
　　ア　生命の保持　イ　情緒の安定
　(2) 教育に関するねらい及び内容
　　ア　健康　イ　人間関係
　　ウ　環境　エ　言葉　オ　表現
　2　保育実施上の配慮事項
第４章　保育の計画と評価
　1　保育の計画
　(1) 保育課程
　(2) 指導計画
　(3) 指導計画の作成上、特に留意すべき事項
　　ア　発達に応じた保育
　　イ　長時間にわたる保育
　　ウ　障害のある子どもの保育
　　エ　小学校との連携
　　オ　家庭及び地域社会との連携
　2　保育の内容等の自己評価
　(1) 保育士等の自己評価
　(2) 保育所の自己評価
第５章　健康及び安全
　1　子どもの健康支援
　2　環境及び衛生管理並びに安全管理
　3　食育の推進
　4　健康及び安全の実施体制等
第６章　保護者に対する支援
　1　保育所における保護者に対する支援の基本
　2　保育所に入所している子どもの保護者に対する支援
　3　地域における子育て支援
第７章　職員の資質向上
　1　職員の資質向上に関する基本的事項
　2　施設長の責務
　3　職員の研修等

改正され、2018 年 4 月 1 日から現在の指針が適用されている。そこでは保育の計画の柱である「保育課程」というカテゴリーが「全体的な計画」というカテゴリーに変更され、幼稚園教育との一体的な関係が後退したともいえる。他方、小学校教育との円滑な接続の重要性をふまえた幼稚園教育要領、保育所保育指針、幼保連携型認定こども園に共通する「幼児教育を行う施設として共有すべき事項」として「知識及び技能の基礎」「思考力、判断力、表現力等の基礎」「学びに向かう力、人間性等」を幼児期に「育みたい資質・能力」として示すとともに、「幼児期の終わりまでに育ってほしい姿」として、次の 10 項目を確認している。

ア　健康な心と体、イ　自立心、ウ　協同性、エ　道徳性·規範意識の芽生え、オ　社会生活との関わり、カ　思考力の芽生え、キ　自然との関わり・生命尊重、ク　数量や図形、標識や文字などへの関心・感覚、ケ　言葉による伝え合い、コ　豊かな感性と表現

子ども子育て支援新制度の施行に伴い小学校等義務教育段階の学校との接続関係にある施設が、幼保連携型認定こども園等を含めて多元化したことにともなう内容改正といえるが、制度としては矛盾の拡大再生産という側面も内包しており、現状は、関係者の理解と合意水準が施設のあり方を様々に規定し、その内実が厳しく問われる新しい段階を迎えているということを指摘しておきたい。

（3）小学校との連携・接続の課題の重要性の社会的認知

2010年3月に文部科学省初等中等教育局幼児教育課に「幼児期の教育と小学校教育の円滑な接続の在り方に関する調査研究協力者会議」が置かれ、同年11月に「幼児期の教育と小学校教育の円滑な接続の在り方について（報告)」が提出されている。

このような会議の設置自体に、「幼児期の教育」と小学校との連携・接続の課題の重要性が社会的に認知されてきた社会の現実とその要請が反映されているといえるが、その中で提出された資料からも、ほぼすべての自治体が課題の重要性については認識しており、課題認識が社会的に広がっている現実を読み取ることができる。

会議の報告書では、「幼児期の教育」と小学校との連携・接続の課題の重要性について次のような確認がされている。

- 義務教育及びその後の学校教育の基礎を幼児期から培うことが必要。
- 教育基本法・学校教育法において、幼稚園からはじまり大学に至るまで学校として体系的な位置づけがなされている。
- 「小1プロブレム」等の課題を踏まえ、幼稚園、保育所及び認定こども園と小学校との連携を一層強化し、子どもの学びの連続性を確保することが重要。

このような課題の認識は、国際的な動向とも結びついて、「幼児期の教育」のあり方を問う大きな社会的なインパクトとして、現在進行形で作用しているといえる。

（4）乳幼児期の教育と保育に関する国際的動向[(2)]

OECDが実施した乳幼児期の教育と保育に関する研究を通して、ECEC（Early Childhood Education and Care）という概念が乳幼児期の教育と保育の分野の制度にかかわる指導理念として形成され、共有されてきている。ECECは、教育と保育は良質のサービスを提供しようとした場合、分離できないそれぞれが必要な一部であるという認識であり、統合的で首尾一貫した乳幼児の教育と保育のあり方を方向づけ支える概念として確認され、使用されてきているものといえる。

研究では、ECECを子どもの権利として位置づけることと関連して、確認されている事実として、次のように指摘している。

「いくつかの国では、ECECを享受する機会を3歳以上の（またはたとえそれ以下であっても）子どもの権利とされている。すべての国における動向としては、義務教育の始まる前の少なくとも2年間の公的な教育をすべての子どもたちに保障することを目標に、3歳から6歳までの子どもたちのすべてにECECのサービスの提供を広げる方向に向かっている[(3)]。」

教育当局の支援の下で、ECECの統合的な政策策定を行おうとする動きが、スウェーデンやイギリス、スペインやニュージーランド、さらにはイタリアにおいても重要な課題として位置づけられてきている状況をふまえて、次のようにも指摘している。

「教育当局の支援の下での統合は、ECECを教育過程の重要な一部とみなすことによりECECと初等教育との概念上および制度上の連携を強化することになろう。また、この方策は、乳幼児に対するサービスが義務教育と同様の公共財であり、すべての子どもにとって学校就学前に質の高いECECの機会を享受することは権利とみなされるべきことを認めるものといえよう。……教育制度とのより緊密な連携は学習への重要な性向や態度を発展させるための重要な段階として誕生から8歳までの児童期を認識しようする生涯学習アプローチを支持するものといえる[(4)]。」

OECDの研究を通して確認されているECECという制度概念とそれにかかわるこのような国際的動向は、日本の現下の改革と矛盾を含みつつも通底する現代社会の要請を反映しているものと受けとめることが必要といえよう。

2 少子化対策としての教育・保育制度改革

(1) 規制改革会議「規制改革推進のための第1次答申」が提起するもの

現代社会の大きな問題として少子化の問題があることは共通認識として確認しうるといえる。

政府の規制改革会議(2007年1月〜2010年3月)が少子化対策の観点から保育制度改革の課題を「規制改革推進のための第1次答申」(2007年5月30日)で包括的に提起しているが、子ども子育て支援新制度につながる「幼保一体化」改革にかかわる課題が提示されており、現下の改革の背景に、少子化社会としての現代日本社会の問題とその解決にむけての社会の要請があることは、そのような事実を通しても読み取ることができるであろう。

「規制改革推進のための第1次答申」(2007年5月30日)は、次のように問題を把握し、課題を提起している。少し長くなるが引用しておきたい。

「我が国では、昭和40年代後半の第2次ベビーブーム以降、合計特殊出生率が徐々に低下し、平成17年には1.26(平成17年人口動態統計(厚生労働省))となるなど、急速な少子化が進行しており、予想より早く、平成17年から「人口減少社会」に転じることとなった。政府においても平成6年の「エンゼルプラン」策定以降、様々な対策が講じられており、現在は平成16年12月に策定された「子ども・子育て応援プラン」及び平成18年6月に策定された「新しい少子化対策について」に基づき、対策が推進されているところである。……

このような中、当会議としては、第二次ベビーブーム世代がいまだ30代にある当面5年間がとりわけ重要となると認識しており、活力ある経済社会を構築していくためにも当該期間を改革の集中期間と位置付け、少子化の流れに歯止めをかける有効な施策を矢継ぎ早に講じていく必要があると考える。……

現在の保育制度は「保育に欠ける子」に対象を限定し、公費により自らあるいは委託の形でサービスの提供を行う公的扶助色の濃い社会福祉制度として位置付けられている。しかし、前述の課題解決を図るため、行政が果たすべき役割は、一定水準以上の保育サービスに就学前の子どもを持つ全ての家庭がアクセスできることを保障することにある。……

その際には、施設と利用者との間の直接契約を容認するとともに、保育サービス料金については、低所得者層等への配慮を前提として、サービス内容に見合った対価を利用者が負担する応益負担方式へ転換するなど、利用者との契約に基づき原則自由に設定できることを認めるべきである。……

併せて昨年10月から導入された「認定こども園」については、地方裁量型を除いて既存の認可保育所制度と幼稚園制度が併存した制度となっていることから、制度の普及を促すことにより、保育所と幼稚園が融合する素地を作りつつ、早急に、両者の<u>完全一元化</u>を目指すべきである。……

また、利用者の負担を公平化するため、運営費等の公的補助を現行の施設への補助から就学前の子どもを持つすべての家庭に対する直接補助方式に転換することも重要である。……」(アンダーラインは引用者)

このように少子化対策としての保育制度改革の課題を包括的に提起した答申が、幼稚園と保育所の「完全一元化」を目指すべき課題として提起していることは留意しておきたい事実といえる。

（2）少子化社会対策会議決定としての
子ども子育て新システム検討会議の設置

子ども子育て支援新制度として具体化された内閣府の「幼保一体化」改革は、少子化社会対策基本法（2003年7月30日　法律第133号）に基づき内閣府に置かれている少子化社会対策会議において、設置が決定された子ども子育て新システム検討会議における検討をふまえて進められた改革であることを歴史的な事実として確認しておきたい。そして、このような「幼保一体化」改革の歴史的な性格は、子ども子育て支援新制度を内容的にも方向づけているといえる。

その意味で、現在進行形で進められている子ども子育て支援新制度は、少子化対策の文脈で社会の要請を受け止めつつ、課題が整理されていると見ることが、対象認識としては妥当するものといえよう。

3　教育・保育制度改革の自治的経験の蓄積

（1）地方分権推進委員会勧告（1996）および総務庁の行政監察結果に基づく勧告（1998）等を契機とする幼稚園と保育所の連携にかかわる地方公共団体レベルの取り組みの広がりと蓄積

内閣府の「幼保一体化」改革については、それを推進する社会的な基盤の成熟として、地方公共団体レベルにおける幼稚園と保育所の連携にかかわる多様な取り組みの存在とその広がりを見ておかなければならない。そのような地方公共団体レベルの取り組みの契機となった文書が、政府の地方分権推進委員会の第1次勧告（1996年12月20日）といえる。そこでは「子どもや家庭の多様なニーズに的確に応えるため、地域の実情に応じ」て、幼稚園と保育所の関係を弾力的に編成しうる観点からの次のように課題を設定しており、国レベルから地方公共団体レベルへと課題をシフトさせた設定として歴史的な意味があるものといえよう。

「少子化時代の到来の中で、子どもや家庭の多様なニーズに的確に応えるため、地域の実情に応じ、幼稚園・保育所の連携強化及びこれらに係る施設の総合化を図る方向で、幼稚園・保育所の施設の共用化等、弾力的な運用を確立する。」

総務庁（当時）の児童福祉対策等に関する行政監察結果に基づく勧告（1998年5月11日）も次のような現状認識を示し、「地域の実態や保護者の意識」の面から幼稚園と保育所の連携を必至の課題として指摘している。

「幼稚園と保育所については、法制上の位置付けは異なるものであるが、今日では、地域の実態や保護者の意識の面から、3歳以上就学前児童に関しては、幼稚園と保育所はほとんど差異のないものとして受けとめられている。」

「預かり保育の進展の下で、今後、保育所でも、平成9年6月の児童福祉法の改正により、保護者が保育所を選択する余地が生じること……とも相まって、共働きの保護者にとっては、選択肢化する幼稚園あるいは保育所から児童に提供される保育サービスの質が関心の対象になり、その等質化が求められることは必至とみられる。……また、保育料の負担の仕組みや公的助成の内容についても、保育サービス面での等質化の要請の動向との齟齬が一層顕在化している。」

このような課題認識や課題設定を裏づける形で、地方公共団体や園レベルで、とりわけ2000年代に入り、幼稚園と保育所の連携に関する多様な取り組みが進められ、経験が蓄積されてきたといえる。

（2）地方公共団体レベルの幼稚園と保育所の連携に関する取り組みの特徴

今日の「幼保一体化」改革の社会的基盤を醸成してきた地方公共団体レベルの幼稚園と保育所の連携に関する取り組みの特徴は、次のような点に求めることができよう。

①特徴の第一は、社会の変化と「地域の実情に応じて」、各地域や園において柔軟な制度設計ができるよう多様なメニューが用意され、その組み合わせにより様々なバリエーションの連携が可能になっている点である。

各地域や園における幼稚園と保育所の連携に関する柔軟な制度設計を可能にした制度メニューの主なものを例示しておきたい。

【幼稚園と保育所の両者にかかわる事項】

- 幼稚園と保育所の施設の共用化：文部省（当時）初等中等教育局長・厚生省児童家庭局長（当時）連名通知「幼稚園と保育所の施設の共用化等に関する指針について」(1998年3月10日)。
- 保育所と幼稚園の設置認可の緩和措置：厚生省児童家庭局長（当時）通知「保育所の設置認可について」(2000年3月30日)、文部省（当時）初等中等教育局長「保育所の設置認可に係る規制緩和に伴う保育所を設置する社会福祉法人による幼稚園の設置について」(2000年3月31日)。
- 教育内容・保育内容の整合性の確保、幼稚園教諭と保育士の研修の合同開催、幼稚園教諭と保育士の人的交流の推進、幼稚園児と保育所入所児間の交流の促進、幼稚園と保育所の子育て支援に係る事業の連携実施、文部科学省及び厚生労働省の共同による幼稚園と保育所の連携事例集の作成、養成課程の充実、科目等履修生制度の活用等幼稚園教諭免許と保育士資格の併有機会の充実等（「子どもと家庭を支援するための文部省·厚生省共同行動計画」1998年6月19日、「幼児教育振興プログラム」2001年3月29日等)。

【幼稚園にかかわる事項】

- 「預かり保育」の制度化：幼稚園教育要領（1998年12月14日改正、2000年4月1日施行）において、「教育課程に係る教育時間の終了後に希望する者を対象に行う教育活動」として位置づけを明確化。
- 地域の幼児教育センターとしての役割の明確化：幼稚園教育要領（同上）において、「子育て支援のために地域の人々に施設や機能を開放して、幼児教育に関する相談に応じるなど、地域の幼児教育センターとしての役割を果たすように努めること」と明記。

【保育所にかかわる事項】

- 保育所入所方式の「措置」制度から「選択」利用制度への転換：児童福祉法改正（1997年）による制度改正で、保育所への入所のしくみとして幼稚園との共通性が生まれ、前記総務庁の勧告にもあるように幼稚園と保育所の選択可能性が制度的に派生することとなった。
- 小規模保育所の設置認可、保育所分園の設置運営：施設の共用化等とも関連して幼稚園と保育所の連携を地域の実情に応じ弾力的に進めるための制度条件ともなりうる緩和措置等。

【構造改革特別区域にかかわる事項】

構造改革特別区域法（2002年12月18日公布・施行、法律第189号）に基づく、構造改革特別区域として、幼稚園と保育所の連携に関する取り組みが進められてきたことも歴史的な経験として特徴的である。

構造改革特別区域法は第1条で目的を次のように規定している。

「第1条　この法律は、地方公共団体の自発性を最大限に尊重した構造改革特別区域を設定し、当該地域の特性に応じた規制の特例措置の適用を受けて地方公共団体が特定の事業を実施し又はその実施を促進することにより、教育、物流、研究開発、農業、社会福祉その他の分野における経済社会の構造改革を推進するとともに地域の活性化を図り、もって国民生活の向上及び国民経済の発展に寄与することを目的とする。」

このような構造改革特別区域の一分野として「幼保連携・一体化分野」が位置づけられ、次のような取り組みが構造改革特別区域計画として認定されてきたことは確認しておきたい。

- 幼稚園における幼稚園児及び保育所児等の合同活動（2006年10月より幼稚園設置基準の改正により一般化）。
- 幼稚園の入園資格にかかわる年齢要件の緩和措置：4月の学年の始期においては満3歳未満の幼児であっても、その年度途中に満3歳を迎える幼児について入園資格を与える措置（2007年4月からは、「幼稚園を活用した子育て支援としての2歳児の受入れ」として一般化）。

「幼保連携・一体化分野」の取り組みとして構造改革特別地域に認定された計画は、全体で2009年度までの認定計画累計1077件中の97件であり、多くの地方公共団体が、幼稚園と保育所の連携に関する取り組みを進めてきた事実を例証するものといえよう。

② 特徴の第二は、幼稚園と保育所の連携の取り組みが、規制改革とも連動して進められている点である。

地方公共団体レベルの取り組みは、構造改革特別区域をはじめとして、すでに見たように規制改革をともなって活性化していると見ることができる。

政府の総合規制改革会議の「規制改革の推進に関する第２次答申 ― 経済活性化のために重点的に推進すべき規制改革」(2002年12月12日）は、「株式会社の参入が原則禁止されている医療、福祉、教育、農業の４分野など公的関与の強い事業分野を『官制市場』と呼び、それらの分野における株式会社参入や国・地方公共団体と民間との役割分担などについて」「様々な角度から積極的な議論を進めていく所存である」と述べ、「保育」に関して、次のように課題を提示している。

「保育についても、民間事業者の参入や地方自治体による認証保育制度などにより、保育サービスの供給量も全国的に増加しているが、特に都市部においては、依然として保育所への待機児童が多く存在している状況にある。また、働きながら子育てを支援するためには、夜間保育、休日保育、病後児保育、一時保育といった多様なニーズに対応した保育サービスが提供されるべきであるが、こうした利用者の保育需要に見合った供給側の対応はいまだ不十分である。……

就学前の児童については、幼稚園、保育所のそれぞれの役割が近似してきており、双方の機能を併せ持った施設へのニーズが高くなるとともに、施設の共用化も増えている。しかしながら、行政の補助金の関係から、施設の一体的な運営が行いにくいことや、児童についても幼稚園児と保育所児の区別が要求されるなど、ニーズに制度的に応え切れていない部分も残っている。

今後、……安全で質の高いサービスが受けられるよう利用者主体の規制改革を進めていく必要がある。」

この答申に示されている課題認識は、現下の「幼保一体化」改革にもつながっている基本認識のひとつといえる。

地方公共団体レベルの幼稚園と保育所の連携に関する取り組みが、このような規制改革とも連動して進められてきている現実をふまえるならば、政府セクターと民間セクターの関係に十分留意して、その取り組みを評価し、検証することは重要な課題といえよう。

社会の今日的段階は、政府セクターと民間セクターの関係認識を欠いた政策提言は、有効性を持ちえない歴史的段階にあることを共通の確認としておきたい。

③ 特徴の第三は、幼稚園と保育所の連携が、地方公共団体における当該行政組織の統合をともなって推進されている点である。

これは、あくまでも当該地方公共団体の選択であり、すべての場合がそうであるということではないが、今日的段階の特徴として特筆すべきであろう。

その際に問題となるのは、地方公共団体の首長部局への統合なのか、教育委員会部局への統合なのかという点である。この点では、幼稚園と保育所の連携にかかわる地方公共団体の課題認識がそのような行政組織の統合のあり方に反映しているとともに、地方公共団体の教育行政組織である教育委員会のあり方自体が問われてきている状況もあり、二者択一的な選択の問題ではなく、地方公共団体の組織運営のあり方全体を問う問題としても、課題が認識されてきていると見ることができよう。

全国市長会の「教育における地方分権の推進に関する研究会」(2006年3月設置)がまとめた「教育における地方分権の推進に関する提案～地域の教育力を高めるために～」(2007年3月)は、「教育における市町村の責任」に関して、次のような認識を示している。

「教育は、市町村における総合行政の重要な一分野であり、他の行政との関連も深い。子どもの教育に大きな影響を与える保護者の失業などの就労問題、障害を持つ子どもに対する系統だった総合的な教育、幼稚園・保育所と小学校との密接な連携、幼保一元化や放課後子どもプランなど、文部科学省及び教育委員会を中心とした教育の専門機関のみでは対応しきれない課題も多い。従って、他の行政部門との連携はもとより、経済的・福祉的側面等からの支援など、地域・社会における総合的な取組の必要性が今後ますます高まることが考えられる。

そのためには、まず教育現場に近い『市町村の教育力』を高めるとともに、住民の負託を受けた市町村長が主導することなどにより、市町村の主体性と責任において、迅速かつ的確に教育行政を実施する必要がある。」

このような見解は、政府の規制改革にかかわる次のような課題認識とも応答関係のあるもので、今日の社会に客観的な基礎をもつひとつの要請として意味づけ、検証することが求められているといえよう。少し長くなるが引用しておきたい。

「現在の教育行政組織は、教育を受ける立場の学習者の期待や意見に対して明確な権限と責任に基づいて即応できる体制にない。すなわち、学校長、市町村の首長及び教育委員会並びに都道府県の首長及び教育委員会が並列的あるいは重畳的に存在し、学習者から見て権限と責任の所在が曖昧になっている。また、教育現場における重要事項や基本方針を決定し執行すべき教育委員会は、本来の理念には反して、学習者の利益を代弁していない。教育委員には保護者を含むよう努力規定があるものの、実際には教育長を除く教育委員に占める保護者の割合は僅か１割強であり、教育委員と教育委員会事務局の長を兼任する教育長には、市町村教育委員会において教職経験者が約７割近くに達するなど、供給者側の視点に立った画一的な学校運営を助長する委員構成となっている。その結果、むしろ各地方公共団体に画一的に設置されているため国の指導助言等に基づく上意下達のシステムとして機能しており、能力や適性に応じたきめ細かい教育が必要とされる学習者が置き去りにされるという状況すら生み出している。さらに、公立学校の設置者であり、かつ本来地方行政について住民に責任を負うべき首長には教育行政の執行権限がなく、政治的中立性の確保という名のもとに一般行政とは独立して設置されている現在の教育委員会制度は、明らかに民意に対して鈍感になっていると言わざるを得ない。」（規制改革・民間開放推進会議「規制改革・民間開放の推進に関する第3次答申」2006年12月25日）

地方公共団体における幼稚園と保育所の連携に関する取り組みは、このように行政組織の在り方をも問いなおす枠組みをもった取り組みとして展開され、現代日本社会において広がりと蓄積をもった取り組みとなってきていることは事実として確認することができよう。

Ⅱ 内閣府「幼保一体化」改革の構造と矛盾

本節では、子ども･子育て新システムの中で、中心的な位置を占めている「幼保一体化」改革に対象を限定して、その構造と矛盾を考察することとする。

「幼保一体化」改革は、次のような柱で構成されている。

- 「総合こども園」（仮称）の創設
- 給付の一体化としての「こども園」給付（仮称）の創設と指定制度の導入
- 市町村新システム事業計画（仮称）の策定と子ども・子育て会議（仮称）の設置

以下、それぞれの柱ごとにその内容を検討しておきたい。

1 「総合こども園」（仮称）の創設

「幼保一体化」改革の中核的課題として位置づけられ、創設が検討されてきた施設が、学校教育・保育及び家庭における養育支援を一体的に提供する「総合こども園」（仮称）である。

資料４は「幼保一体化」の全体としての仕組みを示したものであるが、現行の幼稚園・保育所（認定こども園も含む）から「総合こども園」（仮称）への移行を中心に改革の設計がされていることが理解されよう。

問題を３つ指摘しておきたい。第一は、改革にとってきわめて重要な位置を占める「総合こども園」（仮称）への既存の施設からの移行の困難が予想されることである。

資料４

幼保一体化の具体的な仕組みについて

＜具体的仕組み＞

○ 給付システムの一体化
～子ども・子育て新システムの創設～

・地域における学校教育・保育の計画的整備
～市町村新システム事業計画（仮称）の策定～
市町村は、地域における学校教育・保育の需要をはじめ、子ども・子育てに係る需要の見込み及び見込量の確保のための方策等を内容とする市町村新システム事業計画（仮称）を策定する。

・多様な保育事業の量的拡大
～指定制度の導入～
客観的基準を満たした施設及び多様な保育事業への財政措置を行うこと等により、多様な事業主体の保育事業への参入を促進し、質の確保された保育の量的拡大を図る。

・給付の一体化及び強化
～こども園給付（仮称）の創設等～
学校教育・保育に係る給付を一体化したこども園給付（仮称）を創設することにより、学校教育・保育に関する財政措置に関する二重行政の解消及び公平性の確保を図る。

○ 施設の一体化
～総合こども園（仮称）の創設～
学校教育・保育及び家庭における養育支援を一体的に提供する総合こども園（仮称）を創設する。

＜効果＞

質の高い学校教育・保育の一体的提供
・地域における学校教育・保育の計画的整備及び総合こども園（仮称）等により、質の確保された学校教育・保育が一体的に提供。
・配置基準の見直し等により、学校教育・保育の質がさらに向上。

保育の量的拡大
・幼稚園から総合こども園（仮称）への移行により、保育が量的に拡大。
・客観的基準を満たした施設及び保育ママ等の多様な保育事業への財政措置（指定制）等により、質の確保された保育が量的に拡大。待機児童解消にも貢献。

家庭における養育支援の充実
・幼稚園・保育所から総合こども園（仮称）への移行及び地域子育て支援事業等の推進等により、家庭における養育の支援機能が強化。

＜すべての子どもの
健やかな育ちが実現＞
＜結婚・出産・子育ての
希望がかなう社会が実現＞

（出典：子ども・子育て新システム検討会議基本制度ワーキングチーム第20回会合資料）

基本制度ワーキングチームでは、「総合こども園」（仮称）の具体的制度設計についての確認がされているが、その中の「主な経過的措置等」では、保育所については移行期間について明示的に示されているものの、公立保育所については「引き続き検討する」として、結論は先送りされている。幼稚園については、調理室（満３歳未満児については自園調理が必須）等への補助制度を創設することなどが提起されているが、移行期間等の明示はなく、現状維持的な傾向を読み取ることができよう。

問題の第二は、「総合こども園」（仮称）の学校教育制度上の位置づけである。

基本制度ワーキングチームの「子ども・子育て新システムに関する基本制度とりまとめ」（2012年2月13日）では、資料５のように整理されている。

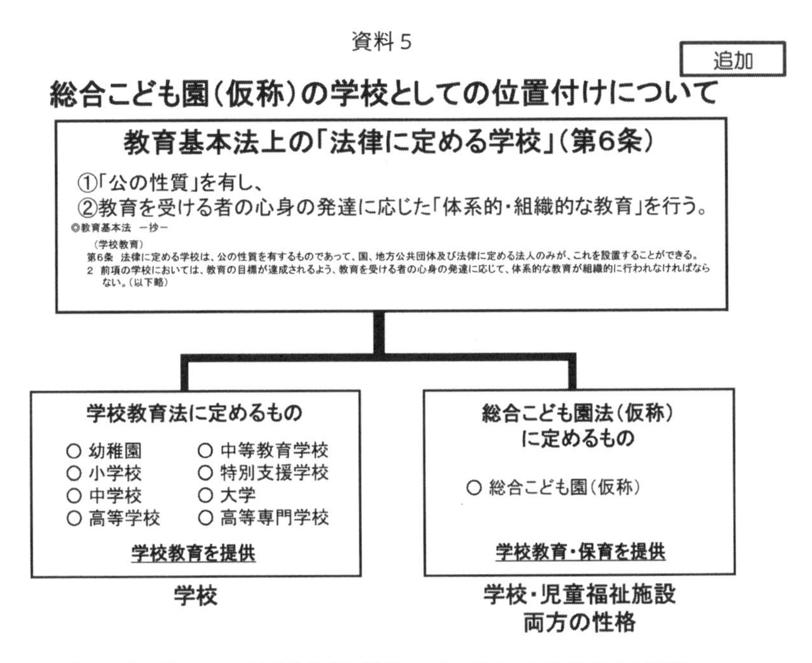

（出典：子ども・子育て新システム検討会議基本制度ワーキングチーム第20回会合資料）

「総合こども園」（仮称）は、教育基本法上の「法律に定める学校」（第6条）として位置づくものの、学校教育法上の位置づけではなく、「総合こども園法（仮称）」に位置づけられることとなる。「法律に定める学校」は、従来の解釈でいえば、学校教育法第１条で定める学校という理解が一般的といえるが、「幼児期の教育」に関しては、二つの系列の学校教育が制度化されることとなる。従来は、学校教育と児童福祉の系列に制度的に分岐していた「幼児期の教育」が、学校教育の二つの系列として再編されることを意味するものといえる。このことは、あらたな矛盾を学校教育制度にもたらすものとして容易には承認しえないものといえよう。

高等専門学校や中等教育学校が新しい学校種別として学校教育法上に位置づけられ、制度化されてきた歴史的経緯を考えるならば、「総合こども園」(仮称)を、幼稚園と並べて学校教育法上に位置づけることの方が、「質の高い学校教育・保育の一体的提供」という「幼保一体化」改革の理念とも合致した制度設計と考えられるが、矛盾を再生産する結果を招くことは必至といえる。

問題の第三は、「総合こども園」(仮称)の設置主体を「国、地方公共団体、学校法人、社会福祉法人及び一定の要件を満たした株式会社、NPO 等の法人」としていることである。

「幼保一体化」改革は「多様な事業主体の保育事業への参入」が基本方針のひとつされており、その方針に沿った制度設計といえるが、「学校」の設置主体として「株式会社、NPO 等の法人」の参入に道を開くことは、これまで「構造改革特別区域」において特例的には認められてきたが、一般的には大きな制度変更を意味するものであり、社会的合意水準との間に乖離があるといわざるをえない。そのような矛盾に正面から向き合い、制度設計の正統性を担保する努力を回避し、「総合こども園」(仮称)を学校教育法上に位置づけない形で問題を糊塗しようとしているとも考えられるが、もしそうであれば、前述したように、「幼保一体化」改革の理念を犠牲にした本末転倒の制度設計との誹りを免れないといえよう。

「幼保一体化」改革は、「幼児期の教育」として、従来の分岐した制度を統合し、学校教育の系統としての接続関係を制度的にも明確にすることが、社会的要請ともなってきていることを背景として進められている改革といえるが、その中核的位置を占める、「総合こども園」(仮称)の制度設計には、大きな矛盾が内包されており、その解決が問われていくことは必至といえる。

【補注】

子ども子育て支援新制度は、2012年3月30日、第180通常国会に内閣提出法案として提出されたが、国会での審議を通じて自公民3党合意を踏まえて修正され、子ども子育て関連3法が成立し、2015年4月から施行されて現在に至っている。

修正されたポイントは、補注資料1、2のとおりである。

大きな変更は、「総合こども園」の創設に換えて、既存の「認定こども園」の制度改正により、「幼保連携型認定こども園」を、学校・児童福祉施設の両方の性格をもった単一の施設として位置づけたことである。

子ども子育て支援新制度の下で、新しい制度的位置づけを得た「幼保連携型認定こども園」は、本文中に指摘した「総合こども園」構想の問題を基本的に継承しており、「学校」としての位置づけはされているものの、学校教育法上

補注資料1　子ども・子育て関連3法（2012年8月成立）の趣旨と主なポイント

◆3法の趣旨

自公民3党合意を踏まえ、保護者が子育てについての第一義的責任を有するという基本的認識の下に、幼児期の学校教育・保育、地域の子ども・子育て支援を総合的に推進

◆主なポイント

○認定こども園、幼稚園、保育所を通じた共通の給付（「施設型給付」）及び小規模保育等への給付（「地域型保育給付」）の創設

＊地域型保育給付は、都市部における待機児童解消とともに、子どもの数が減少傾向にある地域における保育機能の確保に対応

○認定こども園制度の改善（幼保連携型認定こども園の改善等）

・幼保連携型認定こども園について、認可・指導監督の一本化、学校及び児童福祉施設としての法的位置づけ

・既存の幼稚園及び保育所からの移行は義務づけず、政策的に促進

・幼保連携型認定こども園の設置主体は、国、自治体、学校法人、社会福祉法人のみ　（株式会社等の参入は不可）

・認定こども園の財政措置を「施設型給付」に一本化

○地域の実情に応じた子ども・子育て支援（利用者支援、地域子育て支援拠点、放課後児童クラブなどの「地域子ども・子育て支援事業」）**の充実**

（出典：内閣府・文部科学省・厚生労働省「子ども・子育て関連3法について」2013年4月）

補注資料２　新たな幼保連携型認定こども園の「学校」としての位置付け

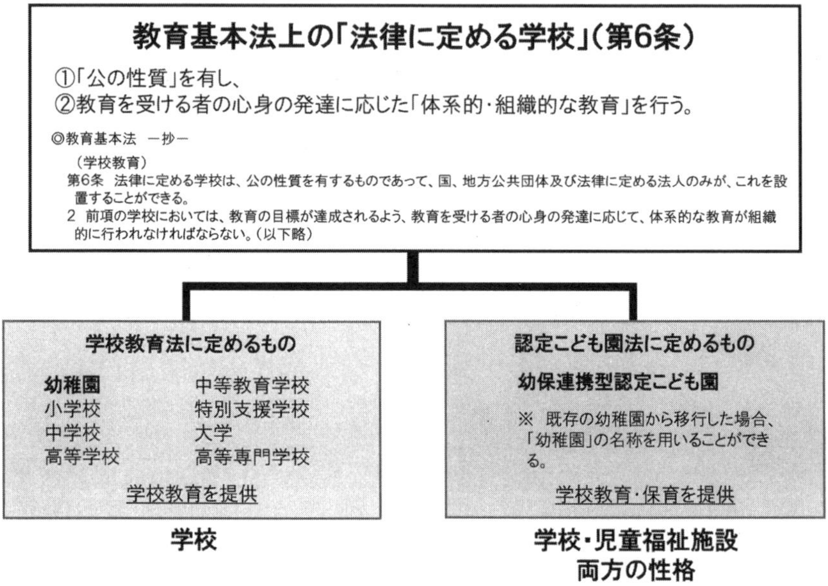

教育基本法上の「法律に定める学校」（第6条）

①「公の性質」を有し、
②教育を受ける者の心身の発達に応じた「体系的・組織的な教育」を行う。

◎教育基本法　－抄－

（学校教育）
第6条　法律に定める学校は、公の性質を有するものであって、国、地方公共団体及び法律に定める法人のみが、これを設置することができる。
2　前項の学校においては、教育の目標が達成されるよう、教育を受ける者の心身の発達に応じて、体系的な教育が組織的に行われなければならない。（以下略）

学校教育法に定めるもの

幼稚園　中等教育学校
小学校　特別支援学校
中学校　大学
高等学校　高等専門学校

学校教育を提供

学校

認定こども園法に定めるもの

幼保連携型認定こども園

※　既存の幼稚園から移行した場合、「幼稚園」の名称を用いることができる。

学校教育・保育を提供

学校・児童福祉施設
両方の性格

（出典：内閣府子ども・子育て本部「子ども・子育て支援新制度について」）

の「学校」とは別系統の「学校」として、学校系統上の矛盾の解消には至っていない。

「総合こども園」構想の問題として指摘した「株式会社、NPO 等の参入」に関しては、「学校」の設置主体に関する現段階の社会的合意水準に照らした形で修正され、「国、自治体、学校法人、社会福祉法人のみ（株式会社等の参入は不可）」とされている。そうであるならば、本文中で指摘したように、「幼保連携型認定こども園」を学校教育法上の「学校」として位置づけることも出来たであろうにもかかわらず、そのような対応をしなかったことに関して、あらためて問題として指摘しておきたい。

2　給付の一体化としての「こども園」給付（仮称）の創設と指定制度の導入

「こども園」給付（仮称）の創設は、**資料６**に見るように指定制度の導入と不可分で、「こども園」（仮称）として指定された施設に対しては、「こども園」給付（仮称）という包活的な交付金で、その事業の実施に必要な費用を担保するように制度設計がされている。

資料６

②多様な保育事業の量的拡大（指定制度の導入）　修正

【基本的な考え方】

○　質の確保のための客観的な基準を満たすことを要件に、①認可外施設を含めて参入を認め、②株式会社、NPO等、多様な事業主体の参入を認める。これにより、保育の量的拡大を図るとともに、利用者がニーズに応じて多様な施設や事業を選択できる仕組みとする。

【具体的な制度設計】

法人格		こども園（仮称）：安定的・継続的な運営を担保する観点から、法人格を条件 多様な保育事業を行う指定事業者：法人でない場合でも、一定の条件を満たせば指定の対象
指定基準		現行の基準を基礎とし、全国一律の基準として定める※国の基準と地方の裁量の範囲については、47頁、52頁を参照 ※質の向上の観点から、職員配置基準の引き上げ等を検討
撤退規制等		・撤退の際、事前届出、予告期間の設定、利用者の継続的利用のための調整義務等を課す ・質の確保の観点から、数年ごとに指定を更新 ・保護者の選択に資する観点から、情報開示の義務化を行う
指定・指導監督	主体	こども園（仮称）：広域調整の観点から、都道府県とする（大都市特例等については29頁の通り） 地域型保育（仮称）を行う指定事業者：地域の実情に応じた供給量の確保の観点から、市町村とする
	権限	指定・指導監督主体に、立入検査、基準遵守の勧告・措置命令、指定取消等の権限を与える
需給調整		指定基準を満たす施設はすべて指定する。ただし、施設数が過大となっている場合、指定主体の権限において新規の指定や更新を行わないことができる。 （詳細については32～36頁を参照）
経過措置		施行の際、現に幼稚園・保育所の認可を有する施設は、こども園（仮称）の指定があったものとみなす ※施行前に現に認可を受けている施設については、法人格を有しなくても指定を受けられることとする。　※現行の幼稚園、保育所、認定こども園からの円滑な移行に留意する。

【指定制のイメージ】

事業の開始	総合こども園（仮称）、幼稚園又は保育所の認可	【認可施設と同等の基準を満たす施設】	その他の施設の届出 【多様な保育】 （小規模保育等）	【基準を満たさない施設】 （ベビーホテル等）
財政措置	こども園（仮称） ‖ 指定により、こども園給付（仮称）の対象		多様な保育事業者 ‖ 指定により、地域型保育給付（仮称）の対象	×

（出典：子ども・子育て新システム検討会議基本制度ワーキングチーム第20回会合資料）

「こども園」給付は、「子ども・子育て包括交付金」（仮称）の一環に位置づけられる国庫負担金として国から市町村に交付されるものであるが、一般会計での対応が基本とされており、子ども・子育てのために使用されかどうかは、当該市町村の裁量に委ねられるものとなっており、地方公共団体の対応を通して、制度の矛盾が顕在化することは避けられないといえよう。住民自治の力量が問われていくこととなろう。

【補注】

3党合意に基づき成立した子ども子育て支援新制度は、財政的には、**補注資料3**に見るように、給付の一体化と国から市町村に交付される一般会計で処理される給付金としての基本的性格は維持されつつも、「子ども・子育て支援給付」として包括され、それが「子どものための現金給付」「子どものための教育・保育給付」「子育てのための施設等利用給付」に種別化され、「子どものための

補注資料3　子ども・子育て支援法に基づく給付・事業の全体像

子ども・子育て支援給付	地域子ども・子育て支援事業
■ 施設型給付 ・認定こども園、幼稚園、保育所を通じた共通の給付 ※私立保育所については、現行どおり、市町村が保育所に委託費を支払い、利用者負担の徴収も市町村が行うものとする ■ 地域型保育給付 ・小規模保育、家庭的保育、居宅訪問型保育、事業所内保育 ※ 施設型給付・地域型保育給付は、早朝・夜間・休日保育にも対応 ■ 児童手当	■ 利用者支援、地域子育て支援拠点事業、一時預かり、乳児家庭全戸訪問事業等 （対象事業の範囲は法定） ※ 都道府県が実施する社会的養護等の事業と連携して実施 ■ 延長保育事業、病児・病後児保育事業 ■ 放課後児童クラブ ■ 妊婦健診

※ 出産・育児に係る休業に伴う給付（仮称）→ 将来の検討課題

（出典：内閣府・文部科学省・厚生労働省「子ども・子育て関連3法について」2013年4月）

教育・保育給付」が「施設型給付費」と「地域型保育給付費」として区分され、整序されている。

本文中で「基礎自治体である市町村の対応が問われ、住民自治の力量が問われていくことになろう」と指摘をしたが、新制度の実施状況を検証する際の重要な視点であり、課題といえよう。

3 市町村新システム事業計画（仮称）の策定と子ども・子育て会議（仮称）の設置

「幼保一体化」改革を含めた子ども・子育て新システムの実施主体が、基礎自治体としての市町村であることは、**資料4**に見るとおりであり、制度の具体的な内容は、市町村が策定する市町村新システム事業計画（仮称）を通して実現されていくこととなる。

資料7は、子ども・子育て新システムにかかわる制度設計の全体構造の中で、基底的位置を占める市町村新システム事業計画（仮称）の策定にかかわる制度設計の概要であるが、国の子ども・子育て包括交付金の算定の基礎ともなるもので、その策定が当該市町村の子ども・子育てにかかわる事業内容を規定するものといえる

このような市町村新システム事業計画は、国の基本指針と都道府県の新システム事業支援計画との整合性をふまえ、調整をふまえ策定されるものであるが、各段階の指針や計画の策定、実施、その結果の検証等のプロセスへの関係者の参画・関与を保障するシステムとして子ども・子育て会議（仮称）の設置が構想されている。事業の実施にかかわる関係者の参画の実質が問われることとなろう。

「幼保一体化」改革は、現状では、基礎自治体として新システムの実施主体である市町村と都道府県との子ども園（仮称）の指定・指導権限の配分についての未調整など、制度設計上の重要な部分がいまだ未確定であり、このまま実

資料7

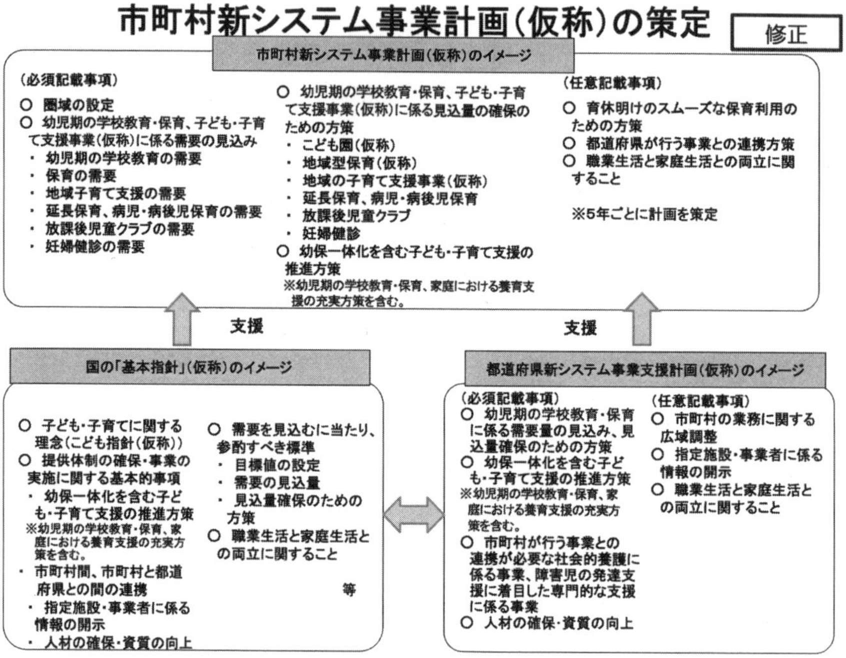

市町村新システム事業計画（仮称）の策定　修正

市町村新システム事業計画（仮称）のイメージ

（必須記載事項）
○ 圏域の設定
○ 幼児期の学校教育・保育、子ども・子育て支援事業（仮称）に係る需要の見込み
・ 幼児期の学校教育の需要
・ 保育の需要
・ 地域子育て支援の需要
・ 延長保育、病児・病後児保育の需要
・ 放課後児童クラブの需要
・ 妊婦健診の需要

○ 幼児期の学校教育・保育、子ども・子育て支援事業（仮称）に係る見込量の確保のための方策
・ こども園（仮称）
・ 地域型保育（仮称）
・ 地域の子育て支援事業（仮称）
・ 延長保育、病児・病後児保育
・ 放課後児童クラブ
・ 妊婦健診
○ 幼保一体化を含む子ども・子育て支援の推進方策
※幼児期の学校教育・保育、家庭における養育支援の充実方策を含む。

（任意記載事項）
○ 育休明けのスムーズな保育利用のための方策
○ 都道府県が行う事業との連携方策
○ 職業生活と家庭生活との両立に関すること

※5年ごとに計画を策定

支援　支援

国の「基本指針」（仮称）のイメージ

○ 子ども・子育てに関する理念（こども指針（仮称））
○ 提供体制の確保・事業の実施に関する基本的事項
・ 幼保一体化を含む子ども・子育て支援の推進方策
※幼児期の学校教育・保育、家庭における養育支援の充実方策を含む。
・ 市町村間、市町村と都道府県との間の連携
・ 指定施設・事業者に係る情報の開示
・ 人材の確保・資質の向上

○ 需要を見込むに当たり、参酌すべき標準
・ 目標値の設定
・ 需要の見込量
・ 見込量確保のための方策
○ 職業生活と家庭生活との両立に関すること

等

都道府県新システム事業支援計画（仮称）のイメージ

（必須記載事項）
○ 幼児期の学校教育・保育に係る需要量の見込み、見込量確保のための方策
○ 幼保一体化を含む子ども・子育て支援の推進方策
※幼児期の学校教育・保育、家庭における養育支援の充実方策を含む。
○ 市町村が行う事業との連携が必要な社会的養護に係る事業、障害児の発達支援に着目した専門的な支援に係る事業
○ 人材の確保・資質の向上

（任意記載事項）
○ 市町村の業務に関する広域調整
○ 指定施設・事業者に係る情報の開示
○ 職業生活と家庭生活との両立に関すること

（出典：子ども・子育て新システム検討会議基本制度ワーキングチーム第20回会合資料）

行されれば、拙速な改革ということにならざるをえないといえる。

「幼保一体化」改革は、社会全体にとって極めて関心が高く、利害関係も歴史的な経緯の中で深く刻印されている生活世界と密接な制度改革であり、歴史的にも重要な改革といえるが、そのような改革が、このような十分な整理もなく実施されることには、警鐘を鳴らさざるをえない。関係者の無用な混乱と軋轢を招くことは必至であり、改革に内在的な矛盾を顕在化させ、改革の理念を形骸化させる結果とならざるをえないことを指摘しておきたい。

【補注】

施行されている子ども子育て支援新制度では、事業計画の名称は「子ども・

子育て支援事業計画」として整理されているが、その本文中で述べている事業計画の位置づけは変更されていない。

本文中で指摘したこども園の指定・指導権限の配分に関しては、幼保連携型認定こども園の設置・認可に関しては、政令都市および中核市の場合には当該市長の権限とする形で、保育所の設置・認可にかかわる権限配分に準じて整理されているものの、政令都市および中核市以外の市町村に関しては、私立幼稚園の場合と同様に都道府県知事の権限とされており、全体として現状維持的な傾向を読み取ることができよう。

Ⅲ「幼保一体化」改革にかかわる幼児期の教育・保育の現代的課題

これまでは内閣府が進めている「幼保一体化」改革について、その中で問われている課題の歴史的・本質的な意味を問う作業（第１節）と、「幼保一体化」改革の具体的な制度設計の内容的な考察（第２節）を進めてきたが、本節では、それらの考察をふまえ、問われている幼児期の教育・保育の現代的課題について考察することとする。

課題を４つ提起したい。

第一は、権利の総合保障という課題である。

第二は、幼稚園自体が変わらなければならないという課題である。

第三は、幼児期の教育・保育と小学校との連携・接続の課題とかかわるひとつの具体的な問題提起である。

第四は、地方公共団体における関係者の参加と行政組織の在り方にかかわる課題である。

以下、具体的に考察することとしたい。

1 制度設計の基本としての権利の総合保障の重要性

「幼保一体化」改革にかかわって、権利の総合保障を考える場合、次のような問題があるといえる。

- 子どもの権利と親（保護者）の権利の関係の問題である。
- 子どもの教育を受ける権利相互の問題である。
- 子どもの教育を受ける権利と福祉の権利等他の権利との関係の問題である。

(1) 子ども権利と親（保護者）の権利の総合保障の課題

「児童の権利に関する条約」はその第2条において、「いかなる差別もなしにこの条約の定める権利を尊重し、及び確保する」と児童の権利保障を確認し、第3条で「児童に関するすべての措置をとるに当たっては、……児童の最善の利益が主として考慮されるものとする」と規定している。

児童の権利ならびに児童の最善の利益の実現とかかわって、重要な規定が「女子に対するあらゆる形態の差別の撤廃に関する条約」（以下、女子差別撤廃条約）の第5条（役割分担の否定）において次のように規定されている。

「(b) 家庭についての教育に、社会的機能としての母性についての適正な理解並びに子の養育及び発育における男女の共同責任についての認識を含めることを確保すること。あらゆる場合において、子の利益は最初に考慮するものとする。」

女子差別撤廃条約は「雇用における差別撤廃」を第11条において定め、その第2項（c）において、次のように課題を明記している。

「親が家庭責任と職業上の責務及び社会的活動への参加とを両立させることを可能とするために必要な補助的な社会的サービスの提供を、特に保育施設網の設置及び充実を促進することにより奨励すること。」

このような国際法上の規定からは、子どもの権利と親(保護者)の権利(「権利」との表裏の関係で「責任」や「責務」を理解することをふまえて)を代替関係に置かないで総合的に保障するための社会的な基盤として「保育施設網の設置及び充実」があると理解することが必要であることを確認しておきたい。子どもの権利・子どもの最善の利益を親(保護者)の権利・責任・責務と対立的に議論する傾向が教育・保育関係者の中にもともするとあるといえるが、そのような関係把握は、自らの存在理由を空しくする立場ともならざるを得ないことを相互に自戒し、権利の総合保障の筋道を丁寧に追求していくことの必要性を提起しておきたい。

(2) 子どもの教育を受ける権利を分離・分断せずにつなげていく課題

「障害者の権利に関する条約」が国連で2006年12月に採択され、2008年4月に発効している。2012年2月の段階で、批准国は110カ国であるが、日本政府は批准に向けての準備作業は進めているものの、まだ批准には至っていない(次頁の補注参照)。

この条約で教育制度の指導理念として提起されているインクルージョン(inclusion)(外務省訳では「包容」とされている)という理念が重要といえる。第24条が教育条項であるが、次のように明記されている。

「1　締約国は、教育についての障害者の権利を認める。締約国は、この権利を差別なしに、かつ、機会の均等を基礎として実現するため、障害者を包容するあらゆる段階の教育制度及び生涯学習を確保する。」(引用者補注:「包容する教育制度」 inclusive education system)

教育制度なかんずく学校教育制度において、障害者は普通教育と分離された特殊教育の系統において教育保障がされてきた歴史が長く続いてきたが、そのような制度とは相いれない「包容する教育制度」への移行が課題として明確に示されている段階が今日という歴史的段階であると理解することができよう。

このような歴史的段階において、幼児期の教育を学校教育の通常の系統とは異なる教育の系統として制度化しようとする「幼保一体化」改革の制度設計は時代の課題や理念との応答性、整合性を欠くものと批判されて当然であろう。すでに行論でも指摘したように、学校教育法上の学校として「総合こども園」(仮称)(制度化された「幼保連携型認定こども園」)を位置づけることは、その意味で改革の真価が問われる基本的な制度要件であることを提起しておきたい。

「幼保一体化」改革が、幼児期の教育と小学校段階の教育との連携・接続という日本社会の現段階の歴史的に生成してきた要請を背景にした改革であることをふまえるならば、その課題は、なおさら曖昧にできない課題として理解される必要があろう。

(3) 子どもの教育を受ける権利と福祉の権利等他の権利との総合保障

この課題も、すでに提起されて久しいといえるが、「幼保一体化」改革の「総合こども園」(仮称)(制度化された「幼保連携型認定こども園」)の制度設計において、「総合こども園」(仮称)(制度化された「幼保連携型認定こども園」)が学校と児童福祉施設の両方の性格を有していることをもって、学校教育法上の学校としての位置づけから切り離し、別系統の学校として位置づけているとするならば、そのこと自体が問い直されなければならないといえよう。

子どもの教育を受ける権利の保障のためにも、福祉の権利等他の権利が総合的に保障されるよう制度を整序することが時代の課題として承認され、その方向に沿って制度の見直しと制度設計が進められる必要性を課題として提起しておきたい。

【補注】

まず、本文中の「障害者の権利に関する条約」は、2014年1月20日に政府による批准の手続きが行われ、同年2月19日に発効していることを補足しておきたい。

次に、制度化された子ども子育て支援新制度は、幼児期の「教育」と「保育」

の関係の制度設計において基本的な問題を含んでおり、とりわけ「教育」と「保育」概念を制度的に区別することによる「教育」概念、「保育」概念の矮小化の問題について指摘しておきたい。

子ども子育て支援法（改正認定こども園法も同様）において、「教育」に関しては、「満3歳以上の小学校就学前子どもに対して義務教育及びその後の教育の基礎を培うものとして教育基本法（平成18年法律第120号）第6条第1項に規定する法律に定める学校において行われる教育をいう。」（子ども子育て支援法第7条第2項）と定義され、「保育」に関しては、「児童福祉法第6条の3第7項に規定する保育をいう。」（同第7条第3項）と定義されている。

児童福祉法第6条の3第7項は「一時預かり事業」を定義した条文で、「家庭において保育（養護及び教育（第39条の2第1項に規定する満3歳以上の幼児に対する教育を除く。）を行うことをいう。以下同じ。）を受けることが困難となった乳児又は幼児について、……一時的に預かり、必要な保護を行う事業をいう。」とされている。

子ども子育て支援新制度の下で、ここで定義されている「家庭において」の「保育」が保育所保育をも包括する「保育」概念として法定されて、「保育」概念と「教育」概念を制度上明確に区別しことは、本文中でも述べているECECという国際的な幼児期の教育（保育）の定義、さらにはインクルージョンの教育理念とも乖離した「教育」概念、「保育」概念の明確な矮小化であるということである。少なくとも幼稚園と保育所という二元的な制度が存続する限り大きな問題を内包することが予想される。

2 歴史的な要請としての幼稚園の変革

ここでは、歴史的な文脈から、幼稚園の変革が問われていることを2つの事実をもって提起しておきたい。

(1) F・フレーベルからの問題提起

F・フレーベルは1840年にキンダーガルテン（Kindergarten）を創設し、幼稚園教育の歴史に大きな足跡を残した人物であるが、一般に、キンダーガルテンを幼稚園の源流ととらえる考えが定説となっている。

キンダーガルテンの創設3年目に書かれ、フレーベルも名前を連ねている「ドイツ幼稚園に関する報告および弁明」（1843年6月28日[(5)]）という一文があるが、その中に、「ドイツ一般報知新聞」に掲載された一人の見学者の次のような意見が引用されている。

「1歳から6歳までの市民たちのこの小国家では、なんと活発な生活、なんとみごとな秩序と規則が支配していることか。……また全員が一つの建設に従事し、一つのより高い目標を目ざして努力しているそういう社会的なきずなを通じて増大してゆく大きな諸力の結合のなかに彼のささやかな諸力とともに受け入れられることを、いかに喜んでいることか。」

この記事からは、フレーベルの創設したキンダーガルテンが1歳からの児童を受け入れていたことを確認することができよう。

「報告および弁明」には、上記新聞の次のような一文も引用されていて参考になる。

「現状では、この事業は不完全かつ小規模にしか開始され、継続されざるを得なかった。子どもたちは一日のうちのわずかの時間だけ監督的な指導と作業のもとにおかれたにすぎなかった。しかしこれでは出されている諸要求にとってもはや十分ではない。……子どもたちがこれまでのわずか数時間の作業のかわりに丸一日監督のもとにおかれかつ適切に活動するようにさせられるべきであるという要求、こうして幼稚園もまた同時にその本来の姿、すなわち真の託児所になるべきであるという要求をきわめて明瞭に物語っている。」

これらの一文は、現代日本の幼稚園の制度的メルクマールとなっている児童の入園にかかわる年齢要件と一日の保育時間の標準が、必ずしも幼稚園本来の要件ではないことを、歴史を超えて、私たちにフレーベルが「弁明」し、問題提起しているものと受けとめることができよう。

(2) 倉橋惣三の提起した「幼稚園の反省」

戦後改革期に幼稚園と保育所の「一元化」「一本化」を志向して提起された倉橋惣三の次のような見解には、「幼稚園の反省」が明言されており、幼稚園が変わらなければならないという課題への歴史的な問題提起・要請として受けとめることができよう。

> 「乳児さえも教育可能の対象である。満三歳以下と雖も一本の教育事業の中に包含せられ得る。しかし、仮に(と前にもいった如く)そこを境界として、それ以下は暫く保護事業として、その懇切を期してよく、またその必要があるであろう。すなわち、一本の教育事業に徹するのは、その境界線以上を可とするであろう。従って、これを行政所管の問題としては、教育事業が文部省の所管たるべきは勿論として、乳幼児保護の年齢に属する部分は、他省の所管たるを適正とするであろう。ただ、苟も教育事業たる以上は二元的でなく一元的であることを必然とするのである。
>
> さて、斯く自明の理の前に当然のことが二元二本に分かれ、時としては対立視せられたりすることさえあったのは何の故によるか。……幼稚園があるところへ更に、それとは別のものとして保育所の起こったのは何故か。ここには旧来の幼稚園が反省しなければならぬ理由 — 理由というより実際があった。一言にしていへば、幼稚園の名において行われた施設が、後に保育所の名において行われた施設の職能を果たしてゐなかったからである[(6)]。」

全日本私立幼稚園連合会は、「現行の学校教育法体系を侵さない範囲で『幼保一体化』構想が考えられるべきである」として、「学校教育法第1条の幼稚園の改正を前提とする『幼保一体化』構想には絶対反対である」との緊急声明(2010年10月26日)を出しており、「幼保一体化」改革との関係では「幼稚園の変革」に対して現状維持的な立場を表明しているといえる。

これまでの行論でも述べてきたように、幼稚園とともに「総合こども園」(仮称)(制度化された「幼保連携型認定こども園」)を学校教育法第1条に置くことを、少なくとも過度的な措置としては歴史の審判に委ねるべき課題として肯定し、新しい制度的な枠組みの下で「幼稚園の変革」への取り組みを進めていくことの必要性を提起しておきたい。

3 幼児期の教育・保育と小学校との連携・接続の課題とかかわる問題提起

「幼保一体化」改革を通して、本質的に問われている重要な課題のひとつが、幼児期の教育・保育と小学校との連携・接続の課題であることはすでに確認したとおりである。

今日という歴史的段階は、その課題を本格的に実現すべき課題として成熟させてきている歴史的段階として理解する必要があるといえよう。

(1) 課題にかかわる歴史的問題提起と課題

課題をそのように理解するとするならば、幼児期の教育の在り方も、換言すれば、幼児期の教育の在り方こそ、そのような課題との関係で問い直される必要があると考えられる。

ここでは、持田栄一の問題提起をまず紹介しておきたい。

「従来、わが国においては幼児教育施設は学校と認められず、社会教育施設として位置づけられてきた。加えて、幼児教育界においては自由主義保育の伝統が強く、無作為自然の教育こそ最良最善の教育とされてきた。その結果、教育課程が整備されず、幼稚園教育はノン・カリキュラムに近い状態で運営されてきた。……しかし、……われわれの周囲においてみられる幼児教育の内容を系統化しようという動きのなかには、じつはそれに名をかりて、幼稚園を悪い意味で小学校化する動向もみられる。われわれは、幼児の能力を未来に向かって全面的に発達させるために、現在では必ずしもインテグレートされた形で位置づけられていない「生活」と「あそび」と「学習」を統一していくという観点にたって、幼児教育の内容を系統化していくことが必要である。[7]」

持田は、幼児教育の内容を幼児教育にふさわしく系統化する課題を1970年代に提起しているといえるが、その後の「幼稚園教育要領」の改正（1989年）、保育所保育指針の改定（1990年）を通して、「環境を通して」という教育・保育の方法原理が、幼稚園の場合でいえば、「幼稚園教育の基本」として、幼稚園教育要領の総則で明記され、教育・保育の内容に関しては、教育課程編成の領域を5領域で編成する方針が1989年改正以降現在まで踏襲され、保育所保育も同様の方針が適用され現在に至っているといえる。

「幼保一体化」改革の制度設計において創設が予定されていた「総合こども園」（仮称）の教育・保育内容に関しては、「総合こども園保育要領」（仮称）に拠るものとされていたが、それらを包括する「こども園」（仮称）に指定されたすべての施設が遵守すべき要領として位置づけられている「こども指針」（仮称）の構成イメージ案では、教育・保育の具体的内容として「5領域など」と示されていた。

このような経緯をふまえて、今後の検討課題として提起しておきたい問題は、教育・保育内容の領域編成の問題である。現行の5領域が「幼保一体化」改革を通しても踏襲されていくことが既定の方針ともいえるが、提起しておきたい問題は、領域「環境」の再定義の必要性という課題である。

【補注】

すでにⅡ－1の補注で述べたように、子ども子育て支援新制度は、「総合こども園」の創設に代えて、認定こども園法の改正による「幼保連携型認定こども園」の創設という形で制度が整えられ、「幼保連携型認定こども園」の教育・保育内容に関しては、「幼保連携型認定こども園教育・保育要領」が告示され、現在に至っている。

認定こども園法は、「幼保連携型認定こども園」の教育・保育内容に関して

第10条第2項で、次のように定めている。

「主務大臣が……幼保連携型認定こども園の教育課程その他の教育及び保育の内容に関する事項を定めるに当たっては、幼稚園教育要領及び児童福祉法第45条第2項の規定に基づき児童福祉施設に関して厚生労働省令で定める基準（同項第3号に規定する保育所における保育の内容に係る部分に限る。）との整合性の確保並びに小学校（学校教育法第1条に規定する小学校をいう。）及び義務教育学校（学校教育法第1条に規定する義務教育学校をいう。）における教育との円滑な接続に配慮しなければならない。」

このように、認定こども園の教育・保育内容に関して、小学校における教育との円滑な接続が法定されたことは、幼児期の教育・保育の今日的課題を法的にも明示したものといえ、時代を画する重要な規定といえよう。

(2) 二つの「環境」概念の整理と領域「環境」の核心的内容

二つの「環境」概念とは、ひとつは、幼稚園教育の基本として幼稚園教育要領の総則冒頭の「環境を通して行うもの」という文言の中で示されている「環境」概念であり、もうひとつは、5領域のひとつとしての領域概念として示されている「環境」概念を意味する。

この二つの「環境」概念が不分明であることは、すでに指摘されてきた問題であるが、結論的にいえば、幼稚園教育の基本に関わる「環境」概念は、教育の方法概念であり、領域としての「環境」概念は教育の目的・目標概念であることを明確に示す必要があることを前提として、以下、具体的な課題を箇条的に指摘しておきたい。

①教育の方法概念としての「環境」概念は、まさに学校教育法第22条（幼稚園の目的）の「適当な環境を与えて、その心身の発達を助長することを目的とする」という規定に示されている「環境」概念と相即的であり、その条理としては「心身の発達」という目的を達成するための方法として「適当な環境を与えて」と定式化されているものと考える。

②幼稚園教育の基本にかかわる「環境」概念は、上記の規定とも密接に関連

して、人的・物的・時間的・空間的環境を子どもの心身の発達を適確に助長しうるように計画的に構成するという幼稚園教育の教育方法の基本を示す概念であることをまず確認しておく必要があると考える。

③領域概念としての「環境」概念は、教育の目的・目標概念として明確に理解することが必要といえるが、それは、領域概念全体が子どもの「心身の発達」という目的（学校教育法第22条参照）を達成するために整理されていることと不可分の関係にある。幼稚園教育要領では、「領域」については、「幼児の発達の側面」から５つの領域を示したものであるとされている。

④子どもの心身の発達を助長することが幼稚園の目的とされており、子どもの発達を全体として５つの側面からとらえて、「ねらい及び内容」を示したものが５領域であるとされており、このような基本的な理解をふまえて領域「環境」を考えた場合、まず明確にすべきは子どもの発達のどのような側面をとらえて設定されている領域なのかということである。そのことがあえていえば問題といえるが、領域「環境」という文言からは、それに対応する子どもの発達の側面を直裁にイメージすることはできないといえる。たとえば、「言葉」などの領域と比較すれば、そのことは明確であり、言葉の発達という子どもの重要な発達の課題ないしは発達の結果として子どもに内在化される言語能力というような事柄と結びつけて領域「言葉」を理解できるようには領域「環境」は理解できないという問題を内包している。

⑤子どもの発達を５つの側面からとらえようとする考えはアメリカやイギリスなどでもほぼ共通に確認されていることで、その意味では、幼稚園教育要領が子ども発達を５つの側面からとらえて、教育の「ねらい及び内容」を示していることは国際的にも通用性のあるものといえる。（cf. 子どもの発達領域についての標準的見解：身体、社会性、言語、感情、認知（physical, social, emotional, language, cognitive or intellectual）（全米乳幼児協会編『《誕生から小学校低学年にかけて》乳幼児の発達にふさわしい教育実践』、東洋館出版、2000年、Penny Tassoni. “Caring for Children – A Foundation Course in Child Care and Education”, Heinmann Educational Publishers, 2002など）

⑥以上の考察から導きだされる結論は、領域「環境」を「認識」ないしは「認知」というような領域として再定義する必要性であり、そこまで及び得ないとした場合、領域「環境」についての本質的理解を促すような確認が何らかの形で不可欠であるということである。

⑦このように領域名称を整理することにより、二つの「環境」概念の併置という基本概念上の理解の混乱（あえてこのように表現しておきたい）を解消することが出来るとともに、小学校との連携の課題を意識した場合の子どもの認識発達（認知発達）についての幼児期にふさわしい教育を計画的に進める上での基本概念上の土台が明確になると考える。

幼児期の教育・保育と小学校との連携・接続の課題を本格的に進めようとした場合、幼児期の教育の在り方も、換言すれば、幼児期の教育の在り方こそ問い直される必要があると冒頭述べた意味は、以上のような課題を意識しての問題提起といえる。

4 地方公共団体における関係者の参加と行政組織の在り方にかかわる課題

この課題は、内閣府が進めている「幼保一体化」改革の内実を規定するきわめて重要な問題といえる。問題は、そのような重要性に相応しく制度設計が詰められていないという段階にあるということである。

子ども・子育て新システムの実施主体として位置づけられている基礎自治体の市町村の権限と責任、市町村新システム実施計画（仮称）の策定、子ども園給付（仮称）などの子ども・子育て包括給付金（仮称）などの運用に関して関係者の参加を実現するための組織としての子ども・子育て会議（仮称）等の設置等も必要とされているが、当該地方公共団体の裁量に委ねられるなど、曖昧な部分が多いといえる。

すでに指摘したように、地方公共団体レベルでは、首長部局と教育委員会部局との関係をめぐってもその組織は一様ではなく、そのあり方自体が問われている現状にあることを考えるならば、財源の一元化は制度の前進面として評価しうるものの、その実際の運用に関しては多くの調整しなければならない課題に当面せざるをえないといえよう。

資料８は、内閣府を中心とした子ども・子育て新システムに関する国の行政組織のイメージ図である。内閣府、文部科学省、厚生労働省との連携・調整を通して推進されていく新システムの実施主体である地方公共団体レベルの制度設計が確定していないことは、新システムへの信頼の土台が揺らいでしまうことにもなりかねない問題であるといえよう。

資料８

内閣府を中心とした子ども・子育て新システムに関する一元的体制（イメージ）
≪省庁再編の際には子ども家庭省（仮称）へ移行≫

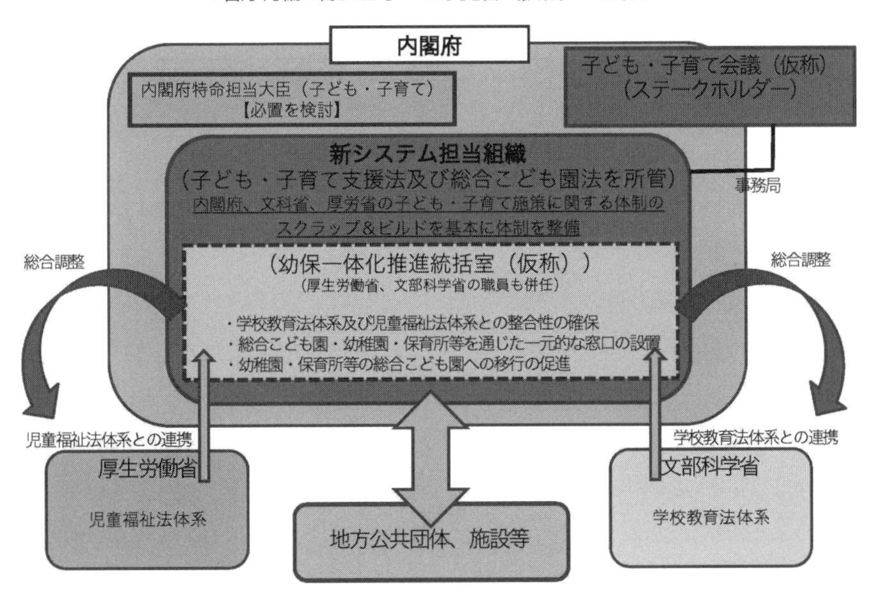

（出典：子ども・子育て新システム検討会議基本制度ワーキングチーム第20回会合資料）

日本における地方自治の歴史的課題としても、新システムの準備段階において、地方公共団体の総合的な政策力量と関係者の共同的な関係形成の力量が問われることを指摘しておきたい。

その意味では、関係者が、「幼保一体化」改革にかかわる地方公共団体の取り組みを、その準備段階から検証し、参加していくことも、必要な課題として提起しておきたい。

【補注】

子ども子育て支援新制度の国・地方を通じた行政組織のイメージは、補足資料４の通りである。準備段階の構想と名称等の確定以外は大きな変更はないといえる。

地方公共団体における合議制の機関の設置については、子ども・子育て支援

補注資料４　内閣府を中心とした一元的体制（イメージ）

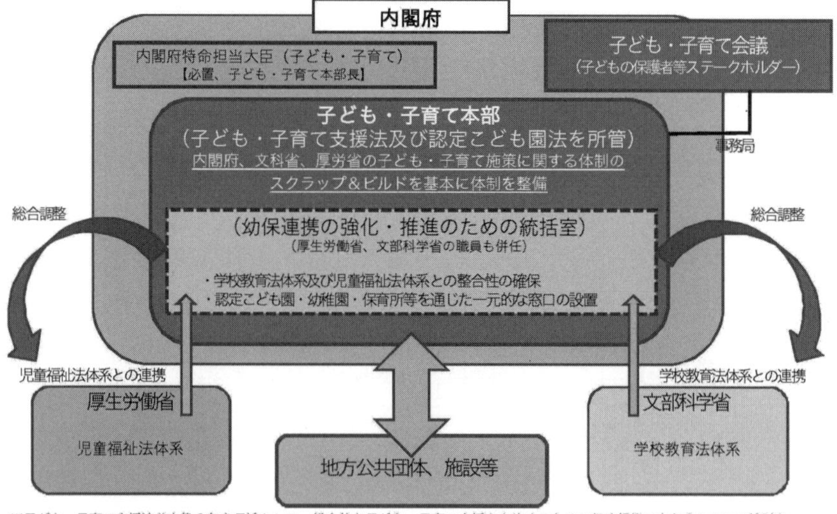

（出典：文部科学省・厚生労働省「子ども・子育て関連３法について」2013年４月）

法第77条で努力義務とされている。

担当部局に関しても、首長部局と教育委員会部局との関係は各地方公共団体の裁量に委ねられているのが実情といえる。

おわりに

これまで、内閣府が現在進行形で推進している「幼保一体化」改革を対象に考察を進めてきたが、それがどのような時代の課題に応えようとする改革であるかをできるかぎり丁寧に分析することを通して、その改革が歴史の必然性をもった改革であることを確認することができたといえる。

問題は、改革は歴史の必然性であるとしても、改革の制度設計の実際は、社会に内在的な歴史的な要因などとも複雑に絡み合ったさまざまな利害対立が、権力の機関により整理され、調整され、統合された結果として、内容構成されることである。

提起されている「幼保一体化」改革の制度設計の内容を考察する際には、歴史の必然として要請されている課題が、どのように整理され、調整され、統合されているか問われる必要があるといえるが、本稿では、そのような分析を通して、「幼保一体化」改革の内包している矛盾や問題点を明らかにすることに留意した。

考察の対象としての「幼保一体化」改革は、時代の必然との応答関係において、矛盾や限界を含んでいることを指摘してきたが、それは改革を否定する根拠となるものではなく、改革を時代との応答性のある、より適確なものへと高め、再構成していくための必要な作業として位置づけておきたい。

「幼保一体化」改革の内包する矛盾や限界をのりこえて、時代との応答性のある制度設計を進める際の課題とその根拠を明確にしておくことは、改革のプロセスを応答性のある創造的なプロセスとするためにも不可欠な課題といえるが、第3節は、そのような課題に応えようとしたものである。

本稿で考察し、提起し得たことは、改革の全体像からすれば、その一部といえるものであるが、今後の改革のプロセスに何らかのインパクトを与えることができれば、社会的責任の一端を果たし得たこととなり、幸いである。

【註】

(1) 近藤正春「教育行政学の方法論的諸問題」、榊達雄編『教育自治と教育制度』22ページ、大学教育出版、2003年、本書第I部第3章1参照。

(2) OECD."Starting Strong :Early Childhood Care and Education"OECD Publications 2001年
近藤正春「幼稚園と保育所の連携に関する研究（その2）――国際比較の視点から」『桜花学園大学保育学部研究紀要』第2号、2004年参照

(3) 同前 OECD."Starting Strong :Early Childhood Care and Education" 48ページ

(4) 同前、128ページ

(5) 『フレーベル全集』第5巻、130、138ページ、玉川大学出版部、1981年

(6) 倉橋惣三「幼児保護と幼児教育」『幼児の教育』第45巻第3号、4ページ、フレーベル館、1946年

(7) 持田栄一『教育行政学序説――近代公教育批判』持田栄一著作集第6巻、390ページ、明治図書、1979年

第4章
教育委員会制度改革の位置づけ
子ども子育て支援新制度の施行と関連づけて

はじめに

2015年は、戦後70年の節目の年であるとともに、教育委員会制度の改革ならびに子ども子育て支援新制度の施行年として、教育行政の戦後70年の歴史の中でも大きな制度転換・画期の年であるといえる。

本稿では、2015年度がそのような歴史的画期であることをふまえ、教育委員会制度の改革を子ども子育て支援新制度の施行と関連づけて位置づけ、問題や課題を考察しようとするものである。

今回の教育委員会制度改革の最重要ポイントは、改正法第1条の3（大綱の策定等）を設け、地方公共団体の長の役割を明確にしたことである。そして、それとの関係で第1条の4（総合教育会議）で、地方公共団体の長と教育委員会で構成する総合教育会議を制度化したことといえる。このような制度改変が、地方公共団体の教育行政を含む行政施策の総合的な計画化、連絡・調整の必要性という現代的な課題・要請を背景とした歴史的、客観的な契機、側面を有していることは否定し得ない事実認識として確認しておきたい。

他方、子ども子育て支援新制度は、その所管が内閣府であり、新たに制度化された幼保連携型認定こども園は教育基本法第6条に定める「法律に定める学校」であると同時に保育所の機能を併せもつ児童福祉法上の「児童福祉施設」

および「第二種社会福祉事業」として位置づけられ、その主務大臣は内閣総理大臣、文部科学大臣、厚生労働大臣とされている（改正認定こども園法第36条）点に特質がある。子ども子育て支援新制度は、その実施において、国、地方公共団体を通じて教育行政と福祉（とりわけ児童福祉）行政等との密接な連携を基本的要件として要請する形で制度設計がされているとみることができる。

子ども子育て支援新制度はそのこととも関連して、「子どものための教育・保育給付」（子ども子育て支援法第11条）として財政のしくみを統一し、その制度に参入する幼稚園や保育所、認定こども園等は「施設型給付」としての共通の公的費用負担の下での施設運営の実現が図られていること、さらには新制度の下での計画の実施主体が基礎自治体である市町村に置かれていることも制度設計上の特質といえる。

教育委員会制度の改革と子ども子育て支援新制度の施行が重なったことは歴史の偶然とみるべきといえようが、その事実の中に何らかの歴史の必然を読み解くことも本稿の課題といえよう。

本稿では、以上のような事実認識や問題意識をふまえて、次の諸点を考察し、教育委員会制度改革をめぐる今日的課題について問題提起したいと考える。

第一は、教育委員会制度の「機能不全」と社会の変化についてである。幼児期の教育・保育の分野は、そのことを端的に示している教育行政の分野といえる。

第二は、子ども子育て支援新制度の実施過程で問われている教育委員会制度の問題についてである。ここでは、筆者自身の経験に則した実際の問題をも含めて考察する。

第三は、教育委員会制度改革で問われるべき今日的課題の考察である。ここでは、教育委員会制度の歴史的な位置づけも含めて考察し、教育行政のあり方への問題提起としたい。

1 教育委員会制度の「機能不全」と社会の変化

2015年度施行の教育委員会制度改革を基礎づけている地方教育行政の組織及び運営に関する法律（以下、地方教育行政法）の一部改正案の提案理由について、第186回国会衆議院（2014年4月15日）で下村文部科学大臣は次のように述べている。

「今日、児童生徒等の生命身体や教育を受ける権利を脅かすような重大な事案が生じる中で、地方教育行政における責任の所在が不明確であること、迅速な危機管理対応ができていないこと、民意を反映した地方公共団体の長と教育委員会の連携が十分でないこと等が指摘され、地方教育行政に係る制度の抜本的な改革が不可欠な状況となっております。」

この法改正に至る改革の道筋を用意したともいえる教育再生実行会議（安部首相の私的諮問機関）の第二次提言「教育委員会制度等の在り方について」（2013年4月15日）は次のように述べている。

「教育現場で起きる問題に、的確で速やかな対応が行われず、教育を受ける機会が妨げられるような事態、さらには、子どもの生命や身体が危機に晒される事態が生じています。子どもたちのための教育再生を成し遂げるため、教育行政における責任体制を確立しなければなりません。」

提言では、「地方教育行政」における責任体制の確立の上から、「地域の民意を代表する首長が、教育行政に連帯して責任を果たせるような体制」の構築の必要性を強調し、そのような観点からの教育委員会制度の抜本的な改革を提起している。

改革の契機ともなったいじめ問題等の解決に資する「地方教育行政」の責任体制の構築が、このような趣旨の下に具体化された教育委員会制度改革で、果たして実効性のある形で実現しうるかは未だ検証しうる段階とはいえない。しかし、学校の位置や機能が地域社会のさまざまな機能やサービスの多様な分化と発展の中で変化し、相対化している社会の現実を直視した場合、公立学校の管理等の責任体制の再構築という観点からのみ首長との関係調整を組み込んだ今回の教育委員会制度改革は、課題設定の焦点が２重の意味でズレており、改革の実効性は疑問であると診断せざるをえない。

教育委員改制度の「機能不全」を社会の変化との関係で考察した提言としては、全国市長会の「教育における地方分権の推進に関する研究会」（2006 年 3 月設置）がまとめた「教育における地方分権の推進に関する提案〜地域の教育力を高めるために〜」（2007 年 3 月 30 日）が参考となろう。「提案」は「教育における市町村の責任」に関して、次のような認識を示している。

「教育は、市町村における総合行政の重要な一分野であり、他の行政との関連も深い。子どもの教育に大きな影響を与える保護者の失業などの就労問題、障害を持つ子どもに対する系統だった総合的な教育、幼稚園・保育所と小学校との密接な連携、幼保一元化や放課後子どもプランなど、文部科学省及び教育委員会を中心とした教育の専門機関のみでは対応しきれない課題も多い。従って、他の行政部門との連携はもとより、経済的・福祉的側面等からの支援など、地域・社会における総合的な取組の必要性が今後ますます高まることが考えられる。そのためには、まず教育現場に近い『市町村の教育力』を高めるとともに、住民の負託を受けた市町村長が主導することなどにより、市町村の主体性と責任において、迅速かつ的確に教育行政を実施する必要がある。」

子ども子育て支援新制度がカバーしようとしている課題は、この「提案」に示されている課題（幼児期の教育・保育も含めて）と大枠で重なっており、その意味で市町村の総合行政の在り方が問われているといえるが、「教育・保育及び地域子ども・子育て支援事業の提供体制の整備並びに子ども・子育て支援給付及び地域子ども・子育て支援事業の円滑な実施を確保するための基本的な指針」（内閣府告示第 159 号 2014 年 7 月 2 日告示）は、そのことに関連する課題を次のように示している。

「市町村及び都道府県は、子ども・子育て支援制度の総合的かつ効率的な推進を図るため、例えば、認定こども園、幼稚園、保育所等及び地域子ども・子育て支援事業の担当部局を一元化するなど、円滑な事務の実施が可能な体制を整備し、子ども・子育て支援事業計画の作成並びにこれに基づく質の高い教育・保育及び地域子ども・子育て支援事業の実施を図ることが望ましい。ただし、教育委員会の独立性確保の観点から、公立幼稚園に関する教育委員会の権限は移管できないことに留意すること。」

教育委員会の独立性への留意が指摘されているが、「認定こども園、幼稚園、保育所等及び地域子ども・子育て支援事業の担当部局を一元化する」等の課題が提起されている中で、教育委員会単独では、少なくとも幼児期の教育・保育の分野における当該地域の教育行政の責任ある機関としての機能を全うしえないことは明らかといえよう。

幼児期の教育・保育が少なくとも4、5歳児においてはすべての子どもがその教育機会を享受する段階を迎え[(1)]、そのような社会の成熟と変化をふまえ、教育基本法第11条が「幼児期の教育は、生涯にわたる人格形成の基礎を培う重要なものである」と定義した歴史的段階において、幼児期の教育・保育に責任のある「地方教育行政」の機関としては、教育委員会が「機能不全」を露呈していることは、教育委員会制度の在り方としては看過しえない問題として指摘しておきたい。

2 子ども子育て支援新制度の実施と教育委員会制度の問題

子ども子育て支援新制度に関しては、教育行政の観点からすれば、いくつかの基本的な問題を含んで制度設計がされており、矛盾を抱えての実施となっていることをまず指摘しておきたい。

根本的な問題は、新設された幼保連携型認定こども園の制度的な位置づけである。幼保連携型認定こども園を幼稚園と同様に学校教育法第1条に位置づく「学校」としては位置づけず、冒頭で述べたように教育基本法第6条に定める「法律に定める学校」として位置づけたことである。このような幼児期の学校体系に新たな系統の分化が組み込まれた背景には、幼稚園関係団体の次のような意見の存在が確認できる。全日本私立幼稚園連合会の「子ども・子育て新システムに関する緊急声明」(2010年10月26日) は次のように述べている。

「現行の学校教育法体系を侵さない範囲で『幼保一体化』構想が考えられるべきである。……学校教育法第1条の幼稚園の改正を前提とする『幼保一体化』構想には絶対反対である。」

幼児期の「教育」と「保育」の関係の制度設計においても、子ども子育て支援新制度は基本的な問題を含んでいる。とりわけ「教育」と「保育」概念を制度的に区別することによる「保育」概念の矮小化が問題である。

子ども・子育て支援法 (改正認定こども園法も同様) において、「教育」に関しては、「満3歳以上の小学校就学前子どもに対して義務教育及びその後の教育の基礎を培うものとして教育基本法 (平成18年法律第120号) 第6条第1項に規定する法律に定める学校において行われる教育をいう。」(子ども・子育て支援法第7条第2項) と定義され、「保育」に関しては、「児童福祉法第6条の3第7項に規定する保育をいう。」(同第7条第3項) と定義されている。

児童福祉法第6条の3第7項は「一時預かり事業」を定義した条文で、「家庭において保育 (養護及び教育 (第39条の2第1項に規定する満3歳以上の幼児に対する教育を除く。) を行うことをいう。以下同じ。) を受けることが困難となった乳児又は幼児について、……一時的に預かり、必要な保護を行う事業をいう。」とされている。

ここで定義されている「家庭において」の「保育」が、子ども子育て支援新制度の下での保育所保育をも包括する「保育」概念として法定されて、「教育」と明確に区別されたことは、幼稚園と保育所という二元的な制度が存続する限り大きな問題を内包することが予想される。

このように子ども子育て支援新制度は、制度設計上の基本問題を内包しての実施であることに加えて、幼児期の教育・保育に関係する既存の制度設計上の問題も指摘しておきたい。それは、幼稚園の設置・認可が市町村の場合、私立幼稚園に関しては都道府県知事の所管とされ、自らが設置する幼稚園も地方分権改革第一次一括法の公布・施行（2011年5月2日）までは、都道府県教育委員会の所管とされ、幼稚園は市町村の統一的権限の下に置かれてはいないということである。保育所の設置・認可に関しても、政令市、中核市に関しては当該首長、それ以外の市町村は都道府県知事の権限とされており、市町村は保育の実施主体でありながら、保育所の所管は政令市、中核市を除き都道府県とされており、行政責任を一貫して果たしうる地位や権限を付与されてはいないのである。幼保連携型認定子ども園もその認可は、保育所に準じた制度設計がされており、子ども子育て支援新制度の実施主体は市町村とされているにもかかわらず、その行政責任を果たす上での権限は、実施主体にふさわしく統一的に付与されてはおらず､責任のある行政の遂行の妨げとなる可能性が危惧される。

他方、教育委員会によって担保されている市町村の教育行政は、子ども子育て支援新制度を含むこのような幼児期の教育・保育の制度設計の下では、公立幼稚園の所管のみにその固有の権限と責任は限定され、当該地方公共団体の幼児期の教育・保育の全体に責任を負う組織体制は不備といわざるを得ない。

子ども子育て支援新制度の実施に係わって、以上述べてきた制度設計上の問題を背景としつつ、計画策定等のプロセスに参画した立場から体験的に問題として指摘しうることは、次のような事項である。

①上記「基本的な指針」（内閣府告示第159号）で指摘されている「認定こども園、幼稚園、保育所等及び地域子ども・子育て支援事業の担当部局を一元化するなど、円滑な事務の実施が可能な体制を整備」することの困難性である。現行制度上、「公立幼稚園に関する教育委員会の権限は移管できない」としても、教育委員会が当該地域の教育行政の責任を担保しようとするならば、幼児期の教育・保育に関してはより主導的に「子ども・子育て支援事業計画の作成並びにこれに基づく質の高い教育・保育及び地域子ども・子育て支援事業の実施を図る」方向で首長部局との連携が図られる必要があるといえる。

②子ども子育て支援新制度の実施主体は基礎自治体である市町村とされているが、教育行政の事務配分においては都道府県の権限が相対的に大きいことである。私立幼稚園は現状においてもその設置認可の権限は政令市といえども都道府県知事にあり、市町村が新制度の実施主体として包括的にその実施責任を負いうる立場に立ち得ていないことである。今年度施行の教育委員会制度改革においては、子ども子育て支援新制度の施行と重なったにもかかわらず、そのような教育委員会と首長部局、都道府県と市町村という政府間関係に係わる事務配分の見直しについては改革の埒外にされているといえる。

③教育委員会の位置づけを公立学校の管理機関として位置づける方向が教育委員会制度改革の中でより明確にされてきているといえるが[(2)]、公立幼稚園のあり方を教育委員会部局の専決事項とする立場と行動が関係者の間で見られることである。

たとえば、幼稚園の場合、公私間の格差はこれまでも厳然として存在してきたが、とりわけ保育料の負担をめぐる公私間格差は大きい実態があるといえる[(3)]。そのような中で、公立幼稚園は子ども子育て支援新制度における「施設型給付」の下で運営されていくことは制度設計上明らかであるにもかかわらず、新制度の下での利用者負担のあり方を公立幼稚園をも含めて全体として検討する場の設定等に教育委員会としては消極的であるという現実に当面したが、教育委員会の姿勢や対応が端的に示されているといえる。

当該市町村の教育行政に責任を負う機関として教育委員会がその機能を果たそうとするならば、幼児期の教育・保育に関しては、教育委員会の固有の所管事項だけではその責任を全うすることが出来ないことはこれまで述べてきたことから明らかといえるが、そのような機能を全体として担おうとする意思が教育委員会の対応として必ずしも伝わってこないというもどかしさがあるといえる。

教育委員会制度を根拠づけている法律は「地方教育行政の組織及び運営に関する法律」であるが、教育委員会によって担保されている行政機能は、果たして「地方教育行政」として定義しうる内実（内包や外延）を具備し得ているのか、教育委員会の実際の機能と「地方教育行政」に求められている役割や機能との乖離こそが問われるべき問題ではないかというのが、ここでの考察をふまえての問題提起としておきたい。

3 教育委員会制度改革で問われるべき今日的課題

誤解を恐れずに言えば、教育委員会制度は制度発足の当初から「地方教育行政」が担うべきすべての領域・活動を担保しうる制度としては設計されてはいないと見るべきではないかというのが筆者の教育委員会制度に対する歴史的診断である。

学校教育法はその第５条で設置者管理主義・負担主義と定義される制度原理を定めている。「学校の設置者は、その設置する学校を管理し、……その学校の経費を負担する。」という条文である。この規定に則り、私立学校はその設置者である学校法人が管理機関として位置づき、教育委員会は当初から公立学校の管理機関として、その役割が法定され、限定的に位置づけられていたといえるからである。

にもかかわらず、教育委員会が「地方教育行政」を包括的に担う機関であるかのような観念を関係者があたかも自明のことのように持ち続けてきた背景には、日本社会の歴史的特質（制度的要因を含む）があったと考えられる。

日本社会の歴史的特質のひとつは、義務教育段階の学校は市町村と都道府県に設置義務が課されており、公立学校の比重が圧倒的に高く、公立学校の管理機関である教育委員会がその地域の教育行政全般を担う機関であるという観念と実態との間に齟齬が無い状況が長らく続いてきたという事情である。

後期中等教育段階においては、私立学校の比重が全国的には比較的高いといえるが、市町村段階では大都市部を除き公立学校の比重は高く、しかも、高等学校の所管は都道府県であり、公立の高等学校も設置者は多くの場合は都道府県であり、とりわけ市町村ベースではそのような観念が保持されてきたといえる[(4)]。

幼児期の教育・保育に関しても、日本社会の今日的段階としてすでに述べたように特に4、5歳児に関しては幼稚園と保育所に制度的に分化しながらもほぼ100%に近い子どもたちが就園・入所している状況が生み出されてきているが、そのような関係は比較的最近に実現された日本社会の現実といえる。それまでは、幼児期の教育・保育のあり方をトータルに「地方教育行政」の課題として位置づける方向にインパクトを与えうる社会の状況には必ずしもなかったといえるのである。

すでに述べた学校の設置・認可をめぐる都道府県、市町村の事務配分に起因する市町村の責任や権限の限定も、逆説的に言えば、「地方教育行政」を担保する機関として教育委員会が安定的に受容されてきた制度的要因と考えられる。

日本社会のこのような歴史的特質を背景に、地方公共団体は「地方教育行政」をトータルに担う行政組織を課題にふさわしく整備することなく、教育委員会という組織に担保させる形で、事実上、片翼飛行をこれまで続けてきたというのが、以上から導出される教育委員会制度に関する歴史的査定である。

教育委員会制度に関するそのような歴史的査定が首肯されうるとするならば、教育委員会制度改革で問われるべき今日的課題は、日本社会の今日的段階が要請する「地方教育行政」の課題をトータルに担保しうる行政組織のあり方をまず制度設計し、その中に教育委員会制度をどのように位置づけ、組み込むことが教育委員会の本来的な役割に則して妥当であるかを検討することである。

日本社会の今日的段階が要請する「地方教育行政」の課題については、子ども子育て支援新制度の施行と関連させてこれまでも述べてきたが、私立学校にかかわる「地方教育行政」の関与のあり方についても検討課題といえる。

私立学校の管理は設置者である学校法人に委ねられることは制度設計上当然の前提といえるが、これまでの「地方教育行政」に係わる様々な歴史的経験に則して問題を考察するならば、高等学校の入試制度改革はひとつの好個の事例といえる。教育委員会による高等学校の入試制度改革に係る制度設計は、その所管する公立学校の入試制度改革に限定されてきた経緯があり、公私の関係全体を調整した制度設計を担保する組織を「地方教育行政」（高等学校の入試制度改革の場合、一般的には都道府県段階）としては、これまで必ずしも実現し得ずに来たといえる。

現代社会における高等学校段階における私立学校の比重の高さを考えるならが、公私間の関係調整は改革の制度設計においては、本来不可避な課題であったはずであり、教育委員会が「地方教育行政」の責任ある機関であるならば、そのような制度設計を可能にする組織的対応、とりわけ政策的な主導力が求められていたといえるのである。

「障害者の権利に関する条約」（2014年1月22日批准・告示）で示されている新しい教育の指導理念を具体化する課題も「地方教育行政」の課題として問われているといえる。条約は前文（e）で「障害が、機能障害を有する者とこれらの者に対する態度及び環境による障壁との間の相互作用」であるとして、「社会への完全かつ効果的な参加及び包容」（第3条一般原則（c））を課題として提起しているが、「包容」（inclusion）は教育の新しい指導理念としても位置づけられ、「障害者を包容するあらゆる段階の教育制度及び生涯学習を確保する」（第24条第1項）と述べられている。そのような教育を実現するために、「学問的及び社会的な発達を最大にする環境において、完全な包容という目標に合致する効果的で個別化された支援措置がとられること」（第24条第2項（e））等が課題として位置づけられている。

条約で提起されているこれらの課題を実現しようとする場合、「地方教育行政」は地域社会の教育、福祉、医療、労働等のあらゆる分野の活動（民間セクターを含む）と密接な連携を図りうる開かれた横断的な組織を編制することが求められていくこととなろう。

以上のような課題（課題はそれだけに限定されないといえるが）を担保しうる「地方教育行政」は、公立学校の管理機関として今次の改革においても定義されているこれまでの教育委員会制度によってのみ担うことは困難といわざるを得ない。教育委員会をも包含した緩やかな横断的な「地方教育行政」の組織を地方公共団体の中に編制することの必要性を課題として提起しておきたい。

当面の実践的対応としては、地方教育行政法の改正を通じて制度化された「総合教育会議」の運用の中から、そのような「地方教育行政」の課題に総合的に応えるうるための企画調整等の機能を持つ組織整備が進められていくことを現実的なひとつの選択肢として指摘しておきたい。

教育委員会は、如上のように固有には公立学校の管理機関として位置づけられて来たし、これからもそのように位置づけられていくことが予想されるが、そのような機能を十全に果たす上からも、首長部局が担っている関係分野との連携を強化し、「地方教育行政」の課題を担いうる行政組織としての責任と当事者性、指導性を発揮していくことが求められているといえる。教育委員会制度が「地方教育行政」組織の中で、どのように位置づきうるかは、今後の教育委員会の対応如何によって多様な形態が選択・創出されていくものと考えられる。

子ども子育て支援新制度の実施との関係で指摘した、都道府県と市町村、教育委員会と首長部局との事務の再配分の課題は、とりわけ市町村が教育委員会を含めてその責任を統一的に果たす上から避けられない課題としてあらためて指摘しておきたい。

教育委員会制度改革で問われるべき今日的課題は、第一段階としては、現代社会が教育行政に求めている課題をトータルに担いうる「地方教育行政」組織を再構築していく歴史的契機として現下の改革を実践的に意味づけ、変換していくことができるかということであり、第二段階としては、そのような実践を検証し、課題にふさわしく地方公共団体の組織を教育委員会も含めて再編・整備し、「地方教育行政」組織を十全に確立し機能させていくことにあるといえよう。(5)

おわりに

現行教育委員会制度は管理・執行権限を有する首長から独立した行政委員会という基本的性格と特質を有している。今次の改革においても第１条の３第４項では、「地方公共団体の長に対し、第21条（教育委員会の職務権限を定める条文

／引用者）に規定する事務を管理し、又は執行する権限を与えるものと解釈してはならない。」と規定して、その基本的性格は保持されていると見ることができる。

問題は、本稿で提起した教育行政に求められる課題をトータルに担いうる「地方教育行政」組織を再構築していくという課題を追求する場合、教育委員会のこのような基本的性格をそのまま保全して、果たして制度設計が可能かという問題があらためて問われざるを得ないと考える。

地方公共団体の行政組織の中に地域の教育行政の課題をトータルに担う行政組織を置くことは、その内包と外延をどのように制度設計したとしても必要といえるが、問題は、事務組織はその担う課題にふさわしくその分掌も含めて整備されていくことは当然として、その外被として教育委員会を置く場合も含めて、その中に合議制の行政委員会としての教育委員会をどのように位置づけうるかである。教育委員会が公立学校の管理機関として蓄積してきた行政運営の実際は、設置者である地方公共団体を公立学校の管理機関として位置づける以上は、継承・発展させていかなければならないが、その場合にも合議制の教育委員会自体をどのように位置づけるかは避けて通れない課題といえる[(6)]。

私見を述べるならば、国の中央教育審議会のアナロジーで、地方公共団体の教育に関する常設の総合的な審議機関として位置づけ、地方公共団体の教育に係わる企画調整、政策形成を担保する機関とすることは、検討に値する合理的なひとつの選択肢であるように思われる[(7)]。

以上、問題提起的な考察をもって、本稿を閉じることとしたい。

【注】

(1) 教育再生実行会議「今後の学制等の在り方について」（第5次提言）（2014年7月3日）の参考資料の「就学前教育・保育の実施状況」（2012年度）の中で、次のようなデータが示されている。
3歳児：幼稚園就園率41．2%、保育所入所率42.6% ／ 4歳児：幼稚園就園率53.0%、保育所入所率43.5% ／ 5歳児：幼稚園就園率56.0%、保育所入所率42.9%

(2) 中央教育審議会答申「今後の地方教育行政の在り方について」（2013年12月

13日）では、「新しい制度の方向性」として次のように述べている。
「地方公共団体に、公立学校の管理等の教育に関する事務執行の責任者として、教育長を置く。教育長は、首長が定める大綱的な方針に基づいて、その権限に属する事務を執行する。」

(3) 下表は、幼稚園および保育所の一人あたり年間コスト負担を示したものである（今後の幼児教育の振興方策に関する研究会「幼児教育の無償化について（中間報告）」（2009年5月18日））資料）。公私間の格差は歴然といえる。

	幼稚園		保育所（3〜5歳児）	
	公立（31万人）	私立（133万人）	公立（63万人）	私立（72万人）
公費負担	34万円（うち国費0万円）	20万円（うち国費4万円）	18万円（うち国費0万円）	23万円（うち国費11.5万円）
実質保護者負担	8万円（月額0.6万円）	25万円（月額2.1万円）	32万円（月額2.7万円）	32万円（月額2.7万円）
総額	42万円	44万円	50万円	55万円

（注）平成21年度幼稚園就園奨励費補助金、私学助成、保育所運営費負担金の政府予算ベースで推計したもの。施設整備費を除く。四捨五入の関係で合計が一致しない場合がある。

(4) 社団法人日本私学教育研究所のデータ（2015年8月6日）によれば、高等学校（全日制・定時制課程）の学校数（2015年度）は公立3,604校、私立1,320校であり、私立高校の割合は全体の26,7%である。ちなみに幼稚園の場合、公立4,321園、私立7,306園であり、私立園の割合は全体の62.6%である。
義務教育段階の小学校の場合は、公立20,302校、私立227校で私立校の割合は全体の1.1%、中学校の場合は、公立9,637校、私立774校で私立校の割合は全体の7,4%であり、公立学校の比重が圧倒的に高いといえるが、小学校、中学校ともに、2006年度からの10年間のデータではあるが、私立学校が増加傾向にあり、小学校は0.9%から1.1%、中学校は6.6%から7.4%にその割合を高めてきていることが確認できる。現代社会の影響を受けて学校も変容しつつある兆候の一端が示されているといえよう。

(5) 政府セクター内部の関係調整、政府セクターと民間セクターの関係調整が、現代社会の教育行政にとってはその機能を十全に果たす上で避けられない課題であることを指摘してきたが、そのような課題を担いうる「地方教育行政」組織を制度設計する上で、二つの共同体（E. ジェームスが提起する「地域共同体（geographical-based communities）」と「共通の利害・関心に基礎づけられた共同体（interest-based communities）」）に基礎を置くことの必要性を指摘しておきたい。これまでの教育行政とその理論は、後者の共同体を正当に位置づけて制度設計を行ってはこなかったように思われる。（Estelle James, ed."The Non-Profit Sector in International Perspective."p.5.OXFORD UNIVERSITY PRESS,1989）（本書の序章②、第Ⅰ部第3章2（4）参照）
関連して以下の拙稿も参照されたい。
拙稿「教育行政学の方法論的諸問題」（榊達雄編著『教育自治と教育行政』大学教育出版、2003年）、拙稿「現代教育行政の理論的課題」（鈴木英一編『教育改革と教育行政』勁草書房、1995年）。

(6) 公立学校の管理機関としての機能を継承・発展させる場合、学校との関係で責任や権限をどのように配分・再配分するかという課題は重要な検討課題とならざるをえないことを指摘しておきたい。坪井由実は「わが国の今般の教育委員会制度の改革は、首長権限強化の方向だけが一方的に示され、教育委員会のもっている権限を、より住民に身近な校区レベルに分権化していく改革方向がほとんど具体化されていない」と述べているが、重要な指摘といえよう。（坪井由実「学校と教育委員会が双方向で学び合う —— 学校のリーダーシップと教育委員会のリーダーシップ」坪井由実・渡部昭男編『地方教育行政法の改定と教育ガバナンス —— 教育委員会制度のあり方と「共同統治」』、三学出版、2015年5月1日　参照）

(7) 教育委員会を首長の特別な付属機関（審議機関）とした中央教育審議会の改革案（答申「今後の地方教育行政の在り方について」で示されている改革案）について、その審議に臨時委員として参画した村上祐介は「これは教育委員会を国レベルでいう中教審の性格に近づける改革案であったと考えられる」と述べている。答申は別案として教育委員会を「性格を改めた執行機関」とする案も両論併記されており、実際の与党合意に基づく今回の法改正は、教育委員会を執行機関として維持している点では、「別案」に近いものといえるが、村上は、「中教審答申はそのまま実現しなかったわけである」と評価している。（村上祐介「教育委員会改革の制度設計をめぐる経緯と論点 —— 中央教育審議会教育制度分科会での議論をふりかえって」、同前書　参照。）

【補注】

子ども子育て支援新制度下における幼児教育・保育に係る大きな制度改変は、2019年10月から実施された幼児教育・保育の無償化である。この制度は、少なくとも利用者の利用料（保育料）負担に関しては、公私の関係、幼稚園と保育所の種別にかかわりなく、小学校就学前の3年間（幼稚園の場合、満3歳から）は、当該世帯の所得にかかわらず、上限25,700円を給付するというものである。

保護者は、少なくとも利用料に関しては上限25,700円までであれば、幼児教育・保育のいずれの施設を選択しようと負担は発生しないということで、自由な施設選択の条件が広がることとなる。これまでは、幼児教育・保育は、公私間、施設種別間に設けられた様々な格差により、保護者の自由な施設選択を制約してきた面があったといえるが、幼児教育・保育の無償化措置により、保護者は25,700円の「バウチャー」を手に入れ、相対的ではあるが、自由な幼児教育・保育の施設選択が可能となってきたともいえる。幼児教育・保育の制度に内在化されてきた従来の様々な壁は、保護者の「自由」な選択を通して相対化され、施設間の競争が促され、公私、種別間の関係が、制度の壁を越えて、フラットで、相互啓発かつ競合的で、柔軟な構造に変容していくことが予想される。

このような幼児教育・保育の新たな制度下で、問われていくであろう相対的な優先的事項は、幼児教育・保育の質であることも指摘しておきたい。

本論で述べたように、幼児期の教育・保育にも責任を負うことが求められる「地方教育行政」は、このような幼児教育・保育の制度変容の下で、ますますその担うべき課題が従来の公立幼稚園の管理という教育委員会の所掌の枠組みを超えて拡大し、それにふさわしい組織のあり方（従来の組織の変容、再構築）が求められていくことは必至と考える。公立幼稚園のあり方の再定義も、そのような中では不可避となるであろう。

第5章
歴史的転換期における大学政策の検証

はじめに

2001年1月6日、中央省庁等改革の一環として文部省と科学技術庁を統合した文部科学省が誕生し、その下に従来の中央教育審議会を母体に生涯学習審議会、理科教育及び産業教育審議会、教育課程審議会、教育職員養成審議会、保健体育審議会、大学審議会の機能を整理・統合した新しい中央教育審議会が設置された。

この結果、大学審議会（以下、大学審）の機能は新しい中央教育審議会（以下、中教審）の大学分科会に受け継がれ、臨時教育審議会（以下、臨教審）第二次答申でその創設が提言され、それを受けて1987年の学校教育法改正により設置された大学審は21世紀の幕開けとともにその歴史の幕を閉じることとなった。

大学審の特色はその答申が単なる理念的な作文ではなく、現実的な制度改変と不可分に結びついていた点にある。最初の答申は1988年の『大学院制度の弾力化について』であるが、翌年には大学院設置基準の改正という形で即時具体化が図られている。1991年には『大学教育の改善について』『学位制度の見直し及び大学院の評価について』『学位授与機構の創設について』『短期大学教育の改善について』『高等専門学校の改善について』の5つの答申が出されており、それが同年の大学設置基準等の改正、学位授与機構の創設という形で具体化され、大学制度の現在に至る大きな改変の基盤となっている。

以後の大学審による答申を列挙すれば次の通りである。

『平成5年度以降の高等教育の計画的な整備について』

『大学院の整備充実について』『大学院の量的整備について』(以上、1991年)

『夜間に教育を行う博士課程について』(1993年)

『教員採用の改善について』(1994年)

『大学運営の円滑化について』(1995年)

『大学教員の任期制について』(1996年)

『平成12年度以降の高等教育の将来計画について』『高等教育の一層の改善について』『「遠隔授業」の大学設置基準における取扱い等について』『通信制の大学院について』(以上、1997年)

『21世紀の大学像と今後の改革方策について――競争的環境の中で個性が輝く大学』(1998年)

『大学院設置基準の改正について』(1999年)

『グローバル化時代に求められる高等教育の在り方について』『大学入試の改善について』『大学設置基準等の改正について』(以上、2000年)

1990年代を通じて、大学審は大学制度の在り方を全般的に問い直し、その改変のための措置(法律や規則等の改正)を必要に応じて具体化してきたといえる。

本稿では、このような大学審によって主導されてきた大学政策を歴史的転換期の大学政策として把握し、以下の点について検討･考察を加えることとしたい。

第一は、そのような大学政策をどう評価すべきかという点である。

第二は、大学審によって主導されてきた大学政策の矛盾や限界について検討し、大学審閉幕後の現下の大学政策の展開(国立大学の独立行政法人化等)について、その意味するところを考察することである。

第三は、歴史的転換期の大学政策として研究・検討されるべき諸課題について考察することである。

Ⅰ 大学審主導による大学政策の評価

1 社会の大学に対する矛盾する諸要求の文部省(当時)による統合と統一の表現——としての大学審答申

私は、東海高等教育研究所『大学と教育』創刊号（1991年）の拙稿「大学審議会答申をどう読むか」で、大学審答申について「提起されている諸課題の中に、支配階級の諸利害・諸構想を含む国民諸階層の諸利害・諸構想が事実として反映され、統一的表現にまとめられているとみるべきであろう」と述べたことがある。

このような私見は教育政策研究の課題に関する次のような認識に基づくものであった。

「どのレベルにおける教育政策にも、教育意思の社会的矛盾が反映されていることをみておかなければならない。教育政策の支配的意思を明らかにし、それを批判することにのみ教育政策研究の課題を置くとするならば、社会に内在的な正当な教育意思をも見過ごしてしまうことにもなりかねない。そして社会的教育意思の対立的局面だけを肥大化させて、共同的関係を社会的に形成していく可能性を自ら閉ざしてしまうことにもなりかねないのである。……単純な否定でもなく、また肯定でもない、第三の選択肢を求める統合的な論理と共同の努力のなかに、教育意思の社会的矛盾を教育的に解決していく教育政策研究の主体性、創造性の源泉もあるように思われる。」（拙著『科学としての教育行政学』教育史料出版会、1988年）

大学審答申の評価にかかわる教育政策についての基本的認識は現在において

も変更の必要性はないと考えているが、大学審答申の評価に関してはもう少し厳密に次のようにとらえるべきではないかと考えている。すなわち、社会に内在的な大学に対する矛盾する諸要求を文部省（大学審存続時の名称）として統合し統一的に表現したものと規定しておきたい。

このような教育政策認識から導き出される教育政策評価に関わる重要な視点は、教育政策を受容し適用しようとする主体の関係を離れて教育政策の実態があるというより、主体相互の関係を通して教育政策のある側面が顕在化するというように考えるべきではないかということである。一般的にいうならば、当該教育政策が教育行政の各機関、各事業主体（大学政策の場合でいえば各大学等）において受容され、適用されるプロセスにおいて、その組織の民主主義の成熟度（権威主義的であるか、共同的であるか等）にも規定されて様々な個別利害と結びつき、歪曲や無視、一面的な解釈や適用が行われ、所与の教育政策に内在化されていた矛盾が多様な色合いをもって顕在化することになると考えられる。

大学審答申とそれに基づく大学政策をこのような視点から把握することにより、当該大学の改革に結びつけて実践的に大学政策を批判・検証することが可能となり、大学の現状評価と改革のための諸課題、改革の条件や可能性を分析的・主体的に明らかにすることも可能になるといえるであろう。実践的な教育政策分析と評価の視点として、その有効性を確認しておきたい。

2　変化する社会の関数としての大学政策

大学審答申により具体化されてきた大学政策が、社会に内在的な大学に関する矛盾する様々な要求を統合し統一的に表現したものであるという場合、教育と社会の関係の歴史的変位について意識化されていることが前提とならなければならない。このことを私自身が意識化できたのは日本教育政策学会年報の課題研究論文として「現代日本社会と子どもからの教育政策」(日本教育政策学会年報第4号、八千代出版、1997年) という論稿をまとめたことが契機となっている。

経済の高度成長期、年代的には1960年代頃までは、経済の高度成長という社会変化が国の政策、なかんずく教育政策（独立変数）の関数として推進されてきたといえる。1970年代はそのような関係の転換期であり、1980年代、明示的な指標でいうならば臨教審を契機として国の政策、なかんずく教育政策は資本の活動を通して自己運動的に変化する社会（独立変数）の関数としてその位置を変位してきたのである。このような教育政策の社会的機能の変容は、教育政策の評価をも規定することになると考えられる。

このような教育と社会の関係を媒介する国の政治体制が時代の変化に対応して変容したのは1993年のいわゆる「55年体制」の崩壊によってであり、社会的なレベルの変容、政策的レベルの変容、政治体制レベルの変容との間には連関とともに落差の大きいことも理解されよう。しかもその変容過程は実際には様々な矛盾を含んで今日に至るもなお混沌とした状況を脱し得ていないというのが実情である。

そのようなことを留保条件としつつも、大学審答申により具体化されてきた大学政策を評価する際に、その教育政策が変化する社会の従属変数としてその今日的段階が突きつける要求を受けとめつつ、そのような社会の要求に適合的な大学の実現に向けての制度設計を行おうとした所産であることは承認しておく必要があろう。

大学と社会の関係を端的に示す指標である大学・短期大学への進学率の推移をみれば、それが30％を超えたのは1973年度（32.2％）であり、40％を超えたのが1991年度（40.1％）である。2000年度には49.1％まで上がり、専修学校専門課程を含めた高等教育機関への進学率は70.5％（2000年度）に達している。このような進学率の推移は大学に対する関心が全社会的な規模において多様に生成し、大学の在りようがそれら社会的ニーズとかかわって広く深く問われてきている客観的根拠を示すものであり、大学は組織としてその変化にどう対応するかを迫られてきたといえよう。そのような大学の位置の社会的変化は、学生の構成やニーズを多様化させ、大学の機能をそれに応じて変化させてきたといえるが、総体として教育機能の比重を高める方向を必然化してきたといえる。社会の成熟とその変容という社会変化は人々の生涯を通じての学習への要求とその必要性を高める客観的条件といえるが、この面からも大学への社会的期待やニーズは高まってきたし、今後ますます大学制度を突き動かしていく重要な要因として機能していくことが予想される。

3 大学審答申に内在化されている肯定的側面

大学審答申は、このような大学と社会の関係の歴史的な変化に照応して大学が社会の変化に対応しうる制度的条件を整えるための一連の政策を具体化したものととらえることができよう。大学・短期大学への進学率が40%を超えた画期の年である1991年に改革の端緒となる多くの大学審答申が出され、大学の基本的な準拠枠である大学設置基準、短期大学設置基準等の改正が行われたことはそのことを象徴的に示す事例である。

大学設置基準の改正（短期大学設置基準も同様）は第6章において従来の「授業科目」概念に変えて、はじめて「教育課程」概念を導入したのであるが、それはあたらしい歴史条件に当面している大学にとっての必然的な変更であったといえる。各大学がそれぞれの学部、学科、課程等の教育上の目的に則して（その置かれている社会的条件および主体的条件等を総合的に判断しつつ）体系的・組織的にその教育を整備する課題が明確に位置づけられたものであり、そのことは、教員個人や教授団の論理を越えて、学習者のニーズや、社会的ニーズを反映させる継続的で主体的な努力を大学に求めるものであった。大学設置基準（短期大学設置基準も同様）第2条で新たに制度化された大学の自己点検・評価も、そのような大学の体系的な「教育課程」編制の機能と連動しつつ、教員個人を基礎に研究と教育との予定調和的な関係を前提とした大学の歴史的段階においては個人に内在化されていた機能を大学の組織的機能として外在化したものであり、制度としての必然性と正統性を認めうるものであったといえる。その後の改正を通して、大学（短期大学）に「教育内容等の改善のための組織的な研修等」の努力義務も課されるようになってきているが、同様に評価されるべき制度といえよう。

大学審答申により制度化された学位授与機構（1991年発足）についても、短期大学等と四年制大学との関係をより統合的な関係に組み替えて学習者のニーズや社会のニーズに柔軟に応えうる高等教育制度の実現という意味において肯定的に評価されるべき制度の創設であったといえよう。

大学審は最後の答申において大学（短期大学）設置基準の改正について提言しているが、それは教員の資格に関して教育上の能力を重視する方向での規定の変更を求めたものである。大学の置かれている歴史的条件の変化をふまえて考えるならば、このような制度の改変についてもその合理性、正統性を見ておかなければならないといえよう。

大学審答申により具体化されてきた一連の制度改変（創出）は、その実際の運用に関しては「教育課程」の編制、自己点検・評価等を含めて様々な矛盾や対立・葛藤、歪み等を派生させて、それとのかかわりでは否定的な評価につながる側面を不可分にともなっているといえるが、社会の変化に対応した普遍的な大学制度としての肯定的な側面、合理性を有している側面を正当に評価しておくことは重要と考える。

Ⅱ 大学審答申に基づく大学政策の矛盾と限界

1 制度の弾力化にともなう諸矛盾と限界

1991年の大学（短期大学）設置基準の改正により、各大学の自主的な判断により体系的な「教育課程」編制を行うことが可能とされたが、これは従来の基準に設けられていた「一般教育科目」「外国語科目」「保健体育科目」「専門教育科目」という「授業科目の区分」を廃止し、それら授業科目区分に対応して設けられていた専任教員数の基準についても「学部の種類に応じて定める専任教員数」と「大学全体の収容定員に応じて定める専任教員数」という大枠の基準に統合して、教育課程の実施に対応した教員組織の編成を各大学の裁量に委ねるものであった。大学審の答申に基づく大学（短期大学）設置基準の改正は、大学制度の弾力化を基本として、昼夜開講制、編入学定員の制度化、単位数の基準の弾力化、授業を行う学生数の弾力化、授業方法の多様化、他大学・大学以外の教育施設等における学修についての単位認定枠の拡大、校地、校舎面積の基準の緩和等として今日まで一連の措置がとられてきている。

このような大学制度の弾力化は、大学の置かれている今日的段階において個別大学がその目的や社会的使命をそれぞれの社会的存立条件に則して実現していくうえで不可欠な制度要件といえるものであるが、それは関係者の依って立つ従来の共通な制度基盤を消失させることにより、転換期ゆえの様々な観念や利害の葛藤、対立、衝突をともなうものであった。それは改革に向けての関係者の協力を阻害し改革を形骸化させるという負の要因ともなりうるものであった。また、大学相互の関係においては、個別大学の改革に向けての主体的諸条件やその置かれている社会的諸条件により改革の成否をめぐり大学間に格差を助長する結果をも必然的にもたらすものであった。

このような大学の内部矛盾の激化、大学間格差の拡大という制度改変にともなう負の側面を抑止するためには、改革にむけてのコンセンサスを形成するための個別大学における組織的で持続的な努力、改革のための財政基盤の確立、大学間の相互協力を実現していくための社会的支援のしくみ等が不可欠であるが、大学審答申に基づく大学政策は、この側面の課題において管理主義的、消極的、競争主義的傾向を有しており、歴史的転換期の大学改革を個別大学の自己責任のレベルに限定するという矛盾を内包しているといえよう。その意味で大学審主導による大学改革は改革の第一ステージといえるものであり、大学審閉幕後の第二ステージはこの限界を乗り越える大学政策をいかに展開しうるかが課題といえよう。

2 大学運営の組織化、効率化にともなう諸矛盾と限界

大学審答申に基づく大学政策が大学内部の矛盾や対立を顕在化させ、改革にむけてのコンセンサスやインセンティブを低めるという矛盾を不可避的にともなう中で、それらの負の側面に対する対応として、大学運営の組織化、効率化のための一連の措置がとられてきた。

大学審答申に基づく大学（短期大学）設置基準の改正を通して具体化されてきた大学の自己点検・評価の制度、さらにその当初の形態の発展として具体化されてきた自己点検・評価結果の公表、「当該大学の職員以外の者による検証」（第三者評価）の努力義務化（以上、第２条[※1]）、さらには大学の教育研究活動等の状況についての情報の積極的な提供の義務化（第２条の２）等は改革に向けてのコンセンサスとインセンティブを高めるために大学運営に組み込まれた新しい制度といえる。しかし、これらの制度に関してもそれを実行する主体は大学自

身であり、大学の組織的な機能として新たに付加されたものであり、その実行には多大な時間と労力が必要とされ、誰が、どのような体制で、何のために実行するのかという問題をめぐって関係者の間で必ずしも一致が得られているとはいえず、期待された機能の実効性が問われている。（※1　2004年度からは、7年以内ごとに文部科学大臣の認証する評価機関による評価の受審が義務化。）

このような中で、大学改革を実行しようとすれば大学の意思決定におけるリーダーシップの確立とそれを担保する大学の組織運営改革は不可避な課題とならざるをえない。大学審は『大学運営の円滑化について』の答申において「学内の円滑な意思決定と実行」を求めて、大学改革の推進や社会の変化への積極的対応の必要性から学長や学部長のリーダーシップを強調し、そのための学長補佐体制の整備や教授会の審議の迅速化、意思決定・実行の迅速化や手続きの明確化、さらには事務組織の学長、学部長等に対する補佐機能等の役割の重要性を提言している。答申が求めている大学の組織運営改革は、大学内部の様々な意見や利害の矛盾・対立を調整し、大学改革を迅速かつ効果的に推進していくうえから必要かつ合理的な側面を有しているといえるが、そのことがパートナーシップや民主主義の原理をふまえることなく一面的に受容され、具体化され、権威主義的な大学運営の合理化と正当化に帰するとするならば、改革はその意図に反して形骸化し、当該大学の存立基盤を社会的に掘り崩す結果にもなりかねない危険性を指摘しておきたい。

大学審答申に基づき法制化された教員任期制についても、その選択的適用の是非が厳しく問われているといえるが、適用如何によっては大学改革の迅速性、効率性は達成されるとしても、改革の実質的な担い手としての教員を大学の主体的構成員から疎外することによって、大学教育の形骸化を招くことにもなりかねない。

大学審答申は、このような大学の組織運営改革にともない派生するであろう現実の問題については十分に配慮することなく、その矛盾を回避する方途について等閑視しており、この面からも大学の主体的な判断と対応が問われており、大学の自治の成熟度合いが試される結果とならざるをえないであろう。

3 大学審答申に基づく大学政策の限界

大学審はこれまで社会の変化に対応して大学が自己責任による改革を推進しうる制度の改変をリードしてきたといえるが、国や地方公共団体の役割、大学および高等教育機関相互の協力関係の構築、大学と社会との協力関係の構築など個別大学を越えた歴史的転換期に相応しい大学の制度設計に関しては積極的な提言を行ってこなかった。

『大学（国立大学）の構造改革の方針――活力に富み国際競争力のある国公私立大学づくりの一環として』（文部科学省、2001年6月）では、国立大学の再編・統合、新しい「国立大学法人」への早期移行、大学への第三者評価による競争原理の導入と国公私を通じた競争的資金の拡充を通しての国公私「トップ30」の世界最高水準への育成の三つを課題として提起している。国家戦略としての大学政策という色彩が濃厚であり、大学政策の全体的な設計としては著しくバランスを欠いた歪んだ政策提起といえるが、設置者である国の責任が直接的に及ぶ国立大学についてのアカウンタビリティを厳しく問う方向性を打ち出している点は正統性を有しているといえよう。大学に関する第三者評価の結果について「学生・企業・助成団体など国民、社会に全面公開」することが課題とされているが、その具体的な形式や内実を検証していくことは不可欠な課題といえよう。

『大学を起点とする日本経済活性化のための構造改革プラン――大学が変わる、日本を変える』（文部科学省、2001年6月）では、「大学を核とした三つの改革」を提起している。世界最高水準の大学づくり、人材大国の創造、都市・地域の再生の三つである。この中で特に重要な位置をしめている政策課題としては、「産学連携の環境づくり」であり、産業界の要請の明確化と産業界による大学の育成支援促進のための「大学・産業人対話会議」の設立という構想が示されている。都市・地域の再生と関わって提起されている課題も重要であり、「大学と都市機能を一体化した21世紀型産業・頭脳拠点都市の整備」「大学を核とする自治体主導の知的センターの全国展開（大学、企業、NPO等のニーズのマッチング）」、「自治体から地域の大学への協力を可能に（新たな国・地方協力関係の樹立）」という三つをあげている。

著しく国家戦略的であったり、国立大学に偏しての課題の提起であったり、提起されている課題がいずれも抽象的で十分に検証に値する形で示されていないなど問題や制約の多い政策提言といえるが、大学審閉幕後の大学改革の第二ステージにおける大学政策の方向性を一面的であるにせよ部分的であるにせよ示しているものと評価することが可能であろう。歴史的転換期の大学政策を検討する際の課題の一端をその中に見ることもできよう。

Ⅲ 歴史的転換期の大学政策としての研究・検討課題

1 大学にとっての歴史的転換期の意味を問う課題

P. F. ドラッカーはその著『ポスト資本主義社会』（ダイヤモンド社、1993年）の序章で「歴史の転換期」について次のように述べている。

「われわれは、明らかにいまだこの転換期の真っ只中にいる。もしこれまでの歴史どおり動くならば、この転換期が終わるのは、2010年ないしは2020年となる。しかしこの転換期は、すでに世界の政治、経済、社会、倫理の様相を変えてしまっている。……そしてわれわれは今、新たなポスト資本主義社会へと突入し、ようやく、これまでの資本主義と国民国家の時代における社会、経済、政治の歴史を点検し、修正できるところまでやってきた。」

彼は、以上のような歴史認識を背景に、1993年の「日本語版への序文」の中で次のように日本の高等教育の歴史的な落差を厳しく批判している。

「日本の経済や社会は、新しく生じてきたニーズに応える体制にまだなっていない。例えば教育の分野では、学歴の高い人たちの継続学習のための機関として大学を発展させる必要性が、十分に認識されていない。

日本の高等教育は、いまだに成人前かつ就職前の若者の教育に限定されている。しかしそのような体制は、21世紀のものでないことはもちろん、20世紀のものでもない、19世紀のものである。」

このような批判への対応は大学審に基づく大学政策において科目等履修生、編入学定員、昼夜開講制、夜間大学院等の制度化を通して推進されてきたといえるが、単位累積加算制度は未だ研究・検討課題とされているなど十分とはいえない。人々の生活世界とりわけ労働世界の慣行においても継続学習の要求を実現する条件が整えられているとは言い難い。大学と社会の双方向からの改革課題がこのようなひとつの問題を通しても問われているといえよう。

ユネスコ高等教育世界会議（1999年）で採択された高等教育世界宣言『21世紀の高等教育——展望と行動』においても歴史的転換期にある高等教育の意義を深く洞察し、次のように述べている。

「高等教育は何世紀にもわたってその有効性と、社会を変革し、変化と進歩を推進するその力を十分に証明してきた。変革が十分に広がり浸透した結果、社会はますます知識に立脚するようになり、現在、高等教育の学習や研究は、個人、地域社会、国家の文化的発展、社会経済的発展、および環境的に持続可能な開発に不可欠な要素となっている。したがって、高等教育自体が非常に大きな課題に直面し、かってない大胆な変革と刷新を目指すことが要求されている。それによって、現在深刻な価値の危機の直中にある我々の社会が、単に経済性のみを考慮するのではなく、より深い道徳性と精神性の広がりを取り入れることが可能になってくる。」

蓮見重彦氏が提起する「第三世代の大学」という概念も、大学にとっての歴史的転換期の意味を前二者と通底する歴史意識で深く掘り下げたものといえよう。氏は、神学や形而上学を中心に発達した中世以来の大学を「第一世代の大学」「『国民＝国家』の発展期にその国家戦略の対象となっていた高等教育の機関を『第二世代の大学』と呼び、それとは異なる機能が要求されているものとして『第三世代の大学』という概念を提起したのです」（「私が大学について知っている二、三の事柄」、雑誌『世界』2001年5月号所収論文）と述べている。氏によれば現在は「第三世代の大学」への移行期として意味づけられている。

以上のような歴史認識・歴史意識を今日の大学政策の研究・検討に際しての根底的な問題として意味づけておくことは不可欠な要件といえるが、このような見地から大学審閉幕後に文部科学省によって提起されている教育政策の方向性を検証するならば、すでに見たように国家戦略としての大学政策という色彩を濃厚に打ち出している点が特徴的といえる。そのような時代逆行的ともいえる政策が無用な軋轢を日本の高等教育にもたらし、時代の要求に合致した正統な教育政策までその実現を困難にし課題を先送りしてしまうような結果にならないか危惧されるところである。

歴史的転換期における正統な大学政策を研究・検討する場合、既存の観念や制度の根本的な問い直しが必要とされるが、そのような視点から課題のいくつかを提起しておきたい。

2 国（公）立大学中心の現行大学法制の検証とその問い直し

教育基本法第6条（学校教育）、学校教育法第2条（学校の設置者）、第5条（学校の管理・経費の負担）等により基礎づけられてきた現行の学校法制は、設置者の規制（参入規制）を前提に設置者管理主義という原則に基づき分権的な構造を制度の基本として制度設計がされてきた。高等教育の場合、国が学校の設置者として大きな比重を占めている点が特徴的であるが、制度的には非学校的位置づけの専修学校専門課程（いわゆる専門学校）の比重が増大してきているのも近年の傾向である（進学率にして20.6％、2000年度）。設置者の参入規制が形式的には維持されているものの、事実のレベルでは、それを超えて高等教育要求が拡大してきており、現行法制の設置者規制を揺さぶる社会的現実といえよう。市場原理に則した学校制度設計においては学校設置に関する参入規制の撤廃は基本的命題となっている。国や地方公共団体による学校設置と管理という現行制度の機能不全が露呈してきているのも近年の特徴といえる。初等・中等教育段階の国際的な改革動向が学校設置、学校管理の新しい形態（チャータースクールやSBM、LSMなど）を追求しているのはそのような制度上の問題への対応であり、日本の場合、制度改革に対して現状維持的といえるが、教育改革国民会議の最終報告を受けて策定された『21世紀教育新生プラン』（文部科学省、2001年1月）の中で提起されている新しいタイプの学校（「コミュニティスクール」等）の設置などは、そのような方向性をもった政策提言といえる。

国立大学の独立行政法人化問題も歴史的な観点からその意味をとらえるならば、国が大学を設置し管理するという形態は「第二世代の大学」の形態に属するものであり、歴史的転換期の大学政策において、その制度形態をアプリオリな前提として制度設計することは必ずしも正統性を主張しえないといえる。学校設置の参入規制を高等教育段階において維持するかどうかも研究・検討課題といえるが、少なくとも設置者が学校を管理しその経費を負担するという学校教育法第5条に基づく制度については見直す段階を迎えているように思われる。

文部科学省の政策官庁化は臨教審の最終答申で提起された課題であるが、歴史的転換期の大学政策の抜本的な構築のためにも国立大学の管理、経費の負担を文部科学省の直接的な所管から切り離し政策官庁化としての条件を整備することは必要な改革といえるであろう。

学校教育法第5条を見直し、設置者の管理権から学校の管理権を切り離し、分権化することは私立大学の管理関係の変革にも及ぶものであり、初等・中等教育段階の公立学校の管理関係の国際的改革動向とも合致した研究・検討に値する政策課題といえよう。

3 大学の管理運営制度を見直す課題

国立大学の独立行政法人化問題を通して検討されている国立大学の管理形態に関わる方向性としては、大学に何らかの法人格を付与し管理運営の責任と権限を法人格を付与された大学自身に委ねようとするものである。東京大学が発表した『東京大学が法人格をもつとした場合に満たされるべき基本的条件』(2001年2月)という文書では、「東京大学は、その自主性・自律性を維持するために、一法人となるべきである」として「国の設置する大学である東京大学においては、自律的な意思に基づく教育研究の推進のために、教学と経営は一本化したものでなければならない」とその基本原則を示している。

国立大学協会設置形態検討特別委員会のまとめた『国立大学法人の枠組についての試案』(2001年2月)においても「一大学一法人とし、法人の長である学長のもとに経営と教学とを一致させて運営する」と同様の原則を確認している。

このような制度設計における原則は、私立学校法制を視野に入れて統一的な制度設計を考えようとする場合には矛盾が生じよう。私立大学の場合は設置者である学校法人の管理権が優位な位置を占める場合が一般的にみられる傾向であり、学校法人から相対的に独立した管理運営体制を大学自体が確立する方向での制度設計が求められている。

すでに述べたように学校の管理権を設置者から切り離して学校に分権化する方向で学校教育法第5条を見直し、法人概念の整理を含めて大学自体に管理権を大幅に付与する方向での国・公・私立大学を貫く統一的な大学の管理運営制度の設計が求められているといえよう。

4 国や地方公共団体の果たすべき役割とその関与を新たに定位していく課題

高等教育段階における国や地方公共団体のこれまでの役割は、自らが大学の設置者でありサービスを直接的に提供する主体としてその役割を基本的に果たしてきたところにあるといえる。

国や地方公共団体が、大学等の果たすべき社会的役割、その社会的意義の評価や検証に基づき、公的な支援や関与を行うことは今後とも不可欠な課題といえるが、その在り方の見直しや発展が不可避的に求められていくものと考えられる。

そのような観点からの研究・検討課題をそれぞれのレベルに則して幾つか提起しておきたい。

国のレベルの課題としては、①高等教育に対する公的資金の飛躍的拡大および民間資金の調達、②高等教育に関する資金（公的および民間の双方）の適切かつ効果的な配分のための統合的機関の創設（パートナーシップの原理に基づく委員構成、情報公開、情報提供）、③授業料の軽減、奨学金の拡充等学生の社会的自立と人々の継続的な学習支援を最重要課題とした政策のプライオリティの検討と国民的合意の形成等である。その際に、国立大学と私立大学、機関補助と個人補助の関係の調整は必要不可欠な検討課題といえよう。

地方公共団体のレベルの課題としては、地方公共団体として地域の高等教育政策を総合的に検討し推進する行政組織の整備と地域の高等教育政策を審議する機関の創設等である。そのような組織や機関の整備・創設を通して期待される地方公共団体の役割としては、高等教育機関と地域との協力、高等教育機関相互の協力支援、地域の公的および民間資金の調達とその適切かつ効果的な配分、情報公開、情報提供等であろう。

国や地方公共団体がその役割や関与を新たに定位しえるかどうかは、転換期の大学政策にとってきわめて重要な意味を持つといえよう。

5 大学の果たすべき社会的役割を再定義する課題

現実の中にある変化を通しても大学の果たすべき役割がドラスティックに変化するであろう予兆を読みとることができる。その点を掘り下げて研究・検討し、伝統的な大学観との関係を整理しつつ大学の果たすべき社会的役割を再定義していくことが求められているといえよう。

いくつかの予兆について指摘しておきたい。

①大学全入時代の到来は従来の大学のアイデンティティの危機をはらんでいること。

②大学における教員、職員、学生の伝統的な関係性の変革期であること。

③大学の最大の顧客であった18－22歳という学生年齢の変容期であること。

④情報化の変革的作用とも関わって大学教育の伝統的な機能や形態、目的の変容の時代であること。

⑤大学間（国内外）、大学と他の学校種、大学と企業、大学と他の社会的セクター、大学と家庭、大学とコミュニティ等の関係の変容期であること。具体的な事例をあげれば、大学院の拡充、インターンシップ、遠隔地授業、専門学校との連携、大学コンソーシアム、高等教育の国際交流・連携などである。

以上、歴史的転換期の大学政策に関する研究・検討課題を述べてきたが、歴史的な意味づけにおいても大学とその制度の根底的な再定義を必要としていると同時に、日本の大学に固有の負の遺産や歪みの修正や改革を伴うことを考えるならば、忍耐強く、一面的な理解に陥ることなく相互理解を広げる意識的で主体的な共同の努力をそれぞれのレベルにおいて積み重ねていくことが不可欠といえよう。今日の段階の大学政策は矛盾を含みつつ、そのような努力に対して応答的な面を含んでいることを本小論を通して理解していただければ幸いである。

【追 補】
私の教育行政学研究とその実践

私が「図書館だより」(No.17、1989年7月)に「ルドルフ・シュタイナーの教育思想に魅せられて」という一文を掲載させていただいてから23年が経過しています。今年度いっぱいで定年という年を迎え、関係者のご配慮かと推察しますが、あらためて本誌に執筆の機会を得て感ずることは、その頃、私自身が、折々に口ずさんでいた海援隊の武田鉄矢の歌、「思えば遠くに来たもんだ」という感慨であります。

私は、本誌に一文を掲載させていただいた前年の1988年の7月、はじめての単著である『科学としての教育行政学』を教育史料出版会から上梓しています。私自身の専門である教育行政学の学問的な方法論を「実践科学としての教育行政学」として体系的に論じようとしたものでした。『科学としての教育行政学』という表題に、40歳という若さゆえの問題意識が端的に示されているといえるでしょう。教育行政学の基礎の学問ともいえる法律学と政治学で現代日本の学問的地平を切り拓いたともいえる二人の権威の若き頃の業績に、川島武宜『科学としての法律学』(弘文堂、1955年)、丸山眞男「科学としての政治学　――その回顧と展望」(1947年　『丸山眞男集　第三巻』岩波書店、1995年所収)があることに、私の問題意識が共鳴していたことは明らかといえます。

1989年は「昭和」から「平成」へと年号が変わった年であり、時代の転換を象徴する出来事であったといえますが、学園レベルの大きな変化は1990年に現在の桜花学園大学の前身である豊田短期大学が豊田キャンパスに設置されたことといえるでしょう。このような、相互には何も関わりのない事実を通して顕在化した歴史的転換期としての社会の変化は、現在もなおその進行途上にあるといえるでしょう。

私は、『科学としての教育行政学』で提起した問題を自ら理論的に検証するために「現代教育行政の理論的課題」(鈴木英一編『教育改革と教育行政』勁草書房、1995年所収)という論稿を書いています。その作業は、私の中で民間非営利(NPO)の活動とその意義について概念的にも明確に確認する機会となり、重要な意味をもつことになりました。偶然にも、私が『科学としての教育行政学』で理論的に格闘した教育行政学の権威が宗像誠也氏(1908-1970　その主著が『教育行政学序説』有斐閣、1954年)でありますが、そのお嬢さんの上野真城子氏がアメリカのNPOシンクタンク(アーバン・インスティテュート)の研究員をされており、雑誌『世界』(岩波書店)に掲載された「市民よ、私たちが問われている」(『世界』1994年2月号所収)という論稿を通して、民間非営利(NPO)の活動に則して、次のように問題を提起されていたことは、私にとって理論的な大きなインパクトとなりました。

「日本は、市民に公共への関心と関与の活動を奨励したり育んでは来なかった。公共体の活動や企業活動と対等なものとしようとしなかったばかりでなく、むしろ抑圧ないしは無視してきたのである。これを制度的に保証し、こうした活動が尊重される『市民権』を得なければ、日本の市民社会は成長できない。」

これは、阪神淡路大震災が起き、日本におけるボランティア元年とされるようになった1995年の1年前の問題提起です。

私は、このような民間非営利(NPO)の活動を教育行政学の理論としてどのように位置づけていくかという課題を追う中で、P.F. ドラッカー(1909-2005)の一連の書物と出会い、幸運にも、そこでの問題提起から多くの知見を得ることができ、理論的にも実践的にも励まされてきたように思います。

P.F. ドラッカーは『ポスト資本主義社会』(ダイヤモンド社、1993年)の中で、歴史的転換に遭遇している現代を論じ、老大家とは思われぬ若き精神で、課題を次のように提起しています。

「1990年に生まれた者が成人に達する頃には、彼らの祖父母の生きた世界や父母の生まれた世界は、想像することもできないものとなっているであろう……今が『未来をつくる』ときである。なぜならば、まさに今、すべてのものが流動的であって、不安定だからである。今こそが、『行動』のときである。」

P.F.ドラッカーのマネージメント理論（『マネージメント――基本と原則』（エッセンシャル版）、『非営利組織の経営――原理と実践』、いずれもダイヤモンド社など著書多数）は、民間非営利組織の経営をも包括し、大学の組織運営・改革の実践にも有益な示唆を与えるものといえます。昨年、放送作家の岩崎夏海氏が書いた『もし高校野球の女子マネージャーがドラッカーの『マネジメント』を読んだら』（ダイヤモンド社）が「もしドラ」ブームを生み、270万部突破するベストセラーを記録し、社会的にも広く認知されることとなりました。

私は、教育行政学を「実践科学としての教育行政学」として構想してきましたが、大学の組織運営・改革の実践は、まさにそのような私の教育行政学実践でありました。私は『科学としての教育行政学』において、次のような課題を提起しています。

「学校をふくめた教育行政の各機関（教育委員会、学校法人、学校等）と、それを構成する諸個人が、それぞれの機関が担う責任をどのように果たしていくのか、消極的に上級機関の指示を待ったり、単にそれを批判したりというような受動的な立場を揚棄し、それぞれの場における政策形成の課題に主体的、積極的にとりくむことがきわめて重要となろう……集権的な教育行政のあり方を改革し、民主的な教育行政のあり方を実現していく方途は、まさにこのような教育行政各機関、およびそれにかかわる諸個人の能動的実践にかかっているというのが、今日の教育行政をめぐる新しい条件といえる。」

今年度は、保育学部の開学10周年の記念すべき年でありますが、保育学部の開学と現在までの学部づくりは、私にとりましては、まさに教育行政学の実践として、21世紀の大学創造へのチャレンジとして、いまだ未完のプロジェクトといえるものです。

P.F.ドラッカーは、歴史的転換期の現代の課題と関わって、「学校が成果を約束しなければならなく」なり、「学校は責任を負うようになる」（前掲『ポスト資本主義社会』）と述べていますが、保育学部の10年は、まさに、そのことを、学生・教職員の共同の課題として実現してきた歴史であるともいえます。

保育学部は、この秋、東洋経済新聞社が公表した「ニッポンの大学トップ100」の「就職率ランキング」（『週刊東洋経済』10月22日号掲載）で、全国の国・公・私立大学の文系すべての大学の第一位（99.3パーセント）という結果を得ましたが、それは、大学が「約束」しなければならない「成果」の重要な一端を、その「責任」として達成しえたものと考えます。

私の教育行政学研究とその実践は、期せずして保育学部開学10周年という記念すべき今年度をもって、ひとつの画期を迎えることとなりました。名古屋短期大学で大学教員としての教育・研究をスタートさせ、保育学部の10年をもって、そのひとつの到達点を検証しえたことは幸いでした。

私とともに教育・研究を同じキャンパスで進めてくださいましたすべての関係者のみなさまに、学生を含めて心より感謝したいと思います。

「未来をつくる」ための「行動」における、みなさまの健闘を心より祈念します。

（出典：桜花学園大学・名古屋短期大学図書館『図書館だより』No.62、2011年12月20日、所収論稿）

あとがき――教育行政学研究の自分史をふりかえって

私は、日本国憲法・教育基本法とともに第二次世界大戦後の世界を今日まで体験してきている。

私の教育行政学研究の自分史をふりかえれば、次の4つのステージに区分することができるように思われる。

第一ステージは、教育行政学講座のもとで大学院生としての研究生活をスタートさせ、就学前の教育・保育専門職養成の短期大学の教員として教育研究を進めた20代後半から30代の時期である。

私は、戦後教育行政学の第一世代に属する本山政雄教授の下で、大学院の修士課程を過ごし、教授の名古屋市長への当選・就任に伴い、博士課程は、戦後教育行政学の第二世代に属する鈴木英一教授の下で教育行政学徒としての歩みを始めている。

私の教育行政学研究の最初のテーマは、障害児の教育を受ける権利保障にかかわる「不就学児童」の問題であった。日本国憲法が第26条で「教育を受ける権利」をすべての国民の権利として保障している中で、多くの子どもたちが障害を有するが故に学校へ行けないという現実があり、その矛盾をどのように理解し、どのように解決すべきかが国民的な運動としても問われており、それへの応答として組織された本山教授をはじめとする共同研究への参画が機縁であった。

宗像教育行政学の方法論への理論的な関心は、障害児の教育を受ける権利保障にかかわる共同研究を通して把握しえた教育行政の現実態を通してである。学校教育法上は養護学校等の設置義務が課されている主体は都道府県でありながら、その行政責務を十全に果たすことなく、多くの不就学児童を生み出している自治体がある一方で、学校設置義務は課されていないにもかかわらず、市町村（組合）立養護学校を自ら設置・運営し、地域の子どもたちの教育を受ける権利を守ろうとしている小さな自治体が全国にいくつもあるという現実である。象徴的な言い方をすれば、アンチ教育行政学（「カウンター教育行政学」）のまさに対象といえるような自治体がある一方で、子どもたちの権利を守り育てようとしている自治体もあるという現実認識を通して、教育行政の現実を矛盾態として把握し、その解決を主導しうる教育行政学理論への方法論的転換の必要性の自覚であった。同時に、教育行政の現行制度自体に矛盾を助長する内在的問題（前述の問題に則して例示するならば、学校設置義務が市町村と都道府県に分岐していること、特殊教育諸学校の設置義務はなぜ都道府県なのかというような問題など）があり、その解決を教育行政の課題として認識し、提起することの重要性でもあった。

障害児の教育を受ける権利保障にかかわる共同研究からは、教育行政のあり方にかかわる本質的な問題意識を喚起されたことも記しておきたい。

例示するならば、本書で提起している教育行政と一般行政との関係調整の必要性、共同的･統合的関係形成の必要性という課題は、ハンディキャップを負っている子どもの「発達保障」と不可分な形で提起されてきた「権利の総合保障」という理念、教育だけでなく福祉も医療も労働も連携しつつ総合的に保障されることの重要性と必要性に関する認識に基礎づけられた課題設定であるといえるのである。

この問題意識は、就学前の教育･保育のあり方の基本的問題のひとつでる「幼保一元化」の問題とも通底して、私の教育行政学研究を今日まで貫いてきている原動力のひとつといえる。

第二ステージは、宗像教育行政学の理論的検証を通して到達しえた教育行政学の理論的スキームを「実践科学としての教育行政学」として提示しようとした『科学としての教育行政学』(1988年)を単著として上梓し、それを土台として、臨教審以降の国の教育政策の展開と理論的、実践的に応答した時期である。

一つは、所属する大学における大学改革への実践的な対応である。典型的な対応をひとつ例示するならば、大学審答申『学位授与機構の創設について』(1991

年）を通して具体化された学位授与機構の創設を受けて、短期大学の専攻科保育専攻の学位授与機構認定専攻科への組織改編の取り組みであった。これは、学位授与機構の創設という制度改変の肯定的側面に依拠し、短期大学という制度的枠組みを基礎としつつも、より高度の専門職への継続的な学びを希望する学生に四年制大学卒と同等の学位（学士）の授与と資格取得（具体的には、幼稚園教諭Ⅰ種免許状の取得）に道を開く形で、個別大学としての教育研究の充実・発展に結びつけた取り組みとして自己評価している。

二つは、東海地域の私立大学の教職員を中心に1990年12月8日に会員制研究所として設立された東海高等教育研究所の活動への参画である。理事長は川合章氏に就任を願い、所長は新村洋史氏、私が事務局長という体制で発足している。大学審による高等教育政策の提言と大学の制度改革が進む中で、大学人としてそれをどのように評価し、受けとめ、対応していくのかが厳しく問われていた時代状況の中で、東海高等教育研究所は、雑誌『大学と教育』の定期発行を実現し、関係者の建設的な意見交換・交流、情報交換・交流の場を創出することで、歴史的な役割を果たしえたのではないかと考えている。

私自身は、次の3つの論稿を寄稿している。

・「大学審議会答申をどう読むか」（『大学と教育』創刊号、1991年6月）
・「自己点検・評価の現状と課題」（同前第12号、1994年4月、なお、大南正瑛編集代表、清水一彦・早田幸政編『文献選集・大学評価』エイデル研究所、2003年にも収録）
・「歴史的転換期における大学政策の検証」（同前第30号、2001年9月）

三つは、1993年6月26日に創立された日本教育政策学会への積極的な参画である。このことにかかわる課題意識は、本書第Ⅱ部第1章の「日本教育政策学会20年と教育政策研究の課題」で述べているので、それに委ねることとし、付け加えるとするならば、教育政策研究こそが、実践科学としての教育行政学にとっての核心であるという私自身の理論的見地と日本教育政策学会の創立が響き合い、意識の高揚があったということであろうか。

日本教育政策学会の創立20周年の記念大会である第20回大会を私の所属大

学において開催できたことは、教育行政学研究の自分史における大きなエポックであったといえる。

第三ステージは、実践科学としての教育行政学のまさに実践としての大学創造へのチャレンジの時期である。

すでに述べた学位授与機構認定専攻科への組織改編の取り組みもその一環といえるが、なによりも理論と実践の統一に腐心し、集中的に取り組んだ実践は、四年制の教育・保育専門職養成の学部創設とその充実・発展の取り組みであった。具体的には、桜花学園大学保育学部である。全国で初めて「保育学」の名称を冠した学部として認可され、保育学部が創設された2002年（4月1日）の翌年度（2003年度）から、大学設置基準の改正により、学部の種類が従来の「教育関係」という表記から「教育学・保育学関係」に改められ、現在に至っており、そのような国の制度改変の機縁にもなった学部の創設を担い得たことは幸いであった。

保育学部の開学10周年記念誌に掲載した拙稿から、少し長くなるが参考までに一部を抜粋しておきたい。

「保育学部の誕生は歴史の必然性があり、保育学部の誕生を通して、教育・保育の専門職養成は大きく転換し、現在に至っています。そのことは、学部名称に「保育学」を冠した全国初の学部として保育学部の設置が文部科学省によって認可され、厚生労働省により保育士養成施設として認可されたことに端的に示されています。保育学部の誕生から現在までの歩みは、それまでの教育・保育専門職養成の壁を越えて、新しい歴史を創造する営みであったといえます。……

1、保育学部誕生……の必然性

(1) 女子の大学進学における四年制大学志望の増大

1996年は日本の高等教育の歴史の上で、ひとつの転換点といえます。それは、その年に、女子の四年制大学への進学率（24.6％）が短期大学への進学率（23.7％）を上回り、その傾向がその後拡大して現在まで続いているという事実により示されています。保育学部の誕生にとって、その事実は、大きなインパクトを与えた社会的な要因であったといえます。

教育・保育専門職養成なかんずく保育士養成は、現在もそうですが、短期大学の制度をベースにその制度は設計されています。また、幼稚園教諭と保育士資格の両方を卒業時に取得しうる学校は短期高等教育機関の教育・保育専門職養成校しかありませんでした。このことは、女子の大学進学をめぐる状況の変化と矛盾する教育・保育専門職養成の現実でした。

私たちは、教育・保育専門職をめざす学生たちの多くが女子である現実をふまえ、彼女たちが将来の希望を実現しようとした場合、短期高等教育機関しか進路選択が用意されていないという高等教育機関の現状を変えようと考えました。そして、幼稚園教諭と保育士資格の両方を取得しうる教育・保育専門職養成の学部を、桜花学園大学の中に創設しようと考えました。……

2、保育学部の誕生に際して越えなければならなかった3つの壁

保育学部の誕生は歴史の必然であるといえますが、それを現実のものにする上で越えなければならない壁がありました。

(1) 学部名として冠することが可能な「保育学」の学問的な成熟度

この問題が想定されると判断し、文部科学省（当時、文部省）に申請した学部・学科名は「発達環境学部保育学科」でした。しかし、大学設置審議会の面接審査（2001年6月4日）において、委員（主査）から「教育課程からは保育学部保育学科としてもいいように思われるが、発達環境学部保育学科としてのカリキュラムの独自性はあるのか」との質問が投げかけられました。その後、「審査意見」として「学部名称について再検討すること」が指示され、それを受けて、学部・学科名称を保育学部保育学科とすることを決定し、申請し、認可されたわけです。

保育学部が、こうして全国ではじめて学部名に「保育学」を冠した学部として誕生したことは、結果としてですが、「保育学」の学問的な成熟が社会的に認知されたことの証であるといえるでしょう。

保育学部の誕生は、このような大学の組織編制にかかわる制度の壁にチャレンジし、その改変にもインパクトを与え得た取り組みであったといえます。

(2) 大学設置と教員養成の抑制策

1990年代以降の大学等の設置認可に関しては、原則抑制で、教員養成を目的とする大学等の認可は認めないというのが、文部科学省（当時、文部省）の基本方針でした。この方針に対して、政府の規制緩和推進委員会の答申等には大学の設置に関する参入規制の緩和等が盛り込まれ、保育学部の設置の頃は、その方向での緩和措置がとられてきていました。

他方、教育職員養成審議会の幼免課程認定については小学校と並んで教員養成を目的とする大学等に限り認可の対象とするという方針が示されていました。

保育学部の誕生は、大学設置と教員養成の両面からの二律背反的な抑制策の壁を越えなければ実現できない課題でしたが、「規制緩和」という国の政策の流れが私たちの追い風となり、相矛盾する壁を乗り越えることができたといえます。

(3) 保育士養成の抑制策

大学設置と教員養成にかかわる壁については、当初から難題として意識していましたが、もう一つの大きな壁が明らかとなってきました。それは、県から新学部の保育士養成所指定に関する指導として示されました。保育士養成は原則抑制とし、保育士養成の高度化を指向するうえから「四年制による保育士養成については認めるものの、同一学園内の保育士養成の定数増は認められない」というものでした。この方針は、保育士養成の四年制での新規参入については認めつつ、保育士養成を伝統的に担ってきた大学が、新たに四年制養成を始める場合、定員増は認めないという矛盾を内包しており、そのままでは受け入れ難い指導でした。私たちは、その点を指摘し、県に再考を要請する行動をとりました。

結果的には、県が、県立大学等に新たに保育士養成課程を置くことと保育学部の保育士養成課程の申請等が重なったこともあり、保育学部を保育士養成所として指定をする方向での調整が行われ、認可されることとなりました。保育学部の誕生は、このような制度の壁とその変容、さらにはその運用上のさまざまな諸事情が重なり、薄氷を踏む思いの連続でしたが、時代の幸運にも恵まれ、実現することができた歴史的プロジェクトであったといえます。

3、学生とともに「参加」「共同」「創造」の教育理念を共有した新しい学部づくり

私たちは、保育学部の教育理念を「参加」「共同」「創造」と定式化して、新しい学部づくりを学生とともに始めました。……

保育学部の誕生は、教育・保育専門職養成と高等教育の時代の課題にチャレンジしてきた歴史といえますが、そのようなチャレンジは今日もなお、継続しているものといえるでしょう。」

保育学部は、幼稚園教論第一種免許状、保育士資格、小学校教論第一種免許状、特別支援学校教論の免許状を取得しうる学部として、また、保育学部を基礎とする大学院では、幼稚園教論と小学校教論の専修免許状が取得可能な学部として、教育・保育専門職養成への社会的要請に応え得る組織体制を整えて現在に至っている。

このステージにおける実践科学としての教育行政学研究の主要な関心は、教育・保育専門職養成にかかわる教育研究とも密接に連関して、現代日本の教育行政の矛盾が集約されている幼児期の教育と保育の課題についての研究といえる。幼児期の教育と保育の歴史的な画期ともいえる子ども子育て支援新制度への制度転換を通して考察した「『幼保一体化』改革と幼児期の教育・保育の課題」(『中部教育学会紀要』第12号、2012年、所収の論稿、なお、本書の第Ⅱ部第3章として収録)はその総括的な所産といえるものである。

第三ステージにおいて、保育学部長として6年、大学を退く前の5年間は副学長並びに兼務の付属幼稚園長として大学のトップマネージメントの一翼を担い得たことは、実践科学としての教育行政学のまさに実践として貴重な経験であったことも付記しておきたい。

第四ステージは、大学人としての社会貢献として意味づけられている社会参画の活動である。ここでは、主要な活動として、大学所在地の豊明市、名古屋市、愛知県の行政活動への参画について述べておきたい。

豊明市では、2007年4月から2021年3月まで14年の長きにわたり、社会教育委員としてまさに教育行政活動の一端に参画させていただいた。

市内に置かれている大学に属する委員として、市の生涯学習の振興にどれだけ貢献しえたのか、忸怩たる思いはあるものの、大学は生涯学習の重要な機関であり、場であるべきであり、もっともっと大きな役割を果たすべきとの思いを持って、参画させていただいていたことは記しておきたい。

名古屋市では、2014年9月から現在まで、名古屋市の子ども子育て会議としても位置づけられているなごや子ども子育て支援協議会委員として、名古屋市の教育・保育にかかわる計画策定、その検証等の行政活動に参画させていただいている。

教育・保育のまさに制度変革期に地方公共団体レベルの政策形成、制度設計に参画し得ていることは、実践科学としての教育行政学の実践にとっての貴重な経験として意味づけている。

愛知県では、2004年9月から現在まで、愛知県福祉サービス第三者評価推進センターの評価基準等委員会の委員（2010年4月からは評価基準等委員会委員長）として、行政参画をさせていただいている。

保育所をはじめとする福祉サービスの質の向上のための措置として、社会福祉法第78条に基づき、厚生労働省通知「福祉サービス第三者評価事業に関する指針について」（2004（平成16）年5月7日付け雇児発第0507001号、社援発第0507001号、老発第0507001号）により実施されてきた福祉サービス第三者評価事業の愛知県における推進の一端を制度発足の当初から担い得たことは幸いであった。実践科学としての教育行政学の構想の3つの柱の一つとして位置づけた教育行政評価にかかわる研究の諸領域と密接に連関する福祉分野における制度の実際の運用に参画できたことは貴重な体験と考えている。

以上述べてきた4つのステージは、時期的には重なる場合もあるが、40年余の私自身の教育行政学研究、なかんずく実践科学としての教育行政学の理論と実践の展開の基盤となり、その内容を構成してきた相対的ではあるが区分しうる主要な4つの段階であったといえる。

本書は、ひとまず私自身の教育行政学研究の総括として執筆したものであるが、筆を納めるにあたってプライベートな気持ちの表明を許していただきたい。

まず、これまで、時間に制限のない私の教育・研究生活を支え続けてくれた妻に心よりの感謝の気持ちを表明しておきたい。本書の出版が金婚式の記念ともなりえたことは何よりの喜びである。

大学院時代、大学の教員時代、私のこれまでの各ステージで出会ったすべての関係者のみなさま（ご指導をいただいた諸先生、先輩・同僚・後輩研究者各位、職場の教職員各位、学生各位等）にも心よりのお礼と感謝の気持ちをお伝えしたい。関係各位との交流、叱咤激励、協力・協働があって今日まで教育・研究活動を続けることができたといえる。

本書の出版は、私の申し出を快く引き受けていただいた教育史料出版会、担当の労を担っていただいた中村早苗氏に負うところが大きい。記して、感謝の気持ちを表明しておきたい。

最後に、本書を手に取っていただいたすべてのみなさまに感謝の気持ちを表明するとともに、教育と教育行政、それを支える学としての教育行政学のますますの発展を祈念し、筆をおくこととしたい。

2022 年 2 月吉日　　近藤正春

近藤正春（こんどう　まさはる）

1947 年　愛知県に生まれる
1969 年　名古屋大学教育学部卒業
1976 年　名古屋大学大学院教育学研究科博士課程単位取得満期退学
現在　桜花学園大学名誉教授、名古屋短期大学名誉教授

著　書

『保育・幼児教育の制度と運動』（共編著）、労働旬報社、1977 年
『科学としての教育行政学』教育史料出版会、1988 年
『教育改革と教育行政』（鈴木英一編、共著）勁草書房、1995 年
『何のための大学評価か』（共編著）大月書店、1995 年
『教育自治と教育制度』（榊達雄編、共著）大学教育出版、2003 年
『大学改革・評価の国際的動向』（シリーズ「大学評価を考える」第 3 巻、共著）晃洋書房、2011 年　等々

現代教育行政学の理論的課題
実践科学としての教育行政学の創造

2022 年 3 月 15 日　第 1 刷発行

著　者　近藤正春
発行者　駒木明仁
発　行　株式会社 教育史料出版会
〒 101-0065　千代田区西神田 2-4-6
☎ 03-5211-7175　FAX 03-5211-0099
郵便振替　00120-2-79022
http://www.kyouikushiryo.com

デザイン　中野多恵子
印　　刷　平河工業社
製　　本　新里製本所

定価はカバーに表示してあります。
落丁本・乱丁本はお取り替えいたします。

ISBN978-4-87652-549-2　C0036